本书受到云南省哲学社会科学学术著作出版专项经费、云南大学“双一流”学科建设出版基金资助

PHONETIC STUDY
OF
QIYANG DIALECT

语音研究

王仲黎
著

社会科学文献出版社
SOCIAL SCIENCES ACADEMIC PRESS (CHINA)

摘　要

祁阳县位于湖南省永州市，祁阳方言属湘方言永全片东祁小片。本书在田野调查的基础上，从历时、共时角度着重对祁阳方言全浊声母今读及清化、古来母塞化、高元音擦化、鼻音韵尾演变、历史层次等语音现象进行了深入考察，尝试通过比较来深化我们对祁阳方言甚至湘方言某些音类演变的认识。

全书共分七个部分，分别介绍如下。

绪论共分五节，第一、二、四、五节简要介绍了祁阳县的历史沿革、地理人口概况及研究材料来源、凡例等。第三节重点介绍了祁阳方言归属及语音研究的成就与不足，对本书选题缘由及研究方法做了一个前期梳理。

第一章为祁阳方言语音概况。本章细致描写了现代祁阳方言音系，运用语音格局方法描写了祁阳方言元音声学空间。针对祁阳方言语音内部差异，绘制祁阳方言地图以直观展示语音、词汇差异的地理分布。此外，本章还在前人研究的基础上，结合语音实验结果，列出祁阳方言新派同音字表。

第二章是祁阳方言声母研究。重点研究祁阳方言全浊声母及古来母字今读塞音现象。祁阳方言保留了一套较为完整的古全浊声母系统，本书着重探讨了祁阳方言全浊声母声学特征及其音值，并将其与其他湘方言全浊声母进行了横向比较。在此基础上，本章统计了祁阳方言浊声母字清化比例，结合湘方言其他各片全浊声母清化类型及条件，提出祁阳方言全浊声母清化模型，并结合方言实例予以证明。第二节重点分析了古来母塞化的条件、类型及其机制，证明了古来母塞化现象是一种后起音变现象。

第三章是祁阳方言韵母研究。本章主要研究了祁阳方言元音擦化、鼻音韵尾两类现象。高元音［i］、［y］擦化导致中古同音类的声母今读分化，其音变结果通过词汇扩散方式实现，受强势普通话影响，青少年层出现“回头演变”。鼻音音位分单字音、边际音、派生音，边际音、派生音受单字音底层音位规则制约。

第四章是祁阳方言声调研究。本章采用声调格局方法对祁阳方言单字调、连读变调进行声学实验统计分析，运用社会学方法对祁阳方言各年龄层次单字调、两字组连读变调进行动态分析，详细分析了祁阳方言新老派声调调类、调值、调型特点。

第五章是祁阳方言语音历史研究。本章运用历史层次理论，梳理祁阳方言声韵音类历史层次，结合地方志方音记载和方言今读，分析祁阳方言部分音类 140 多年来的音值变化。

结语总结了制约祁阳方言语音演变的一些规律，指出了研究中的创见部分及不足之处。

目　录

绪　论

第一节　祁阳县历史沿革及地理人口概况

一　祁阳县历史沿革

祁阳县位于湖南西南部，永州市东北部，湘江中上游。东临常宁市，南接桂阳、新田、宁远、双牌四县，西抵零陵、冷水滩二区，北连祁东县。地处北纬 26° 02′ 至 26° 51′，东经 110° 35′ 至 112° 14′。东西横跨 64.5 千米，南北纵长 90.5 千米。

祁阳县历史悠久，从三国东吴置县至今已有 1700 多年的历史，其间隶属虽多有变动，境域历代变化很大，但“祁阳”县名一以贯之，且均为“郡之首邑”“一等县”“特等县”，由此可窥见祁阳地位之一斑。魏晋南北朝时期，祁阳曾三度为“侯”，一度为“伯”的封地。据史料记载，早在约几万年前的母系氏族公社时期，祁阳境内就有人类活动，商周时期，祁阳已进入奴隶社会。1985 年在下马渡镇寨子脑、书家铺和肖家村镇晒禾坪等地发现了打制、打制与磨制相间的石器以及商代窑址，这说明祁阳很早就属于开化地区。

春秋战国时期，祁阳为楚之南疆。秦始皇统一中国后，始置郡县，祁阳属当时的长沙郡。西汉时，分长沙郡南部，置桂阳、零陵二郡，祁阳属零陵郡之泉陵侯国。东汉时，除泉陵侯国为县，隶属未变，直至三国东吴末期，祁阳仍属零陵郡。

东吴孙皓元兴元年至天纪四年（264~280），分泉陵县，置祁阳、永昌二县（另一说是民国《祁阳县志》载为东吴孙亮太平二年，即257年设县），祁阳县设县治（县城）于今祁东县金兰桥镇新桥头村，因县治地处古祁山（指衡南县之祁山，衡南称岐山，祁阳则称祁山）之南，故名祁阳。永昌县设县治于今祁东县砖塘镇烟合岭，当时祁阳县县域限于清江流域和湘江以南的部分地区及今衡南县一部分地方，至两晋、南北朝时期，祁阳隶属关系未发生变化。

隋开皇九年（589）撤并州县，祁阳、永昌二县并入零陵。唐武德四年（621），恢复建置，永昌县并入祁阳县，县域面积扩大了一倍，达到3800多平方千米，旋而废县。唐贞观四年（630），复设祁阳县，仍属零陵郡，并将县治迁至老山湾（今茅竹镇老山湾村和茶园村一带）。至此，祁阳不仅版图扩大了，而且县治也迁到濒临湘江、交通方便的“四达之衢”的新址，经济、文化有了新的发展条件。

宋代祁阳行政隶属未变，元时仍属永州总管府。明清时期属永州府。明景泰三年（1452）县治迁至西北高埠檀山湾，即今之祁阳县城所在地。民国3年（1914），祁阳属衡阳道，不久，废道。民国27年（1938）设行政督察区，祁阳属第七区行政督察专员公署。

中华人民共和国成立后，改第七区行政督查专员公署为零陵地区专员公署，祁阳仍属之。1952年，改属湘南行政公署（衡阳、零陵、郴州三个区合并为湘南行政公署），将原祁阳县的东北部地区划出，另置祁东县。1954年，将宁远县和常宁县部分地区划入祁阳，置金洞区（今金洞林场），撤湘南行政公署，祁阳改属衡阳地区行政专员公署。1983年又改属零陵地区行政公署（今永州市）。1995年，按照省、地部署，祁阳县开展撤区并乡建镇工作，除金洞7个乡镇不做调整以外，其余区乡均做了大调整，撤销区和原乡镇建置，合并为20个镇，即浯溪镇、观音滩镇、茅竹镇、三口塘镇、大忠桥镇、肖家村镇、八宝镇、白水镇、进宝塘镇、黄泥塘镇、潘市镇、梅溪镇、羊角塘镇、下马渡镇、七里桥镇、大村甸镇、黎家坪镇、文富市镇、文明铺镇、龚家坪镇。祁阳经过历史上归并、分割和再归并之后，迄今面积为2538平方千米。1997年1月，经永州市人民政府批准，镇下设73个办事处；2003年5月增设火田办事处。据《祁阳县志》（2004）

记载，祁阳县辖27个乡镇，6个林场所，959个村（居）委会，总人口达100.02万人。这些居民以汉族为主，人口达99%，少数民族人口中，多为瑶族、苗族（祁阳县志编纂委员会，2004）。

二　祁阳县地理及人口

祁阳县境内山岗、丘陵、平原、盆地兼有，大小河流250多条。境内三山（祁山、阳明山、四明山）耸峙，四水（湘江、白水、祁水、清江）纵横。祁阳得湘江之便，北通长淮，南连粤桂，中原文明和百越文明在此交融。自古以来文风昌盛，浯溪摩崖、文昌宝塔蜚声中外。发祥于祁阳，有500多年历史的祁剧更是集湘楚文化之大成，名扬中外。

第二节　祁阳方言研究概述

一　祁阳方言归属

湘方言为汉语十大方言之一，祁阳方言属湘方言老湘语。湘方言分区自20世纪60年代至今已经历了多次变革，祁阳方言也因历次方言分区变化而归属不同的方言区。

以“是否保留中古浊音”（袁家骅，1960：12）为标准将湘语分为新老两派。祁阳方言与老湘语代表双峰话归为一类；周振鹤、游汝杰的《湖南省方言区划及其历史背景（首次文摘）》（1985）将湘语分为南北两片，祁阳方言归为南片；钟奇（1997）提出将湘语划分为中心湘语和边缘湘语两类，祁阳方言为边缘湘语。

鲍厚星、颜森（1986）和《中国语言地图集》（1987）均将湘语划分为娄邵片、长益片和吉溆片，祁阳方言属娄邵片；20世纪90年代“湖南方言研究丛书”中将湘语分为娄邵片、长益片和辰溆片，祁阳方言属娄邵片。《湖南方言普查总结报告》（1960）将湘语分为长益、湘涟、辰溆、衡邵四个土语群，祁阳方言属于衡邵土语群。鲍厚星、陈晖（2005）以四条语音标准并结合历史人文等特征将湘语分为五片：长益、娄邵、辰溆、永全和衡州，祁阳方言属永全片东祁小片，本书采用这一方言分区法。湘方言五分分区法首次提出永全片下分东祁、道江、全资三个小片。永全片涵盖了原属娄邵片的祁阳、祁东两县和桂北的全州、灌阳、资源、兴安、龙胜几个县区中的湘方言（或者土话），并将历来在方言系属上存有争议的湘南地区部分土话（东安、岚角山）纳入其中，扩大了研究范围，大胆而不失谨慎。湘方言五分分区法析出永全片，既考虑了方言区域的语音特征，又兼顾了方言区历史行政来源与移民等人文因素，此举对于湘方言研究及湘方言与湘南土语、平话、少数民族语言接触研究都将起到巨大推动作用。

方言分区是在长期调查研究基础上对某一方言综合考察分析的结果，合理的方言分区不仅能反映某一方言的整体性和区域特点，还能较好地体现方言的层次性，它说明了人们对某一方言的认识在逐步深化。将祁阳方言纳入湘方言永全片，充分考虑了方言的语音特点和历史文化因素，较以往分区更为合理。

二　关于祁阳方言语音研究

湘方言研究各次方言之间存在不平衡现象，长益片、娄邵片、衡州片研究成果较为丰硕，而辰溆片、永全片研究则相对薄弱。近年来，随着湘方言研究与保护工作的逐步开展，湘方言永全片的研究引起学界越来越多的关注，鲍厚星（2006）明确提出在今后的研究中应当加强对永全片的研究。祁阳方言作为湘方言永全片的重要代表点，其研究价值自不待言，正如一些持续关注湘方言的专家所言，对祁阳方言进行充分挖掘、分析，对永全片研究甚至整个湘方言研究都会起到一定的推动作用。

祁阳方言研究虽然较湘方言其他方言研究而言存在研究不充分或过于粗疏等不尽如人意之处，但仍取得了一些成绩。综观学界以往对祁阳方言的研究，大致可以将祁阳方言研究分为以下两个阶段。

（一）旧籍中祁阳方言的零星记载

有关祁阳方言的研究最早见于当地地方志记载，清（同治）《祁阳县志》曾有过祁阳方音记载。

> 祁阳人称祖父为爹爹（爷呼作低），亦曰公公，祖母曰阿毑（毑音姐），父曰爷（呼同涯），母曰奶奶，叔曰满满，女儿曰阿假，兄曰老乡，呼他人曰己，自称亦曰己，人曰凝，大人曰代凝，客曰喀，请客曰襁喀，人家曰凝街……怎么说曰浑拟讲（讲呼本字曰港）……绿呼曰飞天之绿（绿呼作流，入声），青曰碧艳胶青（青音锵）祁阳土音分析："日，呼作匿；星，呼作箱；夜，呼作亚；石，呼作匣；井，呼作奖；竹，呼作丢，入声；粟，呼作秀；胫，呼作将；颈，呼作涨……粥，呼作州，入声；肉，呼作纽，入声；……生，呼作桑；熟，呼作柔；热，呼作聂；冷，呼作朗；尺，呼作却；钉，呼作当；睡，呼作树；醒呼作享；影，呼作养；……去呼作黑，去声，又吼，去声；行，呼作航……听呼作汀锵切；声，呼作商羊切。"①

明清时期地方志对祁阳方言方音记录使用汉字同音字记音，且以官话音作为参照系，此类记音方式虽不能准确反映当时祁阳方音之音值，却为后人研究祁阳方言语音历史提供了珍贵的历史文献材料。

（二）现代意义的祁阳方言研究

现代意义上的祁阳方言研究肇始于20世纪30年代。1936年，中央研究院历史语言研究所赵元任、杨时逢、吴宗济等诸位先生对湖南方言进行了大规模调查，调查范围涉及湖南境内75个方言点。吴宗济先生负责调查祁阳方言（白水），其结果载入杨时逢先生整理的《湖南方言调查报告》（1974）。1960年，为推广普通话，湖南师范学院（今湖南师范大学）对湖南境内方言进行普查，共调查了81个方言点，调查成果以《湖南方言普查总结报告》（油印稿）形式公布，其调查点也涵盖了祁阳方言。民国

---

① 《永州府志 · 祁阳县志》，同治六年（1866）。

时期中央研究院历史语言研究所主持的湖南方言调查及后出的由湖南师范学院主持的湖南方言调查都对祁阳方言进行了静态描写，其中部分章节还对祁阳方言语音进行了共时、历时比较分析。

单点方言研究。自20世纪80年代以来，湘方言研究进入一个繁盛期。地方志编纂工作顺利开展，以《中国语言地图集》出版为契机，单点方言研究取得了较大发展。祁阳县志编纂委员会（2004）编写的《祁阳县志》中的方言章节描写了祁阳方言音系和部分词汇语法现象。由李永明、鲍厚星主编的《湖南省志·方言志》对湘方言语音系统、常用词汇、语法特点等进行了详细调查，其中谢伯瑞（2001b）负责祁阳方言部分。专著方面，20世纪90年代中后期，“湖南方言研究丛书”由湖南教育出版社相继出版，李维琦（1998）所著的《祁阳方言研究》是其中研究祁阳方言最为重要的代表作。在各高校的学位论文方面，21世纪以来，一些学位论文对祁阳方言语音、音韵进行了描写分析，如王仲黎（2005）的《祁阳方言音韵比较研究》从历时和共时角度综合考察了祁阳方言声韵调系统与中古音韵及其他核心湘方言点、北京话的差异，陈如新（2006）的《湖南祁阳县白水镇话语音研究》对白水镇方言语音系统进行了系统描写。

方言比较研究。随着湘方言单点方言研究的深入，理论探讨也随之深化，主要涉及方言内部音类特点及分区问题检讨。以往单点方言专著关注较多的是祁阳方言语言事实的描写，但解释不足。在一些综合比较研究论文中，祁阳方言多以语料形式出现，其对湘方言研究的贡献尚未充分体现。就音类而言，人们关注较多的是祁阳方言较完整的全浊声母系统。如钟奇（1997）的《湘语的音韵格局研究》对祁阳（祁东）方言浊音音值、浊音类型进行了详尽分析。陈晖（2006）的《湘方言语音研究》从声、韵、调多方面对湘方言语音特征进行了探讨，把特征判断和综合判断结合起来进行综合研究。陈文注重方言田野调查，在全浊声母、声调演变章节中对祁阳、祁东两个点着墨较多，重点讨论了祁阳、祁东两地全浊声母音值及入声调演变。彭建国（2006）的《湘语音韵历史层次研究》首次运用历史层次分析法分析了湘语声韵历史层次，内容涉及东祁小片祁阳、祁东两个方言点的部分音类。

实验语音研究。曾春蓉（2006）的《湘语声调实验研究》用实验方法对湘方言声调进行研究，该论文对祁阳白水镇单字调和两字组连读变调进行了分析，拓宽了研究视野，其不足之处在于发音人选择过于单一，对声调调型的处理方式也有待商榷。张偲偲（2010）的《湘语祁阳方言中塞音声学性质的几个观察》对祁阳方言塞音尤其是浊塞音音值进行了实验分析，认为祁阳方言全浊声母及祁阳方言浊塞音并非真浊音。熊睿（2015）的《祁阳方言塞音声母发声态研究》、贝先明（2017）的《湘语浊塞音的声学特征》都对祁阳方言古全浊声母今读音值及发声态进行了声学实验分析，在方言语音实验研究方法上有较大突破。

第三节 选题缘由及研究方法

一 选题缘由

祁阳方言是湘方言老湘语重要代表点之一，祁阳方言个案研究对于深入认识湘方言形成及其演变具有十分重要的价值。目前，前辈时贤对于祁阳方言有过较为详尽的单点方言描写研究，对某些音类也做了比较细致且科学的分析，但对祁阳方言语音尤其是一些特殊语音现象仍描写有余，解释不足，且研究成果呈碎片化，缺乏系统研究。因而，在对祁阳方言语音进行充分描写的基础上，对祁阳方言一些语音现象演化机制与动因进行科学、合理的解释，是未来祁阳乃至整个湘方言语音研究的方向。从研究语料来源看，笔者为祁阳人，选择自己熟悉的母语方言进行研究，在语料获得方面具有先天优势。时下，多学科交叉与跨方言比较研究成为汉语方言研究的重要趋向，综合运用历史层次、实验语音、方言地理学等新的理论、方法对祁阳方言某些特殊语音现象进行深入探讨尚有很大空间。

近 20 年来，祁阳方言研究取得了较大突破。其一，方言调查描写从最初的单点深入县域内多个点，一些重要语音事实与语音特点在详尽的方言调查过程中得以浮出水面，引起了学界的重视。其二，祁阳方言比较研究也突破了传统的同中古音类、北京话比较的藩篱，比较范围拓展到其他重要湘方言代表点。祁阳方言一些音类特点在同其他汉语大区方言如吴方言、赣方言以及一些系属不明的湘南土话的比较中逐渐受到重视，这不仅对确证湘方言形成与演化有重要意义，对于开展汉语方言接触研究无疑也有十分重要的价值。

与吴方言、粤方言、闽方言等诸多汉语方言中研究得比较系统且成熟的一些单点方言研究相比，作为老湘语核心点的祁阳方言研究还略显滞后。前人之于祁阳方言的研究不乏语言音类现象的描写、比较，但大都专注于单点方言描写及音韵历时比较研究，抑或是单点方言同北京话、周边方言的简单比较研究。在方法上仍略显滞后，创新性不足，理论解释还相对薄弱。汉语方言是共同语的地域变体，方言之于共同语，是个性与共性的关系。之于方言现象演变机制的解释对提升汉语共同语甚至整个语言学理论水平意义重大。以祁阳方言古全浊声母现象为例，祁阳方言古全浊声母今读音值及演变解释对丰富湘方言研究乃至整个汉语语音历史演变都有重要的参考价值。显然，祁阳方言全浊声母研究大都停留在古全浊声母分布、清化描写表层，对于古全浊声母音值及其清化机制的深层解释，虽然一些研究有所涉及，但仍略显单薄，尚待进一步深入。故而，对于祁阳方言某些重要音类现象的解释性研究及类型比较，是一个亟须解决的难题。本书的研究旨趣在于，在充分调查笔者家乡话祁阳方言的基础上，结合现代音系学、实验语言学等方法与理论，尝试就祁阳方言古全浊声母清化、古来母字塞化、元音擦化、鼻音韵母鼻化增生等一些语音现象的历时演化机制与动因进行力所能及的解释。

二　研究对象及方法

本书研究对象为笔者母语方言祁阳方言语音现象，不同于以往的单点方言研究范式，本书析取祁阳方言中一些较为特殊的音类现象作为研究对象，从共时与历时视角对这些语音演化现象进行解释，并将其置于湘方言乃至汉语发展序列中以观察其演变路径与方向。祁阳方言语音内部存在差异，本书既注重祁阳方言语音的类型共性，也兼顾方音个性解释。汉语方言语音研究从20世纪高本汉的《中国音韵学研究》至今，取得了不菲的成就，它的成功是描写与比较相结合结出的硕果。“现代汉语方言学是从比较研究开始并由比较研究向前推进的”（李如龙，2003：1），方言比较研究范围有大有小，大范围比较是大区方言的区域比较，小范围比较是某一方言区内部各土语点的系统比较。从比较视角而言，有共时、横向空间比较，也有历时、纵向时间比较。本书旨在通过描写祁阳方言音类今读，尝试在描写、归纳祁阳方言语音现象基础上对祁阳方言的一些语音现象进行综合分析，具体主要分为以下几个方面。

（一）方言内部差异比较

祁阳方言内部语音具有较强的一致性，但也存在差异。本书对这些方言土语之间内部语音差异进行了详细的调查分析，运用方言地理学方法绘制方言语音特征地图，形象、直观地将方言内部的细微差异付诸纸端，并从地理差异比较中观察方言差异分布及规律。

（二）不同方言之间的比较

历史比较语言学认为，同系属语言或方言之间存在同源关系，因而即使相隔千里，仍具有共性，某些历史音类今读存在较为严整的对应关系。各方言之间由于长期独立发展演变，又各具个性，历史比较法通过比较同系属语言或方言间的共时差异来探寻某一语言或方言演变的发展序列。本书对部分祁阳方言音类研究运用了历史比较方法，从共时方言差异比较中寻找类型共性，再用这种共性观照方言个性，探寻单点方言历时演变机制及其在整个时间发展链条上的位置。本书于湘方言内部比较研究着墨较多，如祁阳方言与永全片其他方言点、祁阳方言与湘方言娄邵片、辰溆片、长益片的比较。

此外，祁阳方言与其他汉语大区方言某些音类横向比较也是本书的一项重要研究内容。汉语方言是共同语或者官话在流播过程中同当地已有土语结合的产物，从汉语共同语及方言总结出音变共性规律必然会制约祁阳方言语音演变。由于历史原因，湘南境内族群复杂，“江西填湖广，湖广填四川”等历史上大规模群体政治、战争移民造成了语言、方言之间的长期相互接触。祁阳方言在历时发展过程中长期与相邻赣方言、西南官话、湘南土语和瑶族接触，其语音层次颇为复杂，因而与周边方言、语言接触研究也是本书的研究内容之一。

（三）方言的历时比较

语言是不断发展变化的，今天的语言是历史语言长期发展变化的结果。在共时描写的基础上，同《切韵》的历时比较是时下方言历史比较研究的一个通则。高本汉（2014）认为，《切韵》是当今大多数汉语方言的源头，《切韵》可上推古音，下联今音，通过同《切韵》比较可以勾勒出方言演变的大致轨迹。中国语言学前辈们提出的活的方言材料与死的文献材料相结合的互证方法将历时与共时结合，成为时下研究语言或方言历史的一个十分重要的课题。囿于方言文献资料缺乏，本书只能利用明清时期地方志中用汉字记音方法记载的祁阳方音，结合明清时期盛行于祁阳的西南官话音系来还原地方志书面文献记载的地方方言原始语音状态。与此同时，我们应该清醒地认识到，历史比较法的局限在于其比较对象之方言、语言处于同一层次，对于层次较为复杂的语言或方言，其解释力受到挑战，显然历史层次分析法很好地弥补了这一不足。历史层次分析法是一种研究方法，也是一种语言史观，借助历史层次分析法，通过离析方言层次，依据文白异读、文献书证来确定层次序列是本书方言历史研究的一个十分重要的内容。

（四）语音格局

语音格局既是一种研究思路，也是一种研究方法，是语音学与音系学的结合。“语音格局的分析是用语音实验得出的数据和图表来考察各种语言音位系统的表现，包括的内容可以有不同音位各自的定位特征，内部变体的分布规律，整体的配列关系等等”（石锋，2008：8）。石锋、时秀娟（2007）探讨了语音格局研究中语音样品的选取和实验数据的处理两个基本问题。语音格局研究方法可以帮助我们探讨方言内部的细微差异，将传统口耳之学得出的结论细化、精密化、图像化，把以往只可意会不可言传的语音之间的细微差异付诸纸端，使之一目了然。

（五）其他研究方法

本书在对一些特征进行研究时采用了社会语言学调查统计方法，结合现代生成音系学理论，尝试在描写和归纳方言事实的基础上，探讨祁阳方言部分音类历史演变的机制和规律，对祁阳方言中的一些特殊语音现象进行解释。

第四节 材料来源及发音人情况

一 田野调查材料

在本书写作过程中，笔者通过7年多的田野调查获得了大量关于祁阳方言语音的第一手材料。笔者在2002~2009年先后多次对家乡话祁阳方言进行调查，调查范围覆盖祁阳白水镇、浯溪镇、肖家村镇、黎家坪镇、文明铺镇、羊角塘镇、观音滩镇、黄泥塘镇、大忠桥镇和金洞林场晒北滩瑶族自治乡等多个乡镇。调查地点主要集中在具有代表性的白水镇、浯溪镇和黎家坪镇。部分音类调查集中在祁阳县第七中学、祁阳县职业中专、肖家村镇第一中学进行。为了摸清祁阳方言与周边方言的关系，笔者还专门调查了与祁阳相邻的祁东方言（城关镇）、常宁方言（与白水接壤地带的富贵镇）、芝山官话（与大忠桥镇接壤）的音系，以资比较。我们将主要发音人情况列表如0–1所示。

表0–1 祁阳方言调查发音人情况登记情况

序号	姓名	年龄	性别	学历	住址
1	张某某	61	男	高小	祁阳县浯溪镇百货大厦退休工人
2	王某某	72	男	初中	祁阳县黄泥塘镇造纸厂干部
3	王某某	56	男	高小	祁阳县白水镇花广村二组务农
4	唐某某	55	女	初中	祁阳县白水镇花广村二组务农
5	唐某某	65	男	小学	祁阳县白水镇小湖村二组务农
6	朱某某	48	女	小学	祁阳县白水镇新中村三组务农
7	黄某某	55	男	小学	祁阳县白水镇新中村三组务农
8	张某某	72	男	小学	祁阳县白水镇小湖村二组务农
9	郭某某	58	男	初中	祁阳县三口塘镇三口塘煤矿工人

续表

发音部位	发音方法				
	塞音	塞擦音	擦音	边音	鼻音
舌尖后		tʂ、tʂ^{h}、dʐ	ʂ、ʐ		
舌叶		ʧ、ʧ^{h}、ʤ、ʤ^{h}	ʃ、ʒ		
舌面		tɕ、tɕ^{h}、dʑ、dʑ^{h}	ɕ、ʑ		ȵ
舌根	k、k^{h}、g、g^{h}		x、ɣ		ŋ

表 0–3　元音

舌位高低	发音部位舌位前后及唇形						
	舌面前		舌面央	舌面后		舌尖前	舌尖后
	不圆唇	圆唇	不圆唇	圆唇	不圆唇	不圆唇	不圆唇
高	i	y		u	ɯ	ɿ	ʅ
半高	e			o	ɤ		
中			ə				
半低	ε			ɔ			
低				ɑ	ɒ		

二　凡例

①“＿”为白读，双下划线“‗”为文读。

②“ ̪”表示齿化特征。

③“□”表示有音无字，或本有其字无法书写。

第一章　祁阳方言语音概况

第一节　祁阳方言音系

祁阳方言各方言点音系内部存在一致性，但部分音类仍存在细微差异，且各方言点内部存在新老派差别。为了更全面地反映祁阳方言语音面貌，我们列举了祁阳方言中比较具有代表性的三个方言土语点音系，以资比较。

一　祁阳方言（浯溪镇）音系[①]

（一）声母 29 个

p 巴边帮笔	pʰ 坡派铺扑	bʰ 婆步皮仆	m 麻买尾木
f 斧方法虎	v 无万傅湖		
t 打当灯得	tʰ 托厅贪铁	dʰ 大零谈碟	n 难拿女挪
l 脑老嫩了			
ʦ 再扎钻则	ʦʰ 察测冲粗	ʣʰ 杂坐崇锄	s 撕杀三苏

① 此音系引自李维琦（1998）《祁阳方言研究》，对于舌面音［ʨ］在单元音［i］前的具体音值，我们有不同的意见，详见本书第三章第一节“祁阳方言高元音擦化研究”。

z 辞自兹时

tɕ 菊兼卷只　　tɕʰ 出欠劝抢　　dʑʰ 场祁直绝　　ȵ 日议热疑

ɕ 先显须书　　ʑ 上社如尝

k 格股夹公　　kʰ 客卡苦空　　gʰ 狂跪嗝柜　　ŋ 安我熬雁

x 吓喝好汉　　ɣ 匣王行核

Ø 一旺碗羊

说明：[tɕ] 组声母在韵母 [i] 前实际读音为舌叶音 [ʧ ʧʰ ʤ ʃ ʒ]，但在韵母 [i] 为介音的复合韵母前仍读为舌面前音，今一律记作 [tɕ tɕʰ dʑ ɕ ʑ]。

（二）韵母 37 个

ɿ 咨刺死字　　i 鸡知欺比　　u 古苏毒足　　y 朱书出需

a 掐把鸭客　　ia 压姐吃壁　　ua 挂花瓦鸦

e 得伯格黑　　ie 歇协页切　　ue 国或获活　　ye 月雪决穴

o 波多可喝　　yo 角药弱削

ɣr 耳二而贰

æ 爱败开海　　uæ 乖怀快圈

ei 杯美背摸　　uei 悔贵归类　　yi 费非肥肺

au 敲宝傲道　　iau 要标叫小

əu 狗后呕豆　　iəu 周秀丢手

an 慢艰攒饭　　ian 言天田尖　　uan 关环完段　　yan 圆冤转鲜

ən 本等很吞　　iən 真心顶剩　　uən 棍魂文稳　　yən 云均群训

ɑŋ 讲行帮当　　iɑŋ 香章病张　　uɑŋ 光黄网矿

oŋ 公东宗风　　ioŋ 勇用穷鳙

ŋ̍ 不（表示否定）

说明：[uən] 的韵腹在发音过程中动程很短，实际上可以记为 [uᵊn]。[in] 在青少年层中有 [iŋ] 的变体。

（三）声调共 5 个

阴平　55　奔精婚分登

阳平　11　零步等逃妇 | 入服白

上声　53　火打写估父

去声　35　告对大信杜

入声　33　德黑八脱白

说明：阴平调的实际调值前半部分略有上升，可以记作 45，也可以记作 55，部分次浊平声归入阴平；阳平调后半部分由下降趋势，可以记作 21 或者 11；上声中全浊上声派入阳上，次浊归入阴上。

发音人情况：本音系主要发音人为桂某某（66 岁，本科）、郭某某（58 岁，初中）两位先生。

二　祁阳方言（白水镇）音系

（一）声母 28 个，包括零声母

p 巴布帮笔　　pʰ 坡怕胖拍　　b 婆步皮肥　　m 麻买忙尾

f 斧付方法　　v 湖万无傅

t 多当灯得　　tʰ 托厅汤铁　　d 大零挡碟　　l 劳冷能嫩

ts 再最烛中　　tsʰ 粗吹触冲　　dz 昨查逐虫　　s 三师所色

z 瓷是自字

tɕ 主精吉张　　tɕʰ 昌清区切　　dʑ 群厨奇直　　ȵ 年义日研

ɕ 线心想血　　ʑ 上蛇如折

k 刚间光夹　　kʰ 坑看客磕　　g 跪柜共葵　　ŋ 牙轧安我

x 火花瞎灰　　ɣ 核匣户为

Ø 洋二五鱼

说明：［tɕ］组声母在韵母［i］前实际读音为［t̻ɕ̻ t̻ɕ̻ʰ d̻ʑ̻ ɕ̻ ʑ̻］，详参本书第三章第一节。

（二）韵母36个包括自成音节

ɿ 思时事四	i 知记祁鸡	u 古土助烛	y 须朱书菊
a 巴家杂下	ia 加提姐壁	ua 瓜华耍割	ya 瘸靴抓
e 北德黑没	ie 铁页捏些	ue 国或活帼	ye 月缺说雪
o 波可桌夺	io 若药约脚		
æ 耳牌台开二		uæ 怪圈外拐	
ei 背配美摸		ui 推魁会	yi 费非肺废
aɔ 曹刀告靠	iaɔ 交吊了表		
ɤɯ 勾豆愁后	iɤɯ 丘仇丢妯		
	iã 尖线点面	uã 关段玩乱	yã 元选转全
ən 分本恩等	in 心林音型	uən 捆魂温婚	yən 均群熏春
ɑŋ 帮缸半反	iɑŋ 香兄影章	uɑŋ 黄光双狂	
oŋ 东冬风红	ioŋ 雄勇鳙融		
ŋ̍ 翁			

（三）声调共6个，不包括轻声

阴平	334	搬方光安朱斤冰
阳平	22	祁培柴河 | 局碟集
阴上	453	左我假寡女土宝
阴去	324	报到告救浪样况
阳去	214	忌住堕渡赵定混
入声	33	急逼郭曲肉竹捉

说明：白水镇方言调类较城关镇复杂，调型多折调。

① 阴平调实际调值为334或者445；阳平调可记为12、211，或者212；阴上调可以记为45或者453；阴去调实际调值为323或324；阳去调实际调值为213或者224；阴入调实际调值为44或者43。

② 全浊上声归阳去，次浊归为阴去；全浊入声归阳平，次浊入声归入声；次浊去声归为阴去。

③本音系发音人为唐某某（65 岁，小学）、唐某某（55 岁，初中），此二人均为花广村二组村民，务农，小学文化，操地道白水话。

三　祁阳方言（黎家坪）音系

（一）声母 28 个，包括零声母

p 巴布笔八	p^h 坡怕派胖	b^h 婆步皮庞	m 麻买盲尾
f 斧方反法	v 壶亡傅妇		
t 多当灯得	t^h 托厅铁塔	d^h 大零碟达	l 脑老嫩落
ts 再最种烛	ts^h 菜吹充触	dz^h 财谁柴逐	s 三师桑色
z 瓷是自字			
tɕ 猪精九长	tɕ^h 七清区厂	dʑ^h 群谢奇直	ȵ 年严义日
ɕ 线先血洗	ʑ 上舌如蛇		
k 刚间光港	k^h 坑看客克	g^h 跪柜共葵	ŋ 安颜癌崖
x 火窝瞎霍	ɣ 核匣户红		
∅ 洋二五牙轧吕			

说明：[tɕ] 组声母在韵母 [i] 前实际音值为 [tɕ͓ tɕ͓^{h} dʑ͓^{h} ɕ͓ ʑ͓]，但在 [i] 介音起头的韵母前仍读为舌面前音，今一律记作 [tɕ tɕ^h dʑ^h ɕ ʑ]。

（二）韵母共 39 个，包括自成音节

ɿ 思比事死	i 知记祁习	u 古助烛模	y 须朱肺飞
a 巴家杂吓	ia 夜加姐壁	ua 瓜华胯阔	ya 瘸靴抓
e 北德黑麦	ie 铁页捏灭	ue 国或活获	ye 月缺说决
o 波锣课桌	io 钥若药约		yo 确鹊削角
ɔ 包曹刀告	iɔ 交吊掉小		
ə 而耳二尔			
æ 来牌台害	uæ 怪戴外乖		

ei 杯配美煤　uei 推内卫亏　yi 肥味飞匪

ɤu 勾豆愁口　iɤu 丘仇丢妯

an 半砍闲咸　iɛ̃ 变店线盐　uæ̃ 断关段玩　yã 远选转全

ə̃n 分本恩痕　ĩn 冰心林音　uə̃ 捆魂温论　yə̃ 均群熏军

ɑŋ 帮党缸杭　iɑŋ 香胀兄影　uɑŋ 黄光双狂

oŋ 东冬风公　ioŋ 雄勇鳙荣

ŋ̍ 翁

说明：① 元音［i］单用时具有较强摩擦成分，可以记为［ji］，或者［ʅ］。

② ［ãn］、［iə̃n］鼻化色彩浓厚。

（三）声调共 7 个，不包括轻声在内

阴平　334　边香光安朱斤冰

阳平　11　穷培塘河 | 局碟集

阴上　53　左我假寡女土宝

阴去　22　报到告救浪样况

阳去　224　忌住堕渡赵混抱

阴入　33　急逼郭曲肉竹捉

阳入　13　杂读白局舌合俗

说明：本音系发音人为伍某某（80 岁，私塾）、杨某某（66 岁，中学）两位老人，二人均居住在较为偏僻的黎家坪镇杨家岭村，务农，操地道黎家坪话。

四　祁阳方言韵母系统表及元音格局（白水新派）

祁阳方言音系存在内部差异，前人研究选点不同，音系描写也不尽相同。为了准确描写祁阳方言某一点音系，笔者以母语祁阳白水镇方言为调查对象，采用音系学与实验语音学相结合的语音格局方法对其韵母系统进行描写分析，以求客观准确地反映其音系面貌，详见表 1-1。

表 1–1　祁阳（白水镇）方言韵母系统

<table>
<tr><td colspan="2" rowspan="3"></td><td rowspan="3">开尾韵</td><td colspan="4">有韵尾</td></tr>
<tr><td colspan="2">元音韵尾</td><td colspan="2">鼻音韵尾</td></tr>
<tr><td>i 尾（前）</td><td>u 尾（后）</td><td>n 尾（前）</td><td>ŋ 尾（后）</td></tr>
<tr><td rowspan="4">介音分类</td><td>开</td><td>ʅ o e æ a</td><td></td><td>aɔ　ɤɯ</td><td>en/e</td><td>aŋ</td></tr>
<tr><td>齐</td><td>i ie io ia</td><td></td><td>iaɔ　iɤɯ</td><td>iã　in</td><td>iaŋ</td></tr>
<tr><td>合</td><td>u　ua</td><td>ui</td><td></td><td>uæ̃　uən</td><td>uaŋ　oŋ</td></tr>
<tr><td>撮</td><td>y　ye</td><td></td><td></td><td>yã　ỹn</td><td>ioŋ</td></tr>
<tr><td colspan="2">主元音</td><td>高　中　低</td><td>低　非低</td><td>低　非低</td><td>低　非低</td><td>低　非低</td></tr>
</table>

元音格局是元音系统性的表现，其包括的内容可以有元音的定位特征、内部变体表现、整体分布关系，等等。元音格局主要是指韵母中主要元音的格局。石锋（2002，2008）依据主要元音跟韵母中其他成分组合关系的情况将其划分为四个级别：出现在单韵母中的元音是一级元音或基础元音；能够带韵头的元音是二级元音；能够带韵尾的元音是三级元音；既能带韵头，也能带韵尾的元音是四级元音。

“每一种语言或方言中的元音音位各自形成一个格局，可以在元音舌位图上直观地表示出来，也可以通过声学实验的方法，用声学元音图来作分布描写”（石锋，2008：44）。我们采用南开大学电脑语音分析系统“桌上语音工作室”（Mini-Speech-Lab）对祁阳方言元音格局进行实验、分析并作图。下面是我们对祁阳（白水镇）方言元音层级分析。

在单韵母中出现的元音是一级元音。祁阳（白水）话一级元音为 /i、ɯ、y、e、a、o、æ、ʅ/ 8 个，见图 1–1。能带韵头的元音是二级元音，祁阳（白水）话的二级元音是 /i、ɯ、y、e、a、o、æ/ 7 个，其中高元音 /i、ɯ、y/ 可以看作分别带有韵头的 /i-、ɯ-、y-/，见图 1–2。能够带韵尾的是三级元音，祁阳（白水）话三级元音有 /i、ɯ、y、e、a、o、æ、ə、ɤ、ɑ/10 个，高元音 /i、ɯ、y/ 可以看作分别带有韵尾的 /-i、-u、-y/。/a/ 与 /ɑ/ 在舌根鼻音韵尾前存在对立，三级元音见图 1–3。既能带韵头也能带韵尾的是四级元音，祁阳（白水）话四级元音有 /i、ɯ、y、a、o、æ、ə、ɤ、ɑ/ 9 个，见图 1–4。高元音 /i、ɯ、y/ 可以看作带有韵头和韵尾的 /-i、-u、-y/。

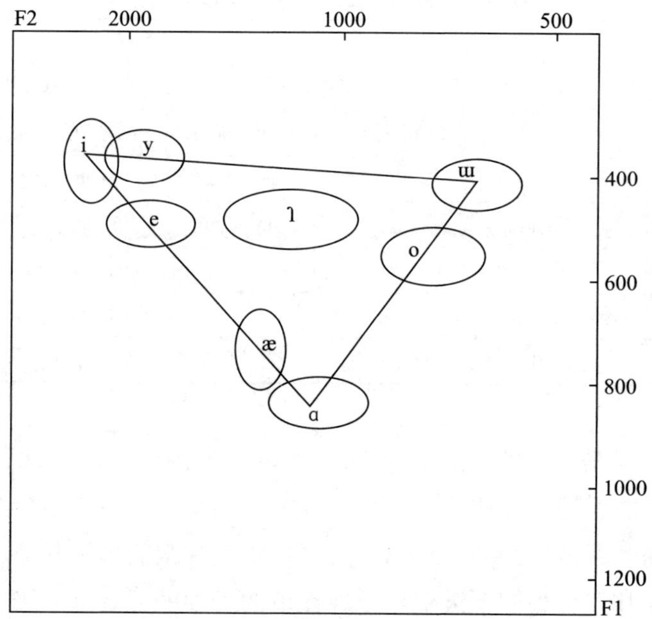

图 1-1　祁阳（白水）话的一级元音

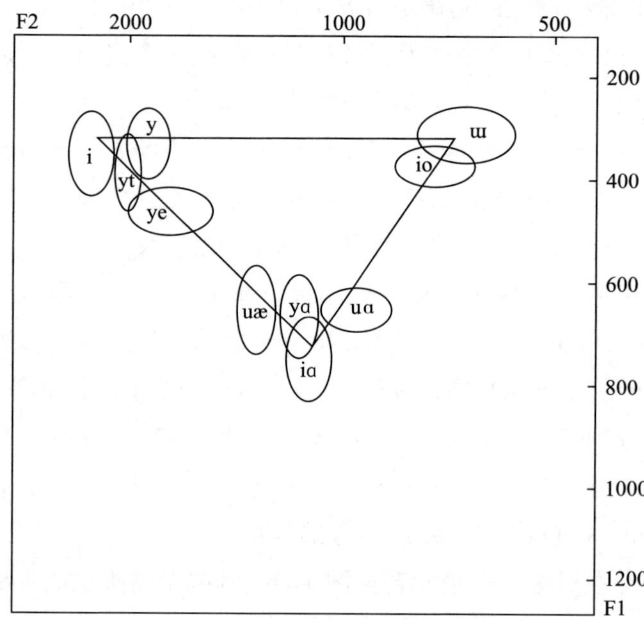

图 1-2　祁阳（白水）话的二级元音

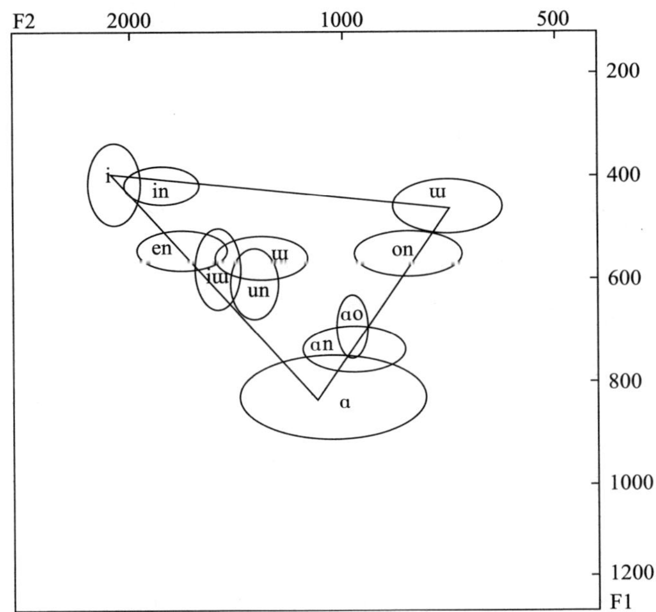

图 1-3　祁阳（白水）话的三级元音

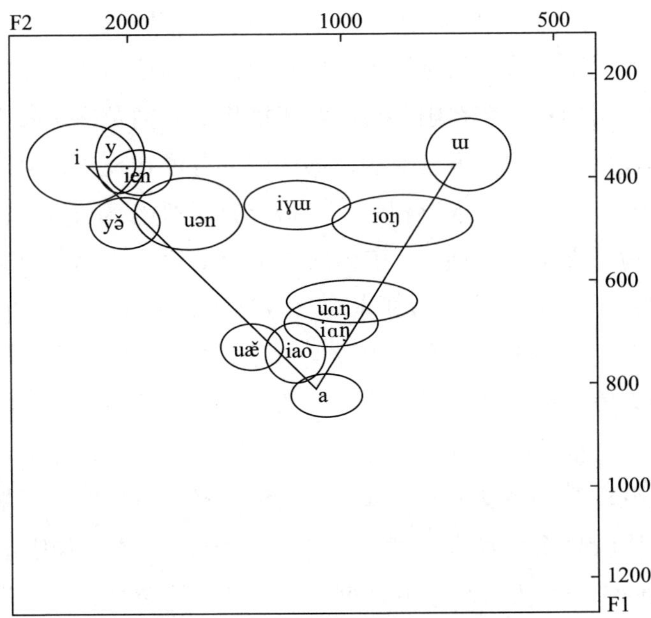

图 1-4　祁阳（白水）话的四级元音

第二节　祁阳方言语音内部差异

一　祁阳方言内部差异

祁阳方言内部差异主要有地域差异和社会差异，后者主要是指因年龄、职业、文化程度等因素造成的语音和词汇差异。由于长期与周边方言接触，加之祁阳境内居民历史来源不同，祁阳方言内部差异明显。我们根据内部语音差异将祁阳方言分为 5 个小片。

南部白水小片（包括白水镇、肖家村镇、八宝镇和金洞林场、大江林场）

中部城关小片（包括浯溪镇、观音滩镇、七里桥镇、下马渡镇和挂榜山林场）

北部黎家坪小片（包括文明铺镇、龚家坪镇、大村甸镇）

东部羊角塘小片（包括羊角塘镇、梅溪镇、黄泥塘镇、进宝塘镇）

西部大忠桥小片（包括大忠桥镇、三口塘镇、茅竹镇）

从地理位置来看，西部的大忠桥小片与冷水滩区毗邻，语音与冷水滩地区比较接近，冷水滩今为永州市下属一个区，其境内使用的官话属西南官话桂柳片。据调查，在祁阳县与冷水滩搭界的乡镇及冷水滩市区，老年层口音仍然残留明显的湘方言痕迹，如保留部分浊音现象，可以说其底层是湘方言。大忠桥镇与冷水滩相邻，其语音介于祁阳话与官话，因而当地口音被戏称为“夹生粘子话”。东部的羊角塘小片、北部的黎家坪小片与祁东县搭界，某些语音特征与祁东方言较接近，鼻化、高元音［i］擦化现象突出。中、南部小片语音差距较少，可以看作祁阳方言的代表。邻县人初识祁阳方言，感觉祁阳话口音很“重”，说话像唱歌，这主要涉及祁阳方言两个十分重要的特点。口音“重”是因为祁阳方言保留了一套比较完整的全浊声母系统，发全浊声母时，喉头下降，声带振动，基频起点较低，听感上比较低沉，给人以“重”的语音直觉。“说话像唱歌”原因在于声调的调型。祁阳方言单字调调型比较复杂，平调少，多折调，且部分调类音高起伏较大。从语图上看，祁阳方言声调多顺势衔接，多折调，调型类似于正弦曲线，跌宕起伏，因而听起来就像唱歌。南部白水小片部分地区因与常宁市接壤，受其影响，边界地区部分乡村语音带有较强的湘赣混合方言色彩。我们以上述五个小片的代表点为个案来说明祁阳方言内部语音差异，各代表点以调查点所在地命名（见表 1–2 至表 1–6）。

（一）声调差异

表 1–2　祁阳方言单字调差异

单字调	南部片（白水）	东部片（羊角塘）	西部片（大忠桥）	中部片（浯溪）	北部片（黎家坪）	北部片（龚家坪）
阴平	334	44	44	45/55	45	45
次浊平	21	12	13	211/11	22	211
全浊平	22	12	23	211	22	11
阴上	453	53	35	453	353	35
次浊上	453	53	35	453	353	35
全浊上	224	24	24	214	224	35
阴去	323	322	24	324	324	24
次浊去	323	323	24	324	323	24
全浊去	214	224	24	224	24	24
阴入	33	33	33	33	33	33
次浊入	33	33	33	33	33	33
全浊入	121	12	23	22	211	11

注：龚家坪镇据李维琦先生调查，老派上声不分阴阳，故单独列出。

（二）鼻化现象

表 1–3　鼻化现象

例字	南部片（白水）	东部片（羊角塘）	西部片（大忠桥）	中部片（浯溪）	北部片（黎家坪）	北部片（龚家坪）
妈	maŋ^{334}	mã^{44}	maŋ^{44}	ma^{55}	mã^{334}	ma^{45}
拿	naŋ^{334}	nã^{44}	naŋ^{44}	na^{45}	nã^{22}	naŋ^{11}
迷	min^{232}	mĩ^{12}	mĩ^{13}	min^{11}	mĩ^{22}	mĩ^{11}
医	in^{334}	ɿ^{44}	ĩ^{44}	in^{45}	ɿ^{334}	in^{45}

续表

例字	南部片（白水）	东部片（羊角塘）	西部片（大忠桥）	中部片（浯溪）	北部片（黎家坪）	北部片（龚家坪）
何	ɣoŋ²³²	ɣo²²	xoŋ²³	ɣoŋ¹¹	ɣo²²	ɣo¹¹
阴	ĩn³³⁴	ĩ⁴⁴	in⁴⁴	in⁵⁵	ĩn⁴⁴⁵	in⁴⁵
甲（指甲）	kaŋ³³	kã³³	tɕia³³	kaŋ³³	kaŋ³³	kaŋ³³
明（明天）	miã²²	miã¹²	mĩ²³	maŋ¹¹	miaŋ²²	maŋ¹¹
蚂（蚂蚁）	maŋ⁴⁵³	mã⁵³	maŋ²⁴	maŋ⁵³	mã⁴⁵	ma³⁵

（三）浊塞音、塞擦音送气与否

表 1–4　祁阳方言各点送气与否情况

例字	南部片（白水）	东部片（羊角塘）	西部片（大忠桥）	中部片（浯溪）	北部片（黎家坪）	北部片（龚家坪）
病	b-	b-	b-	bʰ-	bʰ-	bʰ-
塘	d-	d-	d-	dʰ-	dʰ-	dʰ-
狂	g-	g-	g-	gʰ-	gʰ-	gʰ-
床	ʣ-	ʣ-	ʣ-	ʣʰ-	ʣʰ-	ʣʰ-
墙	ʥ-	ʥ-	ʥ-	ʥʰ-	ʥʰ-	ʥʰ-

（四）高元音擦化现象

表 1–5　高元音［i］擦化现象

例字	南部片（白水）	东部片（羊角塘）	西部片（大忠桥）	中部片（浯溪）	北部片（黎家坪）	北部片（龚家坪）
笔	pi⁴⁴	pɿ³³	pi³³	pi³³	pɿ³³	pi³³
鼻	bi²²⁴	bɿ²²⁴	bi²²⁴	bi²²⁴	bi²²⁴	bi²⁴
姨	i²²	ɿ¹²¹	i¹³	i¹¹	ɿ²²	i¹¹
泥	mi²²	mɿ²²	ni²³	ni¹¹	mɿ²²	ni¹¹

注：高元音［i］擦化后的音值可以描写为［ɹi］，与音位［ɿ］比较接近，为了不增添新的音位，我们将其与［ɿ］归为同一音位。

（五）词汇差异

表 1-6　六个方言调词汇差异

词语	南部片（白水）	东部片（羊角塘）	西部片（大忠桥）	中部片（浯溪）	北部片（黎家坪）	北部片（龚家坪）
他	tɕʅ^{453}	ke^{334}	xa^{44}	tɕi^{45}	tɕi^{334}	tɕi^{334}
我们	ŋo^{33}laŋ^{433} ŋo^{453}ȵin^{453} ŋo^{453}i^{33}ko	ŋo^{453}laŋ^{453} ŋo^{453}ȵin^{12} ŋo^{453}i^{33}ko	ŋo^{453}mən	ŋo^{453}ȵin^{11}	ŋo^{353}ȵin^{22}	ŋo^{453}laŋ^{45}
怎么	ɣoŋ^{12}ȵin^{33}ɕin ɣoŋ^{12}ɕin^{445}/ɕi	ɣoŋ^{12}ɕin	na^{53}me	ɣen^{11}ɕin^{445}	ɣo^{12}ɕin^{45}	ɣo^{12}ɕin
什么	ȵin^{33}kaɔ	ȵin^{33}kaɔ	ɕi^{53}mə^{33}ɕi	ȵin^{33}kə	ȵin^{33}kə	ȵin^{33}kaɔ
爷爷	ti^{33}ti^{33}/tia^{33}tia^{33}	tia^{33}tia^{33}	ie^{445}ie^{445}	ti^{33}ti^{33}	ti^{33}ti^{33}	ti^{33}ti^{33}
妈妈	maŋ^{33}maŋ^{33} ne^{33}ne^{33} u^{33}maŋ^{33}	u^{33}mã^{33} mã^{33}mã^{33}	u^{33}ma^{33}	u^{55}ma^{33}	u^{33}ma^{33}	u^{33}maŋ^{33}
的	kaɔ	ke	ke	kɔ	ke	kaɔ
长	tɕiaŋ^{453}	tɕiaŋ^{453}	tɕiaŋ^{453}	ȶiaŋ ^{453}	tɕiaŋ^{453}	tɕiaŋ^{453}

二　祁阳方言内部方音、词汇特征方言地图

方言地图可将方言特征空间差异直观展示出来，并清晰地呈现方言内部细微差异的地理分布，我们将祁阳方言语音、词汇等内部一致性特征用图的形式展示，具体见图 1-5 至图 1-9。

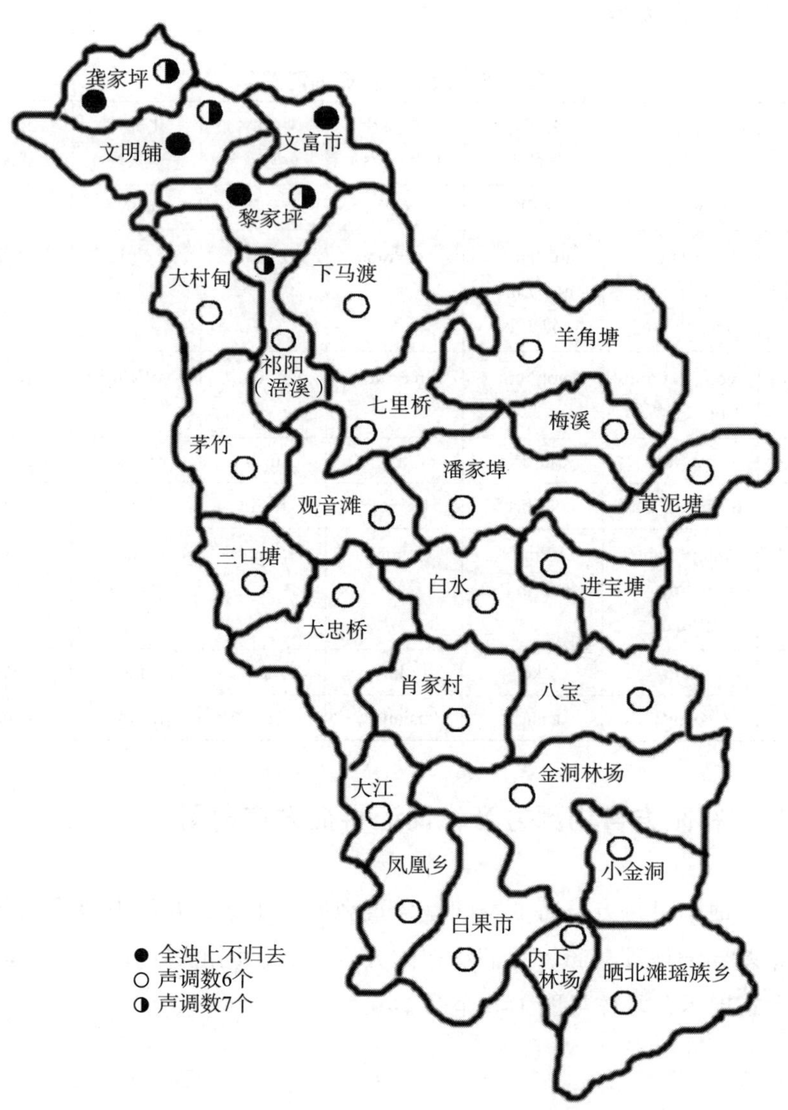

图 1–5　祁阳方言单字调差异分布

图 1–6　祁阳方言元音鼻化分布

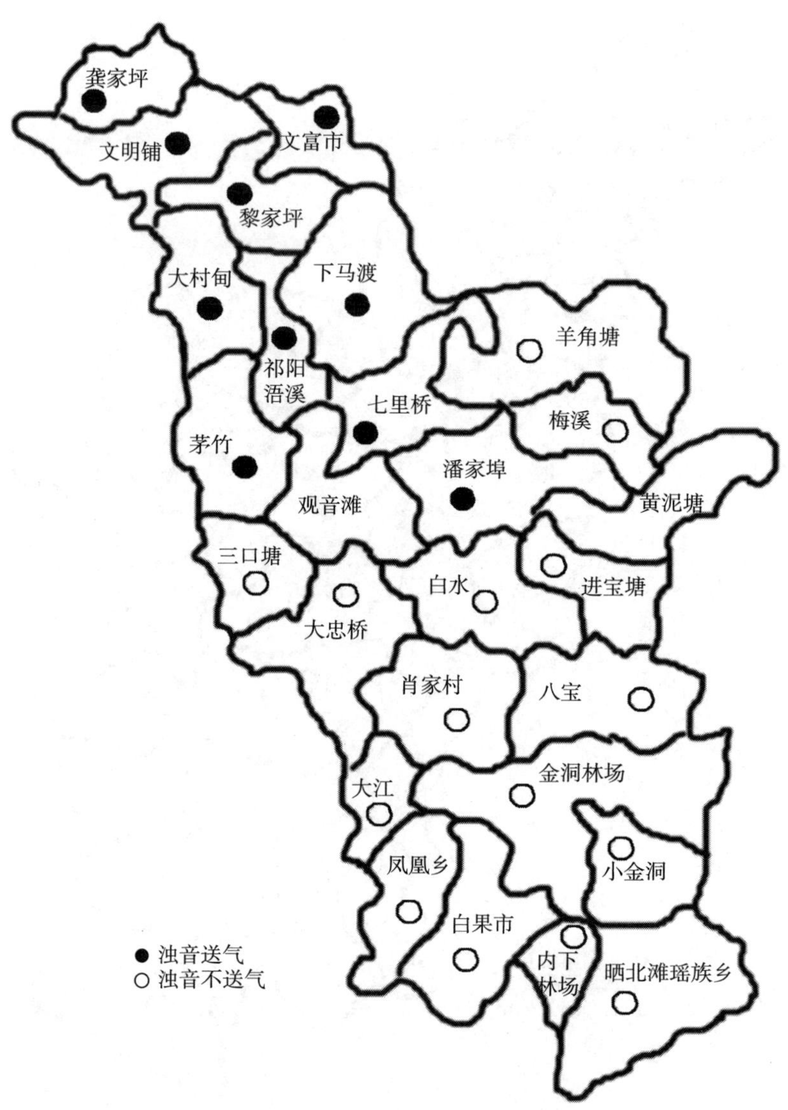

图 1-7　祁阳方言浊音送气不送气分布

图 1-8　祁阳方言元音擦化分布

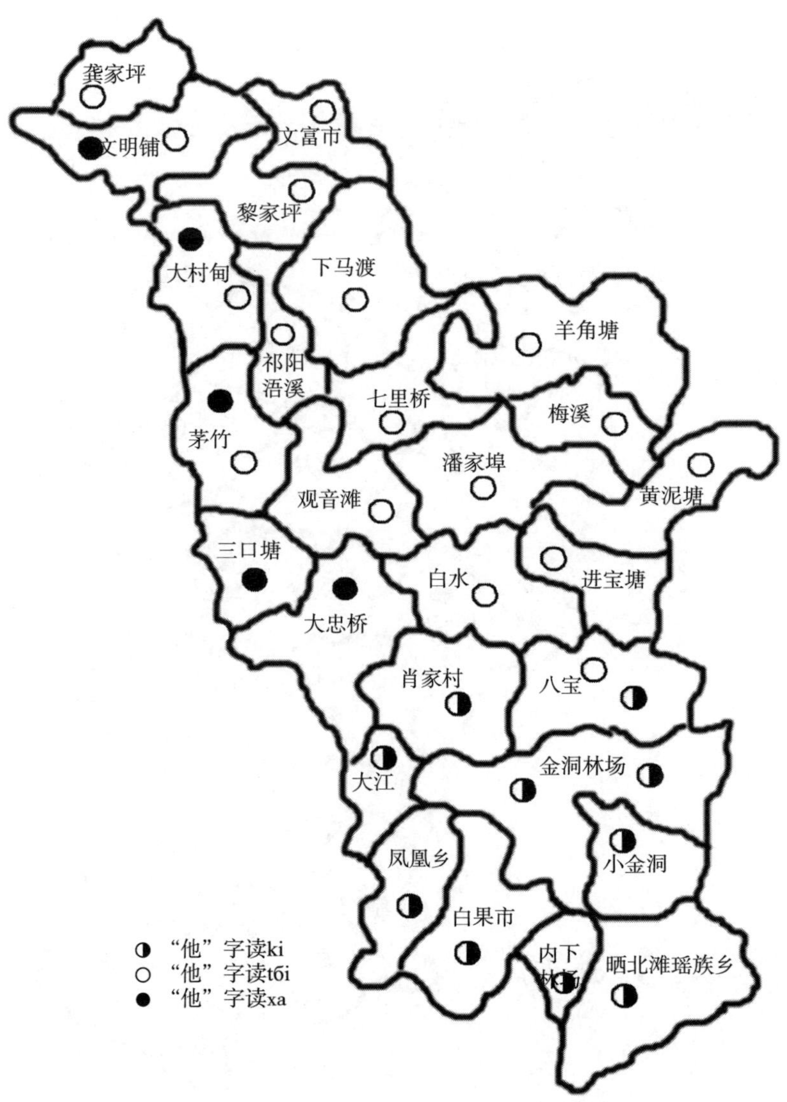

图 1-9 祁阳方言"他"字读音差异分布

第三节　祁阳方言同音字表（新派）

祁阳方言新老派语音差异较大，老派单字调为 5 个，个别点单字调达到 7 个。李维琦（1998：36~76）记载了祁阳方言老派，为了尽可能全面反映祁阳方言语音特点，我们记的是新派读音（45 岁以下），老派与新派读音差异主要是全浊声母不送气，去、入声分阴阳，咸、山摄开口一、二等字与宕摄合流。

a

pa 334 巴粑芭疤□①～东西：背；②～驮，暗指性交 453 把□～～，儿语，粪便；～屎～尿，帮老人或小孩大小便靶□打～小孩用纸织成的四方形的玩具 324 把（名，木柄）霸坝□～～，儿语，肉类霸欛 44 八捌

$p^{h}a$ 334 葩啪 453 □～开（双脚分开）324 怕帕 44 拍趴

ba 22 爬扒白拔袜琶耙 214 罢

ma 334 妈（文读）22 麻 453 马码蚂玛□～到，用手扶着 424 骂 44 抹蟆□～雀，男性生殖器

fa 44 发法

va 22 乏伐罚筏筏

ta 334 奤 453 打（动）44 答搭瘩妲褡

$t^{h}a$ 334 她他它 44 踏塔塌沓蹋獭踧□～子，一种用来装油盐的小罐子

da 22 达踏□～起，不稳，不平衡

na 334 呐 22 拿娜爬 453 那

la 334 拉垃 324 捺□～，毛发被火烧□～里□气，不正经，妖野喇 44 腊蜡辣□～鼓缝隙

tsa 334 渣楂 453 鲊咋（文读）扎包扎 324 炸诈蚱乍栅榨搾痄 44 扎铡闸眨轧摘

$ts^{h}a$ 334 差叉杈 453 岔杈汊衩 44 插察观察擦嚓拆诧

dza 22 查茬茶搽察检察择 214 槎①～到，用竹枝阻拦；②动词，用竹制扫帚扫

sa 334 沙纱莎痧砂鲨裟 453 洒撒膝□动词，做竹器时把竹子分开

ka 334 家枷夹欺负 453 假～徕子，说话像女孩的男孩子□～子，小沟 324 嫁架 44 夹痂□～子，煤矸石铗戛隔

$k^{h}a$ 334 掐□量词一～，食指与大拇指合拢索取的量 453 卡 44 客掐

ga 22 跨

xa 334 哈（动词）吐痰□植物的针芒虾蟹□～气，油料放的时间过长而变质产生的味道 蛤合（白读）44 吓黑瞎

ɣa 22 还匣狭蛤 224 下

ŋa 334 阿～姐，奶奶桠□～进去，挤进去 22 芽牙轧伢 453 哑 224 □碾压 442 额□用指甲掐鸭

a 453 哪也 324 那 442 鸭

ia

pia 453 □儿语，枪响的声音 44 壁

pʰia 44 劈□动词，打耳光

tia334 □提爹 453 点～噶则 44 滴嫡

dia 22 嗲提□～起走，指把鞋后帮踩在脚后跟下，或者穿无后跟的鞋

ȵia 334 黏（动词），453 □舔惹 44 □动物交合□～起，偏向一边

lia 44 栗～子树□用脚尖将地上的东西擦掉

tɕia 334 家佳加袈嘉遮 453 姐假贾□儿语，逗婴儿用语 324 架借嫁驾价 44 只夹甲钾颊炙□涩□性子固执，不讲道理

tɕʰia 334 车 453 扯□倾斜，不正 44 掐吃恰洽（文读）

dʑia 22 邪茄斜席 214 谢①～媒人，感谢②～凋谢□跨

ɕia 334 虾赊奢 453 写舍 324 泻□过稀 44 胁锡瞎吓

ʑia 22 蛇石匣峡狭遐暇瑕辖霞□用脚使劲踩 214 下夏厦厦门射□小孩看别人吃东西嘴馋

ia 334 丫鸦（文读）压 22 爷～老子，父亲牙芽衙伢 453 也雅野 324 夜亚 44 押鸭

ua

tʰua 44 脱

lua 44 捋

tsua 334 抓 453 □量词，抓一手心为一～324 啄□头部突出

tsʰua 44 撮

sua 324 耍 44 刷唰

kua 334 瓜 453 寡剐 324 挂卦褂 44 括割葛 0 过

kʰua 334 夸 453 髂垮 324 跨挎胯 44 阔

gua 22 □～白话，聊天

xua 334 花 324 化 44 发

ɣua 22 铧华中华滑猾□停 224 华华山化划画话

ua 334 哇洼 453 娃 324 瓦□舀 224 □凹进去 44 挖

ya

dʑya 22 瘸 224 □用手用力突然抓

ɕya 334 靴 324 □动物用后爪使劲向后蹬，或者人四处撒东西

ya 334 □手抓 453 324 □量词，一握为一～□四处撒

o

po 334 波玻菠 453 啵打啵，接吻 □拟声词，枪毙时打枪的声音 324 簸 44 钵钵帛雹博播搏驳剥□儿语，蛋

pʰo 334 坡 453 颇扑扑克 324 破 44 泼

bo 22 婆薄鄱礴泊

mo 334 摸□手脚慢 232 魔磨模膜摩

馍嬷蘑 453 □偷 324 磨（名词）44 莫寞末沫漠

to 334 多哆 453 躲朵垛跺 324 剁 44 □端

tʰo 334 拖脱 453 椭妥 324 唾 44 托

do 22 鸵驮驼佗陀□量词，圆形的东西夺铎 324 惰舵□①码堆；②量词，一堆

no 22 挪 453 糯 324 糯诺懦

lo 334 □①～死呱了，生病不治疗，拖死了；②用石灰或者地灰把湿的东西粘干 232 罗箩螺萝 453 裸□大舌头说话舌头打卷裹 44 洛落骆烙络乐

tso 453 左佐 324 做 44 作卓桌捉拙啄

tsʰo 334 搓蹉磋 453 错挫锉措 44 戳

dzo 22 凿浊拙酌柞昨着着急□用手指头敲打头部 224 座坐

ko 334 歌哥锅□东西被磨平 453 果□指示代词，这里 324 过个 44 各郭鸽葛割

kʰo 334 棵科颗蝌苛 453 可 324 课 44 壳渴瞌磕阔

ŋo 22 俄蛾鹅涡 453 我 324 饿卧 44 鳄恶噩愕

xo 334 窝呵 453 火伙 324 货 44 霍喝豁□～刺子，毛毛虫□动词，漩涡将物吸入

ɣo 22 禾和荷何河合盒□系，捆绑学 224 祸贺荷负～ 44 褐

io

tɕio 44 角脚觉爵

tɕʰio 44 缺雀确却榷

dʑio 22 绝嚼穴

ɕio 453 □差 44 削

ʑio 22 学弱若

nio 44 疟虐

lio 44 略掠

io 334 约乐岳跃玥

ɿ

tsɿ 334 咨姿资滋之支肢枝只（量）453 子姊紫籽纸止趾此枳梓齿指雌 324 次刺痔志至致翅

tsʰɿ 42 差 324 赐

sɿ 334 丝司私思斯厮撕厕茅～蛳尸施诗师狮鸶 453 死史屎使始驶 324 四肆试式拭嗣

zɿ 22 词辞饲祠伺磁糍匙脐瓷时 224 寺字是祀似巳自示市事士氏视仕逝誓侍柿莳

tɕɿ 334 基箕鸡机饥肌奇芝□～菜枝知蜘畸 453 己纪几虮鲫挤麂□第三人称代词 324 记济季继祭际暨既智制置痔 44 积击迹激吉即急级岌姬辑汲脊疾缉绩鲫织职汁蛰质髻挚

tɕʰɿ 334 栖欺妻凄乞吃蚩柒痴眵 453 起喜岂启 324 器气砌契戏弃 44 七漆膝葺尺赤斥叱

dʑɿ 22 其棋期旗琪麒歧芪祁祈奇齐崎鳍持池驰弛迟踟侄直值植殖辑 224 忌伎技妓□站企治寂

ɕɿ 334 熙西牺犀溪嬉嘻希稀唏羲曦蟋 453 洗喜徙玺起起床 324 细系世势 44 锡习媳息熄昔惜袭悉吸失湿识室释析晰夕汐

ʑɿ 22 食日十实拾蚀石□性交

注：[tɕ] 组后面的 [ɿ] 实际音值为 [ɹi]。

i

pi 334 屄 453 比彼妣 324 币闭陛毙婢敝弊滗 44 笔蓖逼毕碧箅蔽篦避臂壁必

p^{h}i 334 批披匹 453 痞鄙癖丕 324 屁庇 44 辟僻劈庇匕痹譬霹

bi 22 脾皮啤疲琵枇鼻婢 224 被篦鼻（鼻~）

mi 334 咪眯 22 迷弥糜 453 米尾 324 觅迷秘汨沕□用嘴轻轻地蠕动将刺或者骨头取出

ti 334 低爹（爷爷）453 底诋抵邸 324 帝蒂谛 44 敌嫡狄的滴

t^{h}i 453 体 324 替剃屉涕锑 44 梯剔踢

di 22 啼提题蹄第离黎篱漓厘梨犁罹黧詈粒 224 地弟悌利厉丽隶励荔迪例痢笠栗

ni 22 泥尼妮呢 453 你拟旎 324 吝赁

ȵi 22 宜谊仪倪沂疑 324 饵义议蚁逸 44 日逆匿溺

li 453 狸礼李里理鲤 44 立栗力历雳沥砾

i 334 衣依医 22 夷饴姨移遗彝怡 453 以椅已倚 324 忆艺意亿易臆异呓翼毅议 44 译益缢溢一壹揖抑邑佚驿

u

pu 453 补哺卜 324 哺布怖 44 不

p^{h}u 334 捕铺铺盖 453 浦普谱曝朴脯圃铺埔（店铺）44 仆讣瀑噗璞赴

bu 22 匍葡蒲菩伏 213 步部埠簿

mu 22 模（文读）453 母亩牡拇 324 暮穆慕幕墓牧

fu 334 肤夫孚呼麸□~子菜，用肉、糯米跟芋头等其他东西搅拌做成的食品 453 府俯腑抚辅甫虎斧俘舞腐腐败 324 富付副附赋飞扈戽 44 福蝠复腹覆惚忽

vu 22 佛佛教敷伏扶芙浮符胡湖狐无物茯服 453 武舞鹉侮妩腐袱 224 父沪户互务雾护戊

tu 334 都首都督 453 堵赌肚睹 324 妒督

t^{h}u 453 土 324 吐呕吐兔 44 突秃凸

du 22 屠图徒涂途毒读牍犊独渎 213 妒杜肚肚皮度渡镀

nu 22 奴弩 453 努 324 怒

lu 22 卢庐芦炉鹿颅辘□抱 453 卤虏橹掳虏漉 324 露赂路鹭 44 陆禄碌录绿六

tsu 334 租□~耙，一种带齿的农具 453 阻祖组 324 做 44 卒竺足伫祝筑烛竹

ts^{h}u 334 粗初 453 楚础 324 醋 44 促蹴簇蹙猝触畜束

dʑu 22 锄雏刍族俗辱嘱属蜀蹰逐赎肉熟塾续 224 助

su 334 苏梳蔬酥稣□用油炸 453 数动词 324 素塑诉愫数名词漱溯 44 叔淑速宿肃缩束夙

zu 22 肉辱

ku 334 箍辜姑孤 453 估古股牯鼓蛊牯汩 324 固故顾雇 44 谷骨

k^{h}u 334 枯 453 苦 324 库裤绔 44 哭窟酷

u 334 乌污巫屋诬坞 22 无吴吾梧蜈 453 五午伍武 224 误恶悟晤 44 屋勿

y

tɕy 334 猪朱诸车象棋居拘侏珠株蛛狙诛疽 453 举沮矩主煮 324 句巨剧据锯铸 44 菊鞠橘

tɕʰy 334 区岖驱蛆趋躯趋祛 453 取娶拄处□将火药烧掉 324 去趣烠 44 曲蛐屈出

dʑy 22 局焗渠衢除储厨雏㕛锄贮橱躇锤 224 聚巨具拒炬柱住叙

ɕy 334 须虚嘘墟需恤输舒书抒 453 浒许暑曙诩鼠□大口吃 324 嗉戌恕绪絮序墅□～窝，鸟禽用腿或嘴自己建窝 44 旭恤蓄戌

ʑy 22 薯茹如濡儒孺殊术述 453 乳汝 224 树竖住

ly 22 驴 453 履铝旅屡缕女 324 滤虑 44 绿

y 334 迂淤 22 于余誉盂鱼渝渔逾榆愉俞娱虞愚 453 与宇雨禹语屿羽 324 愈玉芋郁预欲遇豫喻御驭煜喂□口水从边角溢出 44 浴育狱

e

pe 44 柏伯百钵北

pʰe 453 □拟声词，不屑或吓人 44 拍魄

be 22 白□摸

me 44 麦墨默脉没陌□用余光看人

fe 44 忽沸佛

te 44 得德

tʰe 44 忒忑特又□路上的突出物

de 22 特～物，故意

ne 44 讷□旧称妈妈为～～

le 44 勒□茅草上的刺割人称为～

tse 44 则责啧仄谪窄摘 0 子

tsʰe 44 拆掣厕测策册恻

dze 宅贼择泽

se 44 色涩虱瑟啬

ke 453 渠第三人称代词，限于肖家村、金洞一代 324 □横着割 44 格骼革隔胳

kʰe 44 客克恪刻咳

ge 22 嗝□用腋夹着走

xe 324 去 44 黑赫吓恐吓

ɣe 22 核劾□程度副词，很的意思

ŋe 44 厄扼□咬额□～障事，作怪

ve 22 物又喂

e 334 唉应答词 324 □拟声词，表示疑惑

ie

pie 324 瘪 44 憋鳖逼瘪别系

pʰie 44 撇瞥

bie 22 别

mie 44 灭搣

tɕie 334 接结 453 姐者 324 借蔗鹧 44 节洁劫拮（文读）哲折浙揭辙 0 子

tɕʰie 334 车 453 且扯 324 □不规则，不圆□婚丧时用的打击乐器□～呱了，死了 44 切窃怯撤妾彻澈掣

dʑie 22 捷杰竭茄斜 224 谢

ɕie 334 赊奢 453 写舍 324 卸泄赦屑 44 歇协胁些设摄涉

ʑie 22 折舌蛇热鞋 224 社射

tie 334 爹

t^hie 44 贴铁帖

die 22 谍迭牒碟蝶叠喋飐列烈

lie 44 捏聂镊蹑孽摄列劣烈猎裂

nie 44 捏涅聂孽镊

ȵie 44 热业

ie 22 耶椰爷 453 野也冶 324 夜 44 噎业叶页液乙□凉拌

ye

tɕye 44 角脚觉爵决诀抉掘倔攫蕨

$tɕ^h$ye 44 缺雀确却阕瘸

dʑye 22 绝嚼穴

ɕye 44 削雪血学

nye 44 疟虐

lye 44 略

ye 44 月悦阅跃粤越

yi

ɕyi 334 飞非菲霏痱 453 绯匪诽翡 324 费肺废

ʑyi 22 肥唯微惟维 453 娓尾 224 未味

æ

pæ 334 掰□跛脚 453 摆 324 拜

phæ 453 □两手臂伸长丈量后的长度□挑担子一头重，一头轻；挑 324 派

bæ 22 牌排簰徘 224 败稗

mæ 22 埋 453 买 324 卖迈

tæ 334 呆呆子 453 歹逮 324 带戴

t^hæ 胎台～州 苔 453 □肚子鼓起

dæ 22 台 224 大待怠在

næ 453 奶乃 324 耐奈

læ 22 来莱涞 453 俫～子，男孩 324 赖癞睐籁热烫手

tsæ 334 灾栽斋摘斎 453 宰崽 324 再载债寨

ts^hæ 334 猜钗差 453 彩采踩睬 324 菜蔡

dzæ 22 才材财裁柴豺踩又 224 寨在□淋浴

sæ 334 筛酾 324 赛

kæ 334 该赅阶皆街 453 改解 324 盖钙丐介芥界疥戒届□大锯

k^hæ 334 揩开 453 凯楷溉概铠

ŋæ 334 挨哀 22 埃呆呆板癌捱 453 矮 324 爱嗳艾碍蔼

xæ 334 □接触 453 海醢 324 □轻轻地擦

ɣæ 22 孩鞋骸还 224 害亥氦懈

uæ

uæ 334 挖 453 □两边摇

tsuæ 453 □用刀刺杀拽神气

tsʰuæ 453 揣

suæ 334 摔衰腮 453 甩 324 帅蟀

kuæ 334 乖 453 拐枴□女阴 324 怪

kʰuæ 334 □圈，动兼名 453 会侩块量剑□阔气 324 快筷

guæ 22 □敞开

ɣuæ 22 怀淮槐 224 坏外

ui

tui 334 堆 453 趸贩卖□～命，拼命 324 对碓兑

tʰui 453 腿 324 退褪蜕

dui 22 颓 224 队

nui 324 内馁

lui 334 □～～，滚铁圈 22 雷擂蕊 453 垒儡磊垒累积累 324 泪虑滤类累锐耒磊磊子，用来碾压胡椒等成粉末

tsui 334 追锥 453 嘴 324 最醉缀

tsʰui 334 催崔摧炊吹 324 翠脆粹啐 44 □不小心向前冲一下

dʑui 22 罪随髓槌垂捶槌谁陲锤隋 224 坠遂瑞隧睡

sui 334 虽 453 水 324 祟岁碎

zui 22 穗

kui 213 归龟规瑰闺皈硅 453 诡鬼轨 324 贵桂 44 骨

kʰui 334 亏盔魁窥 453 跪又 324 愧溃馈喟

gui 22 奎葵睽馗夔 224 柜跪

xui 334 灰恢挥辉徽 453 悔毁□呕吐 324 彗卉智慧讳秽□～叶，包粽子用的粽叶

ɣui 22 回茴为 224 会绘汇位

ui 334 威煨偎 22 围违桅危 453 伟萎痿诿苇□反胃 224 喂慰蔚

aɔ

paɔ 334 包胞褒苞鲍煲 453 褒宝饱保堡 324 报抱豹龅□凸起

pʰaɔ 334 抛脬藨野生草莓 453 炮泡砲重量单位，十斤为一～

baɔ 22 跑浮袍狍炮咆 224 孵菢抱刨泡泡沫

maɔ 334 猫□鹅毛大雪 22 矛茅髦毛 453 铆卯 324 茂冒贸帽貌冇

taɔ 453 岛倒祷 324 倒到

tʰaɔ 334 掏滔涛韬 453 讨 324 套

daɔ 22 逃桃陶淘萄绹啕焘 224 道导稻盗悼

naɔ 22 挠（文读）453 恼脑 324 闹□毒死

laɔ 334 捞唠□骚味、腥味 22 痨劳牢涝□植物失去水分而变干 453 老 324 □～子，煤为充分燃烧后剩下的饼块

tsaɔ 0 着 334 糟遭醩□食物保持干燥 453 找枣澡藻爪蚤 324 灶躁燥噪罩肇造又

tsʰaɔ 334 抄钞操 453 草吵炒 324 造糙躁肏

dzaɔ 22 巢曹槽嘈漕□用脚使劲踩 224 □错 皂□动词，大水冲，或者大雨冲叫～□被水冲出来的大坑叫～

saɔ 334 骚搔臊捎梢稍筲 453 嫂扫打扫 324 潲扫扫把

kaɔ 0 □表示所有的结构助词，相当于"的" 334 羔高篙膏牙膏糕交跤胶阿胶茭～笋 453 搞稿搅 324 教窖告觉

kʰaɔ 334 敲 453 拷睾烤 324 铐靠犒□～种，配种

gaɔ 22 搅乱来

xaɔ 334 蒿薅 453 好好坏 324 好耗孝孝衣

ɣaɔ22 毫豪壕号号叫 224 号浩

ŋaɔ 334 熬又□小孩固执不听话 22 熬翱鳌 324 坳傲奥懊

iaɔ

piaɔ 334 彪标膘镳液体直冲 453 表婊裱

pʰiaɔ 334 漂漂浮飘 453 瞟漂殍 324 漂漂亮票

biaɔ 22 剽瓢嫖螵 224 瞟□被虫叮咬后的红团

miaɔ 334 瞄喵 22 描瞄苗 453 秒藐渺渺淼 324 庙妙

tɕiaɔ 334 交郊娇蛟浇骄椒焦蕉朝沼招召诏钊 453 绞饺较皎缴剿 324 叫校校对照

tɕʰiaɔ 334 悄劁缲锹敲 453 雀 453 巧 324 俏窍鞘翘撬

dʑiaɔ 22 翘桥瞧乔侨荞嘲潮晁韶 224 兆赵嚼轿

ɕiaɔ 334 宵消萧硝销箫霄嚣枭烧捎 453 小晓少 324 酵（文读）孝效笑邵

ʑiaɔ 453 绕 22 韶饶勺 224 校效绍

ȵiaɔ 334 □向上抬起 22 尧

tiaɔ 334 刁貂雕碉 453 鸟□男阴，作动词用指性交□理会 324 调～查吊掉钓

tʰiaɔ 334 厅～屋，堂屋挑 453 䠷 324 跳眺

diaɔ 22 调条□用热水焯□生气的时候脚反复重重地踏地辽聊撩獠燎寥 224 料棺材廖镣□悬挂物不断摇摆

niaɔ 453 鸟 324 尿

iaɔ 334 幺吆妖腰邀要要求 22 尧肴姚窑谣摇 453 杳咬舀窈 324 要鹞耀

ɤɯ

mɤɯ 22 谋眸 453 某

fɤɯ 453 否

vɤɯ 22 浮

tɤɯ 334 兜逗都副词 453 斗斗子抖陡蚪 324 斗战斗□凑、拼

tʰɤɯ 334 偷 453 敨 324 透

dɤɯ 22 投头 224 豆痘窦

lɤɯ 334 □萎靡不振，没精神 22 楼搂娄喽髅 453 篓搂□~~，猪的另一种叫法□～水，脏□脚不小心被绊倒 324 陋漏瘘

tsɤɯ 334 邹□蹲的意思 453 走 324 绉皱骤揍奏

tsʰɤɯ 334 搊 453 □指责 324 凑

ʥɤɯ 22 愁

sɤɯ 334 搜艘嗖 453 叟擞嗾 324 瘦嗽

zɤɯ 肉

kɤɯ 334 勾沟钩苟佝笱 453 狗苟枸 324 构购够垢□结冰

kʰɤɯ 334 抠眍 453 口 324 叩扣寇

xɤɯ 334 抠又□扯～，气喘 453 吼

ɣɤɯ 22 喉侯猴瘊 213 后厚候

ŋɤɯ 334 欧殴瓯区讴 453 呕偶藕 324 怄沤

iɯ

tɕiɯ 213 纠究鸠阄揫咎柩鬏 34 九久灸韭酒 31 旧臼救就舅

tɕʰiɯ 213 丘秋 42 求球

ɕiɯ213 休修羞朽 31 秀绣袖锈嗅

tiɯ 334 丢 44 竹□用拳头打

tʰiɯ 334 □追赶□舂

diɯ 22 刘浏留榴硫琉流 224 溜又馏瘤

niɯ34 扭纽 31 谬

liɯ 334 溜 453 柳绺 44 六

niɯ 334 妞 22 牛 453 扭纽钮 44 肉

tɕiɯ 334 纠揪周州洲舟究 453 韭久酒九玖灸肘帚 324 救柩咒昼□拧，扭 44 粥

tɕʰiɯ334 丘蚯秋鳅抽 453 丑 324 臭糗

ʥiɯ 22 球求裘俅囚酋泅仇筹稠酬绸踌

ɕiɯ 334 修休羞 453 朽手守首狩 324 嗅绣秀锈兽

ʑiɯ22 寿受授售熟

iɯ334 优忧幽悠 22 由犹油柚游鱿 453 友有酉诱 324 又右幼佑柚釉

iã

piã 334 边编鞭汴鳊辫汴 453 贬扁匾 324 变

pʰiã 213 蝙偏篇编翩 453 片骗遍

biã 22 便～宜骈 224 便～饭辩辨

miã 22 绵棉明眠 453 免勉娩 324 缅面

tɕiã 334 尖肩兼煎奸毡粘詹粳 453 俭茧剪检简碱捡睑柬展辗 324 见建剑荐贱涧舰键箭颤占

tɕʰiã 334 千迁纤牵铅谦签 453 浅谴遣 324 倩欠芡堑歉嵌□水凉

ʥiã 22 前钱乾潜钳虔黔缠 224 健键件俭践贱

ɕiã 213 仙先掀鲜掀 453 险显闪陕□～子，木结构屋的墙 324 现献线羡扇煽

ʑiã 22 贤咸嫌然燃 224 县陷染现现在善鳝擅缮冉苒

tiã 334 掂颠巅癫滇 453 典点碘 324 佃店奠殿

tʰiã 334 天添 453 舔殄

diã 22 甜田填联怜链廉镰帘鲢莲连恋 224 电垫甸佃殿奠练炼

niã 334 蔫拈研黏粘粘住 22 年鲶严□寻 453 拈捻辇撵碾 324 念廿谚砚验彦酽酒度数高

liã 453 脸敛

iã 334 烟淹阉腌燕姓殗 22 严言炎研盐阎颜檐 453 掩眼演 324 咽延筵厌宴艳验谚堰焰燕燕子

ən

pən 334 奔崩 453 本苯 324 □扯

pʰən 334 喷又抨 324 喷凭

bən 324 盆溢 224 笨

mən 334 闷蚊□默念，想 22 门们扪 324 闷焖懑

fən 334 分纷芬 453 粉 324 奋愤粪

vən 22 坟文纹焚汾闻蚊 453 紊稳吻刎 224 问份

tən 334 灯蹬登镫敦蹲炖墩磴 453 等 324 凳沌吨顿□竖

tʰən 334 吞 453 □～子，阶梯□颠簸 324 □拖沓，讲话不利索

dən 22 腾藤誊屯臀囤 224 盾钝邓遁

sən 334 参人参森僧孙生笙牲甥狲 453 省损笋榫 324 逊渗

zən 42 人仁壬

nən 31 嫩

lən 22 轮伦仑抡沦能 453 冷 324 论楞愣嫩

tsən 334 曾增争筝尊遵峥 453 怎□木材等腐烂 324 甑圳挣

tsʰən 334 撑村□用热水熏 324 衬趁寸

dzən 22 存曾曾经层橙荀旬岑 453 憎赠□用力往下摔

kən 334 根跟耕更羹庚 453 耿埂梗□整个□盖住 324 更

kʰən 334 铿坑 453 啃肯恳垦

gən 22 □按住

xən 334 哼亨 453 很狠

ɣən 22 痕恒衡 224 恨杏

ŋən 334 恩嗯□呻吟 453 揞硬忍隐咯

vən 22 文纹闻蚊 453 刎吻稳 224 问份

in

pin 334 濒斌彬宾殡缤鬓冰兵 453 饼柄丙炳秉禀 324 殡并鬓

pʰin 334 拼姘 453 品 324 聘拼拼凑□推诿

bin 22 瓶频嫔评苹萍坪平 224 病

min 22 民岷泯名铭冥暝瞑螟鸣明又 453 敏闽皿悯 224 命

tɕin 334 巾今斤金筋津□吮襟京精菁鲸晶经径茎胫痉荆真针珍帧诊贞侦甄臻斟正征徵蒸 453 紧仅锦谨瑾景警井颈诊枕震振赈疹拯整□～子，不长 324 浸劲近进晋禁竞竟镜敬镇证正政

tɕʰin 334 亲侵钦清轻情倾卿氢蜻称郴 453 逞请 324 寝庆亲亲家罄磬秤称

dʑin 22 勤芹琴擒禽寻情晴擎晨陈尘臣沉辰成城诚呈程乘承惩丞盛 224 尽静净阵郑近

ɕin 334 心芯辛欣鑫新薪馨星腥猩惺申呻身莘深升声 453 醒省审沈婶晨□蠢 324 信焮性兴姓

ʑin 壬承仁神人形邢型行行动 224 什甚韧纫认任忍扔仍慎肾蜃

ȵin 334 宁 22 人 324 佞

tin 丁叮盯钉 453 顶鼎 324 订钉动词

tʰin 厅汀伸 453 听□张望，伺机偷东西 324 艇挺

din 停亭庭廷婷林临琳淋霖临磷麟鳞粼嶙凌绫菱陵灵棂玲零铃龄邻聆伶羚翎苓囹沉 224 另令定□使其沉淀

lin 334 拎□～光，很光 453 凛领岭

in 334 因阴姻荫音殷英鹰樱婴鹦罂莺 22 银吟寅龈淫赢萤楹盈营 453 隐饮蚓引瘾颖影 324 印映应

uæ̃

tsuæ̃ 334 窜钻钻进去 453 缵□竹制渔具 324 钻电钻

tsʰuæ̃334 氽 324 篡 324 篡窜

dʑuæ̃ 224 赚

suæ̃334 酸拴闩栓 453 蒜算涮

tuæ̃334 端 453 短□堵 324 锻煅

tʰuæ̃ 334 湍（文读）453 喘 324 □动物下崽

duæ̃22 团 224 段断缎

nuæ̃ 324 暖

luæ̃22 孪峦痉挛□圆 324 卵 324 乱

kuæ̃ 334 关冠官棺观观察倌 453 管馆 324 灌罐贯惯观名词冠冠军

kʰuæ̃ 334 宽 453 款髋□陡，田中陡的坡面 xuæ̃ 334 欢 453 缓 324 唤涣痪

ɣuæ̃ 22 环还完桓鬟 224 幻换宦患焕

uæ̃ 334 弯湾豌 22 玩顽 453 碗宛婉挽腕

un

un 334 温瘟 453 稳

tsun 453 准

tsʰun334 椿春 453 蠢

dʑun 22 醇纯鹑淳唇 224 润闰

kun 453 滚辊磙 324 棍

kʰun 334 坤昆琨鲲锟 453 捆 324 困

xun 334 婚昏荤

ɣun 22 魂浑馄横

yã

tɕyã 334 捐专砖 453 卷转 324 倦绢眷圈羊圈券娟涓篆转动词

tɕʰyã 334 悛圈圈起来穿川串氚 453 犬畎 324 劝券串

dʑyã 22 全拳颧蜷权痊诠醛筌泉传船椽 224 □缠绕旋头上的旋

ɕyã 213 宣喧轩揎 453 选癣 324 绚

ʑyã 22 悬玄炫 224 软

yã 334 冤渊鸳 22 元沅员园原圆袁援缘源辕 453 远 324 怨院愿

yə̃

tɕyə̃ 334 军君均钧龟谆 453 准凖 324 俊竣骏

tɕʰyə̃ 453 蠢顷倾勋春椿

dʑyə̃ 22 裙群琼又循巡纯纯醇淳唇醇鹑莼 224 菌郡肫

ɕyə̃ 334 熏薰燻 324 训驯舜瞬

ʑyə̃ 22 旬荀 224 顺润闰

yə̃ 334 晕氲 22 云匀耘芸 453 允永 324 孕运韵酝陨

aŋ

paŋ 334 邦帮班搬般扳斑 453 绑榜磅板版

pʰaŋ 334 乓攀樊潘蟠 453 瓣爿 324 胖盼判畔叛拼□挂

baŋ 22 旁庞膀彷螃傍房番翻盘蹒

maŋ 334 妈望 22 忙芒盲茫氓明蛮瞒 453 网莽蟒满

faŋ 334 方芳坊枋翻帆番藩 453 纺仿访仿舫反返 324 放泛贩

vaŋ 22 房防彷妨烦凡帆矾梵繁樊 224 妄望饭范犯万□流产

taŋ 334 裆铛当当天丹单耽眈箪旦 453 挡档党胆诞疸 324 当当铺宕垱

tʰaŋ 334 汤滩摊瘫贪 453 倘躺趟淌傥□溅水坦毯袒忐 324 烫□～子，粉刷用具叹探炭

daŋ 22 唐糖堂塘搪棠膛镗螳弹又谈坛昙谭潭檀痰 224 凼氹荡但蛋弹氮掸淡惮

naŋ 334 拿□肉嫩处 22 郎狼廊螂朗阆榔囊馕难男南喃楠腩蓝兰栏拦岚澜阑斓 453 朗冷懒揽览缆 324 浪阆□搭放在高处难又烂滥

kaŋ 334 刚钢纲岗冈缸干甘肝柑苷尴矸奸间监坚量词 453 港感敢赶杆竿橄讲减 324 肛杠刚干淦浍监舰间又赣

kʰaŋ 334 康慷□差点，少一点刊看堪勘勘龛 453 砍侃坎槛埳 324 抗亢炕伉看嵌

gaŋ 22 扛

xaŋ 334 糠夯鼾憨酣 453 喊 324 沆汉捍

ɣaŋ 334 航行杭桁含寒含晗函涵韩咸闲贤 224 巷罕捍汗悍焊旱憾翰瀚项限苋陷

ŋaŋ 334 肮盎安桉胺氨鹌 22 昂 224 黯揞硬

iaŋ

piaŋ 334 饼柄 324 □藏

pʰiaŋ 334 □拟声词，打耳光

biaŋ 22 平萍坪 224 病

miaŋ 22 名明瞑 324 命

tɕiaŋ 334 刚（白读）江姜将将来僵缰疆睛精肉张章樟漳獐彰 453 蒋桨井颈长掌涨 324 降将大将浆降下降酱障犟糨帐仗杖账胀

tɕʰiaŋ 334 羌枪腔锵清青轻昌娼伥猖框跄又 453 抢襁强敞厂请 324 跄唱畅

dʑiaŋ 22 强墙蔷详祥翔晴长场肠场降 224 像橡象匠丈仗杖

ɕiaŋ 334 乡香厢湘箱襄镶伤商觞墒星腥 453 想响享赏饷醒 324 相相面向

ʑiaŋ 22 详降翔

tiaŋ 334 钉装 453 钉鼎 324 □掷长长大胀

tʰiaŋ 334 听 453 挺

diaŋ 22 凉量良梁粱墚粮凉零 224 谅亮量气量

liaŋ 453 两辆俩岭

ȵiaŋ 334 娘 453 仰 324 酿壤

iaŋ 334 央殃秧 22 扬羊阳杨疡洋养 453 痒 324 样漾恙□放牧

uaŋ

tsuaŋ 334 庄桩装脏妆 324 壮状葬

tsʰuaŋ 334 仓苍沧疮窗 453 闯撞 324 创嵣

dʑuaŋ 22 床藏 453 撞状

suaŋ 334 双霜孀孀 453 爽嗓颡磉□条状物一截为一～丧

kuaŋ 334 光咣胱 453 广

kʰuaŋ 213 筐 42 狂 31 匡况旷矿框眶

guaŋ 22 狂逛诳 224 □～子，牛牢中拦牲畜的横条

xuaŋ 334 荒慌 453 谎晃

ɣuaŋ 22 皇黄簧惶煌凰潢王

vuaŋ 22 簧

oŋ

poŋ 334 崩蹦绷 453 □凸出 324 泵迸

pʰoŋ 334 嘭抨蓬蜂烹 453 捧 34 碰

boŋ 22 彭朋鹏棚硼堋膨蓬冯

moŋ 334 懵蒙 22 朦蒙又萌盟 453 猛锰蜢 324 孟梦

foŋ 334 丰风枫封疯烽蜂峰锋 324 讽俸

voŋ 22 逢缝 224 凤奉

tsoŋ 334 宗综踪鬃中忠钟终锺衷盅 453 总种肿冢 324 粽纵种中中标

tsʰəŋ 334 聪葱匆囱冲充舂憧从从容 453 □用手推宠冲～天炮 324 铳□味浓，刺鼻

dʑoŋ 22 重重复从丛淙松崇穷 224 重仲

soŋ 334 松嵩 453 耸怂□推 324 送宋

noŋ 334 聋 22 浓脓农侬哝癑龙隆笼胧 453 拢垄陇栊

koŋ 334 公共供工功恭弓宫龚攻躬肱蚣 453 拱贡巩 324 贡□钻洞

kʰoŋ 334 空箜 453 孔恐 324 控空空地

goŋ 224 共

xoŋ 334 轰烘 453 哄 324 □富

ɣoŋ 22 宏洪鸿虹红 42 恒衡 31 横

ŋoŋ 324 齆□鼻子不通

voŋ 334 翁嗡 31 瓮

yŋ

tɕyŋ 453 迥炯 324 窘

dʑyŋ 334 穷茕穹

ɕyŋ 334 兄胸凶 324 嗅又

ʑyŋ 22 熊雄□高兴

ŋ̍

ŋ̍ 334 □遮嗯应答词 453 □光线不好，阴气重 324 □无

注：文白异读用下划线标出，注明文白读的不同，有音无字的用“□”代替。

第二章　祁阳方言声母研究

祁阳方言声母系统中古全浊声母和次浊来母比较有特点，本章主要研究祁阳方言全浊声母系统演变及古来母塞化现象。

第一节　祁阳方言全浊声母研究

一　汉语全浊声母研究综述

据史书记载，“清、浊”这对对立术语出现的时间可上溯到三国魏李登的《声类》,《隋书·潘徽传》云:“李登《声类》、吕静《韵集》，始判清浊才分宫羽。”清、浊概念在古韵书中广泛运用，是古人对语言学的一大贡献，但古人对于清、浊的内涵却是众说纷纭，莫衷一是。本书研究的古全浊声母是指源自中古全浊声母、在今方言中仍与全清、次清声母保持音位对立的“全浊”声母，这类全浊声母在今天的汉语方言中多清化，仅仅在吴方言、湘方言部分方言点中得以保留，且其特征“浊”还各具特色，不尽相同。

（一）语音学上的浊音与音位学上的浊音

钟奇（1997）、曹剑芬（1987）对汉语及其方言中的浊音有过比较详细的分析研究。传统音韵学中的“浊”与“清”是一对区别特征。一般而言，“浊”有两种意义：语音学上的浊音和音位学上的浊音，这两种浊音分属不同范畴。语音学上的浊音，发音时声带颤动（带音），显示基频曲线，用实验语音的方法可以测试其浊音起始时间 VOT（Voiced Onset Time），其 VOT ≥ 0，亦即其在声母除阻前声调振动，当 VOT<0 时，说明在辅音开始爆破前声调未发生振动，不是语音上的浊辅音。音位学上的浊音，指的是听起来有“浊感”或者“蜂音感”的那类音（曹剑芬，1987：101~109）。

钟奇（1997：18~19）指出，音位学上听起来有“浊感”的浊音，在语音学上可能是单一的带音（如 b/d/g/z），基频曲线与声母同时出现，也可能是“同部位的鼻辅音（鼻冠音）+ 浊或清塞音、塞擦音”（如 mb、mp、nd、nt）或者“同部位的清塞擦音、擦音 + 浊擦音”（如 sz、fv、tz、tsz）之类的辅音丛。其中单个辅音可以通过有语音切分功能的语音分析软件切分出来。还可能是辅音并不带音，不显示基频曲线，只是它后面的元音带有一股听起来有“浊感”的气流，即“清音浊流”如［$p^{ɦ}$-］、［$t^{ɦ}$-］（钟奇，1997）。赵元任（1928）、曹剑芬（1987）先后指出：“浊流”并非线性排列于元音之前的某个辅音，而是元音的一种超音段性摩擦成分。在时间段上它不属于声母而属于韵母，这种形容性摩擦是由于声门上部（音门）关闭，下部（气门）开启而产生的气声化作用（李小凡，1997：187~191）。

在汉语诸多方言中，官话全浊声母大都已经清化，至今仍保留全浊声母的主要有吴方言、老湘语和部分赣方言。陈立中（2004）在《湘语与吴语的音韵比较研究》中探讨了今方言全浊声母的地域分布，提出了在吴方言、湘方言之间横亘着一条“浊音走廊”。这条鲜为人知的浊音走廊是连接古吴方言与湘方言的纽带。就浊声母音值而言，湘方言全浊声母与吴方言全浊声母有别，且湘方言内部全浊声母的浊度也存在差异（钱乃荣、罗永强，2008：267~287）。

（二）全浊声母送气与否问题

古全浊声母送气与否，音韵学界语言学界至今没有定论。高本汉拟为送气音，罗常培、陆志伟、李荣、邵荣芬、俞敏等拟为不送气音。王力先生早期在《汉语史稿》（1982：262）中将古全浊声母拟为送气浊音，之后改为不送气，并且认为古全浊声母送气与否无关紧要，“浊音送气不送气，一直有争论，其实从音位学的角度来说，这种争论是没有意义的”。“其实全浊声母送气不送气是互换音位，正如现代吴方言一样，全浊声母可以送气，也可以不送气。这样我们用不送气的音标（b，d，g）来表示就行了。”罗常培（2012）在《唐五代西北方音》中认为浊音在汉藏对音材料中有的标为送气，有的标为不送气，这是因为藏文的浊声母因方音不同本来就有送气和不送气两种读法。

马伯乐（2005）在《唐代长安方言考》中比较了汉藏对音、日译汉音、日译吴音材料，他认为 7 世纪长安方音中全浊塞音、塞擦音不送气，到了 8 世纪，全浊塞音、塞擦音却变成了送气音，至于全浊音由不送气变为送气其音变条件没有提及。

关于古全浊声母送气与否的检讨是否具有研究价值，仁者见仁，智者见智。从汉语方言全浊声母清化后送气与否分布情况看，全浊声母送气与否、古全浊声母具体音值对于解释现代汉语方言全浊声母清化规律有十分重要的意义。全浊塞音、塞擦音送气音值研究不可回避也不能回避，它对解释汉语诸多方言全浊塞音、塞擦音清化后送气与不送气分布有直接影响。或许早在中古全浊声母清化之初，汉语诸多方言中就存在全浊声母送气和不送气差别，而正是这种差异导致诸多汉语方言全浊声母清化后出现送气、不送气两种不同方向。王福堂（2006：1~10）认为：“汉语古代全浊声母只有送气一种音值”，现代汉语方言全浊塞音、塞擦音送气不送气“都是原本送气的古全浊声母演变的结果”。从语言类型学看，塞音不送气清声母、送气清声母、浊音三分格局是当今语言、方言塞音格局的主流，曾晓渝（2007）在考察汉语次清声母在上古音音系中的音类地位时统计了当今世界语言及中国境内的语言，数据表明，塞音清、浊二分平衡格局占绝对优势，四分的塞音格局（不送气清音、送气清音、不送气浊音、送气浊音）很少见。何大安（2004：69）在讨论四川永兴方言存在浊塞音、塞擦音送气不送气时，指出出现在阳平调的送气浊音与不送气浊音呈互补状态，从历史来源看，送气浊音是受西南官话影响从不送气浊塞音分化而来的。从类型学而言，浊音送气在地理分布上处于弱势。

（三）全浊音清化时间问题

古全浊声母清化是汉语史上的一个重要语音现象。浊音清化早在隋代已初露端倪，曹宪所著《博雅音》开始出现浊音清化现象，这是迄今为止所存韵书中对于全浊声母清化现象的最早记载。罗常培（1991/2012）以四种敦煌藏译汉音的写本《千字文》、《金刚经》残卷、《阿弥陀经》残卷、《大成中宗见解》和保存方音性的汉字注音材料《开蒙要训》来考求唐五代西北方音，认为其时全浊声母已经发生清化，并且古全浊塞音、塞擦音声母清化为送气清声母。北宋初年，全浊声母进一步清化，邵雍所撰《皇极经世声音唱和图》将浊音声母分为两类，大致是以平声字配送气清音，仄声字配不送气清音，与周德清所著《中原音韵》中全浊音清化后送气与否的情况相似。周祖谟（1966）据此推断："盖全浊之仄声已读同全清，全浊之平声已读同次清矣。"王力（1982）研究了朱熹《诗集传》《楚辞集注》的反切系统发现，朱熹音系中全浊声母已经消失。台湾竺家宁先生研究宋代《九经直音》，指出书中全浊声母已经清化。石磊（2000）在研究《五经群音》时发现，唐代张参编纂的《五经文字》音注存在全浊声母与全清声母互注现象，说明全浊声母开始清化。

以上是官话浊音清化的书面记载，文献记载与现存方言材料相结合，可以为我们研究浊音清化序列提供可靠依据。汉语方言浊音清化情况不一，浊音清化的条件和方式也不尽相同，由于缺乏书面材料的记载，目前比较可靠的方法就是从同方言区现行方言空间差异出发，结合共同语浊音清化情况探寻其浊音清化轨迹。

二　祁阳方言全浊声母今读音值

（一）现代汉语方言全浊声母实验研究

以往全浊声母实验研究主要集中于全浊辅音声学表现，这其中占主流的是对汉语全浊声母浊音起始时间（VOT）的测量。赵元任（1928）认为吴方言全浊声母在字组中间位置上时声带振动，在单字和词组开头位置上时声带不振动，但后面有一股送气的浊流。曹剑芬（1982）在研究吴方言长阴沙话时指出，“吴语长阴沙话的‘浊声母’实际是清音，在连读前字低声调中为清音和连读后字的高声调中是浊音”。石锋（1983）在研究苏州话浊声母时认为，苏州话浊塞音和不送气清塞音在浊音起始时间上不能区分，清浊声母的不同由后接元音的不同声学特征决定。沈钟伟、王士元（2002）检讨了前人研究吴方言浊塞音方法的不足，提出了用测量起首位置上塞音的“闭塞时间长短”来区分清浊。朱晓农讨论了吴方言元音特点，他通过实验证明吴方言浊声母后接元音是“气化元音”（breathy voiced vowel），亦即驰声（slack voice），这就是赵元任所说的“气声化”“浊流”。

就湘方言全浊声母研究而言，古全浊声母实验研究起步较晚，罗昕如（1998）通过语音实验证明湘方言新化方言是一种送气浊声母（aspirate voice）。陈晖（2005，2006）运用实验语音学方法考察了湘方言内部浊音语音特征，此外，张偲偲（2010）、谭丁凤（2014）、熊睿（2015）、吕俭平（2016）、贝先明（2017）等都运用了 Praat 语音分析软件分析了祁阳方言中古全浊声母今读塞辅音时的实际音值。

（二）祁阳方言浊音声母的语音实验比较

钟奇（1997）根据全浊声母保留特点及是否出现元音高化链移两个条件将湘方言分为核心湘语、边缘湘语，并指出双峰、湘乡为核心湘语代表点。鲍厚星（2006：42~43）综合全浊声母、入声字演变情况将祁阳方言视为湘方言保守性最强一类的代表。陈晖（2006，2008）考察了湘方言全浊声母今读情况，就全浊声母保留比例而言，永全片祁阳、祁东、东安等地方言全浊声母保留最为完整。那么在这种被视为浊音最为保守的方言中其全浊声母语音表现又如何呢？下面我们将结合语音实验来探讨祁阳方言、双峰方言两地方言全浊声母声学特点。祁阳方言材料来自笔者实地调查，双峰方言材料由贝先明博士提供。

（1）浊塞音浊音起始时间（VOT）比较

我们首先选取祁阳方言、双峰方言浊塞音代表字，选字原则是选取使用频率高的常用字，以“塘”“病”“跪”为代表，我们通过语图来观察其浊音起始时间（VOT）的表现，如图 2-1 至图 2-6 所示。

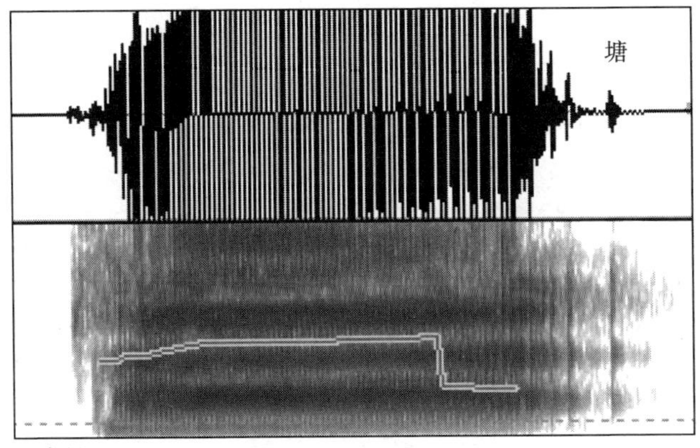

图 2-1　祁阳方言“塘”字语图

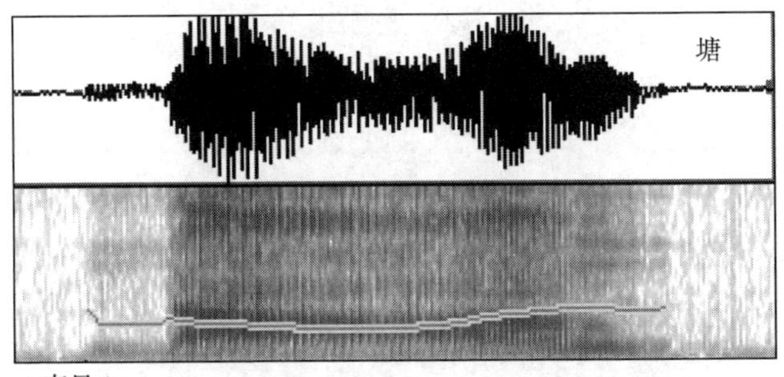

图 2-2　双峰方言“塘”字语图

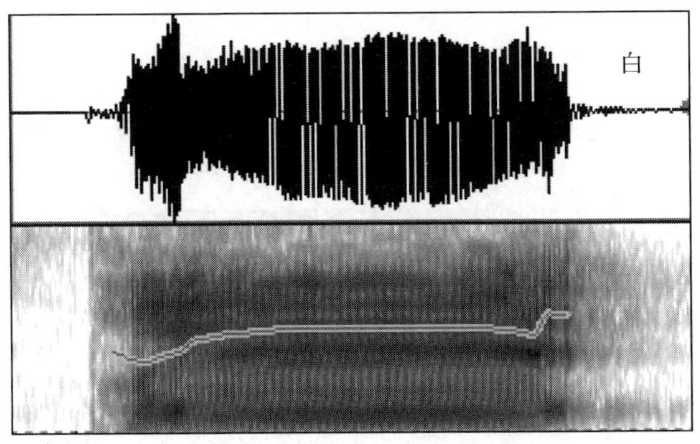

图 2-3　祁阳方言“白”字语图

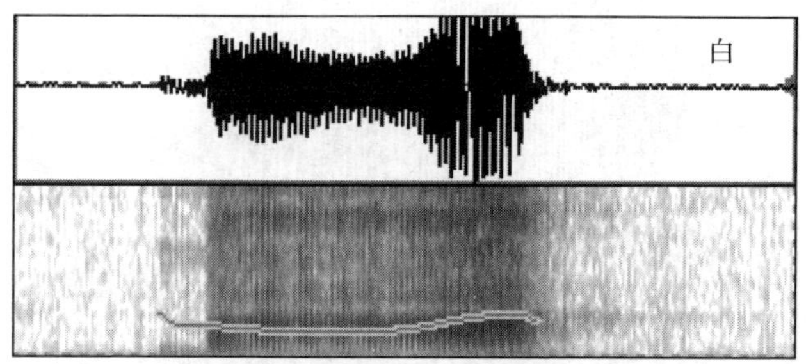

图 2-4　双峰方言“白”字语图

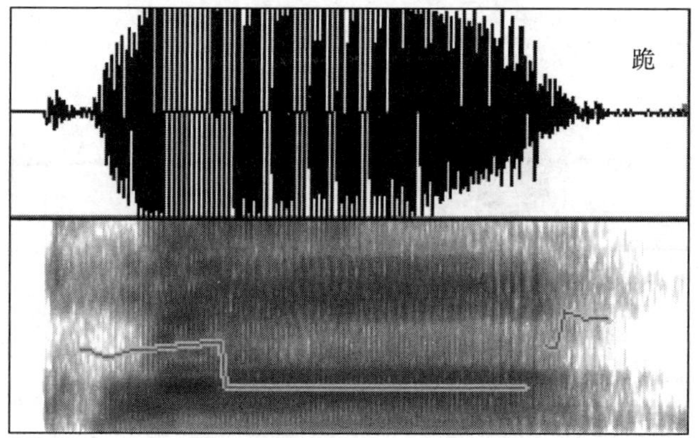

图 2-5　祁阳方言“跪”字语图

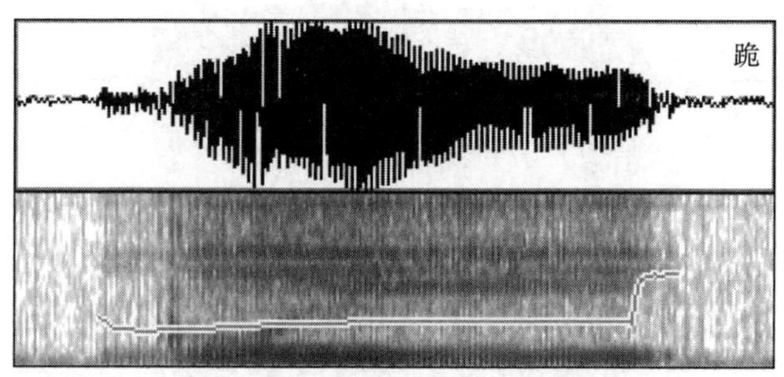

图 2-6　双峰方言“跪”字语图

从图2-5、图2-6中可以看出，祁阳方言全浊塞音没有浊音横杠[①]，也就是说其浊塞音在除阻前声带不振动，因而不产生基频曲线，其浊音起始时间 VOT ≥ 0。双峰方言则不然，从语图上看，基频曲线与声母同时出现（图中下半部分的基频曲线延伸到了声母部分），说明声母是带音的，浊音横杠明显，其浊音起始时间 VOT<0。陈晖（2006）用“假浊音”来称呼湘方言中不带浊音横杠的浊音，将语音实验中出现浊音横杠，浊音起始时间为负值，VOT<0 的浊音称为真浊音。一般认为，以浊声母为起始音的音节，其声调基频曲线覆盖整个音节，而以清声母为首的音节声调基频曲线覆盖主要元音及带音的韵尾部分。从图 2-1 至图 2-6 语图中基频曲线出现的位置可以观察到，祁阳方言以全浊声母为起始音的音节没有基频曲线覆盖，而双峰方言则是在元音发音之前就产生基频曲线，因此可以说祁阳方言“浊音不浊”。

语音上的“浊”与音位上的“浊”分属不同范畴，音位系统重在区别特征的对立。祁阳方言浊音不浊，就音位区别特征而言，音节区别特征逐渐由声母的“清浊”对立向声母清浊伴随特征声调音区特征“高低”对立转移。

（2）祁阳方言浊塞音送气特征

石锋（1990：160）在研究苏州方言浊塞音送气问题时提到：“塞音的除阻都是要呼气的，所以没有绝对的不送气音，只有送气多少的区别。送气和不送气是相对比较而言的。送气清塞音的语图图型是塞音除阻的冲直条和后面元音共振峰横杠之间的一段表示喉擦音的噪音乱纹；送气浊塞音应是这种乱纹加上表示声带振动的低频浊音横杠。”我们以此标准来考察祁阳方言全浊塞音、塞擦音内部差异及其与湘方言双峰方言的语音表现（见图 2-7 至图 2-10）。

① 祁阳方言全浊声母没有浊音横杠是就整体而言，发音人伍某某（80 岁，私塾）老先生的部分全浊声母字依稀保留浊音横杠，部分字基频曲线延伸到声母，可以说其 VOT＜0，只是不太明显。从我们的调查和语音实验结果看，老年层大部、中青年层全部发音人全浊声母不带音，浊音横杠完全消失。

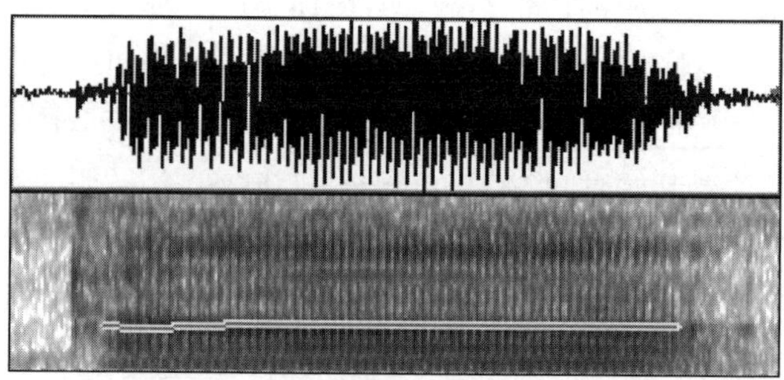

图 2–7　祁阳（白水）“塘”字语图

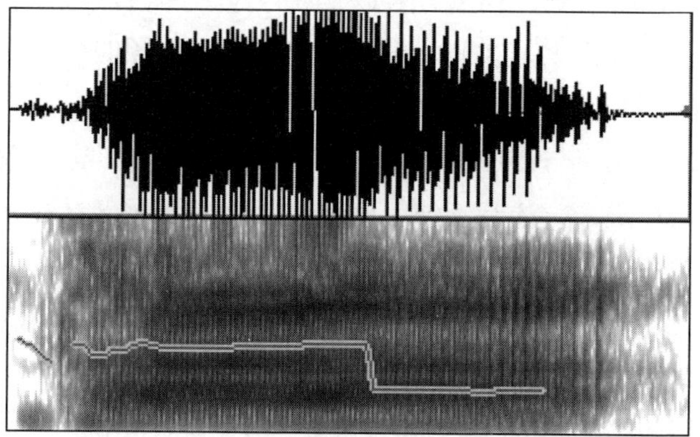

图 2–8　祁阳（黎家坪）“塘”字语图

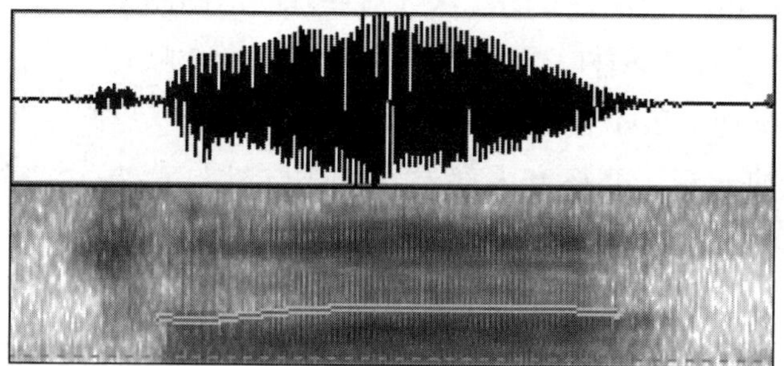

图 2–9　祁阳（白水）“床”字语图

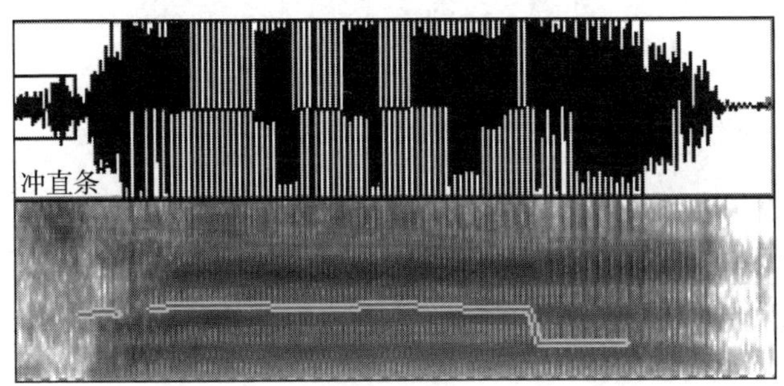

图 2-10　祁阳（黎家坪）“床”字语图

从语图上看，黎家坪镇全浊塞音、塞擦音虽然没有浊音横杠（或者浊音横杠不明显，因为在我们调查的部分字中偶然出现浊音横杠），但表示送气特征的冲直条与元音之间的乱纹却很明显，且送气听感也很强。而祁阳白水镇的全浊声母送气不明显，从语图上看似乎也有微弱的乱纹，如“床”字，但总体而言其送气特征不甚明显，尤其是在与送气特征较强的浯溪镇、黎家坪镇、龚家坪镇方言进行比较时显得相对较弱，因而视之为弱送气甚至不送气。

为了突出祁阳（黎家坪）全浊声母送气特征，我们将其与同部位的清送气声母进行了比较，见图 2-11、图 2-12，例字为“柴”与“猜”。

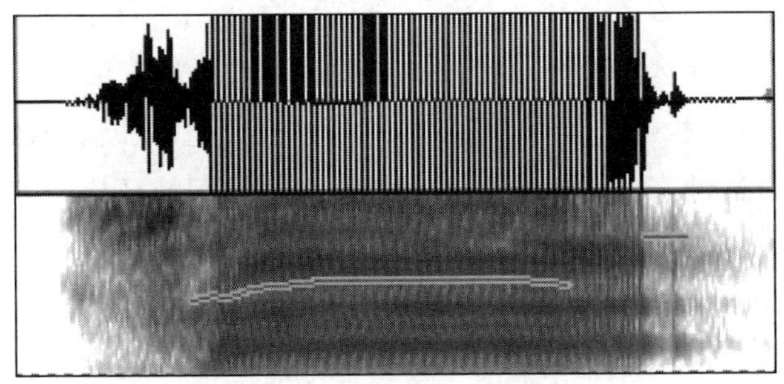

图 2-11　“柴”字语图

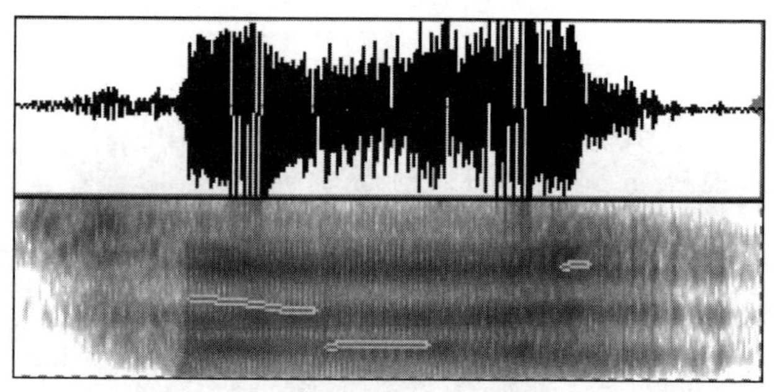

图 2-12 “猜”字语图

从图 2-11 与图 2-12 的比较看，浊送气的冲直条非常明显，与清送气塞音、塞擦音冲直条相比就强度而言没有区别。我们可以用表格来描写祁阳白水、黎家坪两地塞音、塞擦音格局，见表 2-1。

表 2-1 祁阳白水、黎家坪两地塞音、塞擦音格局比较

黎家坪

不送气清音 p-	送气清音 p^h-
	送气浊音 b^h-

白水

不送气清音 p-	送气清音 p^h-
不送气浊音 b-	

相同音系特征在不同方言或语言音位系统中的作用不同，因而呈现不同的塞音格局。如英语清 / 浊对立是其塞音格局重要的区别特征，而送气 / 不送气是构建北京话塞音、塞擦音格局的一对重要区别特征。从音系特征比对看，黎家坪镇方言送气 / 不送气对立有所强化，而祁阳白水镇则强化的是清 / 浊特征对立。钟奇（1997：23）认为“不送气浊音与不送气清音的相似要大于不送气浊音与送气清音间的相似，送气浊音与送气清音间的相似要大于送气浊音与不送气间的相似”。这个用特征比对来解释，一目了然，见表 2-2。

表 2-2 塞音、塞擦音格局特征比对

	p-	p^h-	b^h-	b-
浊	–	–	+	+
送气	–	+	+	–

这种塞音、塞擦音之间的相似性或许间接暗示了塞音、塞擦音相互之间演变的方向，音值相似音类之间可以通过音位自由变体形式发生合并，从而减少音位数量，这符合语言的经济性原则。

（3）祁阳方言送气浊音动态研究

音类差异。我们在调查祁阳浯溪镇、黎家坪镇等地浊音送气现象时发现，这些方言点全浊塞音在语音系统内因音类不同而送气强弱、变化不同。从发音方法看，发音人伍某某（80岁，私塾）老先生在发全浊声母时，无论从听感上还是语图上，不同发音方法浊送气强弱不同。送气最强的为浊塞擦音，其次为浊塞音。就声调而言，平声送气最强，仄声其次，而仄声中阳去调送气最弱，甚至很难感觉到送气。

年龄差异。在同一地点，不同年龄段全浊声母送气情况不大一样。与伍某某先生同村同组的杨某某先生（66岁，中学）在发同组浊塞音、塞擦音时，前者送气成分明显强于后者，如图2–8、图2–13所示。

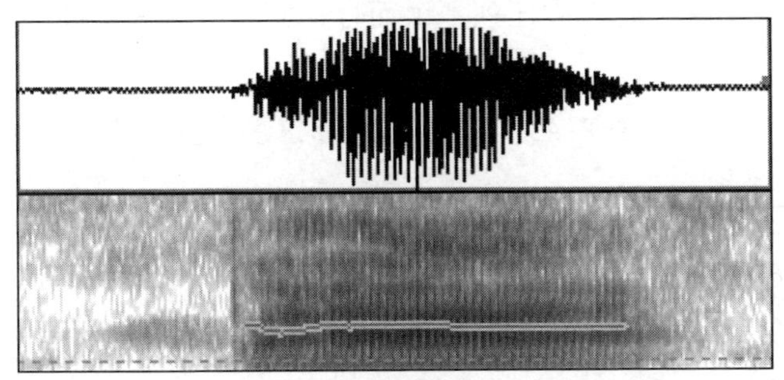

图2–13　黎家坪镇杨某某浊音“塘”字语图

从语图上可以看出图2–13全浊声母送气的冲直条后乱纹不甚明显，很弱，而图2–8则比较明显，听感较强。我们在比较祁阳（白水老派）、祁阳（黎家坪新派）全浊塞音送气与否差异时发现，二者非常相似，如图2–13与图2–7所示。根据祁阳方言浊音送气年龄差异，我们认为浊音送气与否地域空间差异以共时年龄差异的形式反映浊音演变时间序列。祁阳方言全浊声母的演变方向非常明确，[+浊，+送气]→[+浊，-送气]。从我们对祁阳方言各年龄层次的调查结果来看，黎家坪、浯溪等地老派送气浊音在新派中送气成分逐渐减弱，因此有理由相信，这种年龄差异反映的就是一种渐变式的浊音演变。浊音[+浊，+送气]→[+浊，-送气]

是由听者发动的、浊音送气特征衰减的一个渐变过程。

表 2–3　祁阳方言浊音地域浊度差异

	黎家坪老派	黎家坪新派	白水老派	白水新派
强送气	+	–	–	–
弱送气	–	+	+	–
不送气	–	–	–	+

表2–3中送气特征强弱主要是以听感为基础，且能得到语音实验支持。表2–3中浊塞音、塞擦音送气特征衰减体现的是浊音的地域差异，但间接反映了浊音演变时间序列。可以推测，祁阳方言全浊塞音、塞擦音初始状态应该是送气的。如果推论成立，那么祁阳黎家坪镇、白水镇两地方言的地域差异反映的正是一个塞音、塞擦音格局动态演变的过程，这与历史语言学空间差异反映时间发展序列不谋而合，其演变见表2–1、2–4。

表 2–4　黎家坪镇与白水镇浊音演变

黎家坪

不送气清音 p-	送气清音 p^h-
	送气浊音 b^h-

⇨

白水

不送气清音 p-	送气清音 p^h-
不送气浊音 b-	

上述结论是我们从祁阳方言全浊声母内部差异总结出来的，其普适性有待汉语各方言浊声母清化实例检验。全浊声母送气虽然在类型学上受到质疑，但毕竟在祁阳方言中存在并且起到十分重要的作用。任何语言或者方言语音系统性都有自己的个性，且可以根据自身需要选择有利于系统平衡的语音特征，这是语言系统的自组织性表现。祁阳方言全浊声母送气特征消失，符合语言发展一般规律，也符合人的发音省力原则，发浊音已经费力，发送气浊音必然加大其发音难度，因为在发音时送气和浊音都要消耗能量。

三　祁阳方言中古全浊声母今读及其清化

中古《切韵》所列全浊声母数量为9个，宋人三十六字母中所列全浊声母为11个，较《切韵》多了“奉”“澄”两个字母。之于奉母音值，前人多有争议，高本汉、王力拟测为浊擦音［v-］，罗常培等拟测为浊塞擦音［bv‘-］，董同龢认为将奉母拟测为浊擦音［v-］或全浊擦音［bv‘-］均可。我们采用王力先生的观点，将奉母［v-］与浊擦音同列。之于“船”“禅”二者关系，学者们向来争议颇多，李方桂、邵荣芬、李新魁都曾撰文加以论述。陆志韦（1985）曾经质疑《广韵》中船、禅二母的音韵地位和音值，认为船母、禅母应该位置互换，船母为擦音［ʑ-］，禅母为塞擦音［ʥ-］。本书采用一般说法，船母为塞擦音［ʥ-］，禅母为擦音［ʑ-］。为了全书连贯性，本书全浊塞音声母与前面章节论述一致，一律以我们所记录到的送气浊塞音、塞擦音为准。

（一）祁阳方言全浊声母清化情况

我们将祁阳方言古全浊声母按照发音部位进行分类，以古声调平仄为条件分别统计祁阳方言全浊声母清化比例，详见表2–5至表2–7。①

表2–5　中古全浊塞音声母字

古声母	今读	例		字	字数	清音字比例	读音不明字
並	b^h	古声调	平	婆耙爬菩蒲排牌簰陪培赔裴皮疲脾琵枇袍跑刨瓢嫖便便宜盘贫频频繁盆旁螃庞朋凭彭膨棚平坪评瓶屏萍並蓬篷脯杷	46	80%	爿廱
			仄	薄部簿步埠罢稗败倍背背诵焙被被服被被打避备鼻篦抱暴菢鲍铇办拔辩辨便方便别离别伴拌笨傍薄棒蚌白病曝	38		

① 本节以老派伍某某先生（82岁，黎家坪镇）的发音为主，参考了杨某某（72岁，肖家村镇）和唐某某（65岁，白水镇）的发音。

续表

<table>
<tr><th>古声母</th><th>今读</th><th colspan="3">例 字</th><th>字数</th><th>清音字比例</th><th>读音不明字</th></tr>
<tr><td rowspan="4">並</td><td rowspan="2">p</td><td rowspan="2">古声调</td><td>平</td><td></td><td>0</td><td rowspan="4">20%</td><td rowspan="4">爿鏖</td></tr>
<tr><td>仄</td><td>毙蔽弊陛鐾婢辫钹弼饽雹帛</td><td>12</td></tr>
<tr><td rowspan="2">pʰ</td><td rowspan="2">古声调</td><td>平</td><td></td><td>0</td></tr>
<tr><td>仄</td><td>佩瓣叛渤泊辟仆瀑捕</td><td>9</td></tr>
<tr><td rowspan="6">定</td><td rowspan="2">dʰ</td><td rowspan="2">古声调</td><td>平</td><td>驮驼徒屠途图涂台苔抬提题蹄啼逃桃陶淘萄条调涛跳跳脚板头投谭潭谈痰檀坛弹甜田填团屯豚臀堂棠螳唐糖塘藤腾疼滕亭停廷庭蜓同铜桐筒童瞳</td><td>60</td><td rowspan="2">91.0%</td><td rowspan="6">簟宕延宕团椴</td></tr>
<tr><td>仄</td><td>舵大惰杜肚度渡镀待怠殆代袋大大夫弟第递队道稻盗掉掉尾巴调声调豆淡叠碟蝶牒谍但蛋达电殿奠佃垫段断断绝缎夺囤盾沌钝遁荡放荡铎踱邓澄锭定动洞读独牍犊毒笛</td><td>62</td></tr>
<tr><td rowspan="2">t</td><td rowspan="2">古声调</td><td>平</td><td></td><td></td><td rowspan="4">9.0%</td></tr>
<tr><td>仄</td><td>兑调调动逗诞弹子弹沌敌狄</td><td>8</td></tr>
<tr><td rowspan="2">tʰ</td><td rowspan="2">古声调</td><td>平</td><td></td><td>0</td></tr>
<tr><td>仄</td><td>沓特艇挺</td><td>4</td></tr>
<tr><td rowspan="9">群</td><td rowspan="2">gʰ</td><td rowspan="2">古声调</td><td>平</td><td>葵逵狂诳逛</td><td>5</td><td rowspan="5">85.5%</td><td rowspan="5">鳍，妗掮犍柩圈猪圈</td></tr>
<tr><td>仄</td><td>跪柜共</td><td>3</td></tr>
<tr><td rowspan="2">ʥʰ</td><td rowspan="2">古声调</td><td>平</td><td>茄瘸渠瞿奇骑歧祁其棋期旗祈侨桥乔荞求球仇钳琴禽擒乾虔权拳勤芹群裙强极琼穷</td><td>36</td></tr>
<tr><td>仄</td><td>巨拒距具惧徛立技妓忌轿臼舅旧俭及杰键健腱倦近仅菌郡局竞</td><td>26</td></tr>
<tr><td>ʣʰ</td><td>古声调</td><td>平</td><td>穷</td><td>1</td></tr>
<tr><td rowspan="2">tɕ</td><td rowspan="2">古声调</td><td>平</td><td>颧鲸</td><td>2</td><td rowspan="4">14.5%</td><td rowspan="4"></td></tr>
<tr><td>仄</td><td>咎蹶橛窘掘倔倔强强倔强剧戏剧屐</td><td>9</td></tr>
<tr><td rowspan="2">kʰ</td><td rowspan="2">古声调</td><td>平</td><td></td><td></td></tr>
<tr><td>仄</td><td>跪</td><td>1</td></tr>
</table>

表 2–6　中古全浊塞擦音声母字

<table>
<tr><th>古声母</th><th>今读</th><th colspan="3">例　　字</th><th>字数</th><th>清音字比例</th><th>读音不明字</th></tr>
<tr><td rowspan="12">从</td><td rowspan="2">dzʰ</td><td rowspan="2">古声调</td><td>平</td><td>殅蚕惭暂存藏隐藏曾曾经层丛从澄橙橙子虫曹槽</td><td>15</td><td rowspan="6">94.9%</td><td rowspan="12">锃噇疵牸赗赗受掷术苍术</td></tr>
<tr><td>仄</td><td>坐座造造孽暂錾藏西藏凿昨柞赠贼族着睡着撞浊择泽仲逐</td><td>19</td></tr>
<tr><td rowspan="2">z</td><td rowspan="2">古声调</td><td>平</td><td>瓷糍</td><td>2</td></tr>
<tr><td>仄</td><td>脐自慈磁字皂</td><td>6</td></tr>
<tr><td rowspan="2">dʑʰ</td><td rowspan="2">古声调</td><td>平</td><td>才（副词）财裁材齐剂瞧樵潜钱前全泉秦墙请晴长长短肠场惩直值呈程重重复</td><td>26</td></tr>
<tr><td>仄</td><td>藉褯聚在载就渐捷贱践践行截绝尽疾匠净靖静寂丈仗杖郑轴重罪</td><td>26</td></tr>
<tr><td rowspan="2">tɕ</td><td rowspan="2">古声调</td><td>平</td><td></td><td></td><td rowspan="6">5.8%</td></tr>
<tr><td>仄</td><td>荠嚼藉狼藉</td><td>3</td></tr>
<tr><td rowspan="2">tsʰ</td><td rowspan="2">古声调</td><td>平</td><td></td><td></td></tr>
<tr><td>仄</td><td>造建造</td><td>1</td></tr>
<tr><td rowspan="2">t</td><td rowspan="2">古声调</td><td>平</td><td></td><td></td></tr>
<tr><td>仄</td><td>瞪</td><td>1</td></tr>
<tr><td rowspan="10">澄</td><td rowspan="2">dzʰ</td><td rowspan="2">古声调</td><td>平</td><td>茶搽持槌（又）锤（又）</td><td>5</td><td rowspan="6">85.7%</td><td rowspan="6">箸雉坠侄秩苎苎麻</td></tr>
<tr><td>仄</td><td></td><td></td></tr>
<tr><td rowspan="2">dʑʰ</td><td rowspan="2">古声调</td><td>平</td><td>除储储蓄厨池驰迟槌锤朝朝代潮绸筹稠沉缠传椽陈尘</td><td>19</td></tr>
<tr><td>仄</td><td>柱滞痔治赵召纣宙赚传传记阵</td><td>11</td></tr>
<tr><td rowspan="2">ʑ</td><td rowspan="2">古声调</td><td>平</td><td></td><td></td></tr>
<tr><td>仄</td><td>住</td><td>1</td></tr>
<tr><td rowspan="2">tɕ</td><td rowspan="2">古声调</td><td>平</td><td></td><td></td><td rowspan="4">14.3%</td><td rowspan="4"></td></tr>
<tr><td>仄</td><td>稚幼稚兆蛰惊蛰辙车辙</td><td>4</td></tr>
<tr><td>ts</td><td>古声调</td><td>平</td><td></td><td></td></tr>
<tr><td></td><td></td><td>仄</td><td>绽破绽篆</td><td>2</td></tr>
<tr><td rowspan="6">崇</td><td rowspan="2">dzʰ</td><td rowspan="2">古声调</td><td>平</td><td>茬查调查锄豺柴巢愁馋谗床崇</td><td>11</td><td rowspan="4">84.6%</td><td rowspan="6">岑雏浞撰</td></tr>
<tr><td>仄</td><td>助寨骤状镯栈</td><td>6</td></tr>
<tr><td rowspan="2">z</td><td rowspan="2">古声调</td><td>平</td><td>士柿仕俟事</td><td></td></tr>
<tr><td>仄</td><td></td><td>5</td></tr>
<tr><td rowspan="2">ts</td><td rowspan="2">古声调</td><td>平</td><td></td><td></td><td rowspan="2">15.4%</td></tr>
<tr><td>仄</td><td>乍闸炸铡</td><td>4</td></tr>
</table>

续表

古声母	今读	例字			字数	清音字比例	读音不明字
船	dʑ^{h}	古声调	平	船神唇乘（又）绳	5		舐塍盾矛盾秫
			仄				
	ʑ	古声调	平	蛇	1		
			仄	射麝麝香葚桑葚舌实顺述术乘剩食蚀射赎	14		
	z	古声调	平				
			仄	示	1		

表 2-7　中古全浊擦音声母字

古声母	今读	例字			字数	清音字比例	读音不明字
奉	v	古声调	平	符扶芙焚坟逢缝缝衣服	7	78.3%	吠
			仄	父腐妇负凡帆乏烦繁饭伐筏罚忿佛防凤服伏奉缝缝隙	21		
	b^{h}	古声调	平	肥浮范犯房凭冯	7		
			仄	阜	1		
	p^{h}	古声调	平			21.7%	
			仄	辅藩	2		
	f	古声调	平				
			仄	釜腐附翡翡翠复愤缚复	8		
邪	dʑ^{h}	古声调	平	邪斜谢徐泅囚寻漩详祥象像橡席	14	82.2%	镟涎莎莎草
			仄	叙序绪袖	4		
	z	古声调	平	辞词祠	3		
			仄	似祀祭祀巳寺嗣饲	6		
	dz^{h}	古声调	平	旬循巡殉松（又）	5		
			仄	续，遂隧隧道颂诵	5		
	s	古声调	平	松（又）	1	17.8%	
			仄	穗讼	2		
	ɕ	古声调	平				
			仄	袭习羡像像素夕	5		

续表

古声母	今读	例		字	字数	清音字比例	读音不明字
禅	ʣʰ	古声调	平	垂	1	94.2%	禅禅让莼勺芍单姓鲥佘
			仄	睡瑞蟾蝉禅熟蜀属	8		
	ʥʰ	古声调	平	韶韶关仇酬售辰晨臣纯醇常裳偿尚丞承城成诚	18		
			仄	殖植	2		
	ʑ	古声调	平				
			仄	社薯殊竖树睡（又）绍受寿授售（又）甚十什什物拾善膳肾慎尝上上山盛兴盛石熟	24		
	z	古声调	平	时	1		
			仄	誓逝是氏豉视嗜市恃侍匙钥匙	11		
	ɕ	古声调	平	盛盛满了	1	5.8%	
			仄	署邵涉	3		
匣ɣ	ɣ	古声调	平	荷河何和和气蛤蛤蟆华铧划壶瓠孩鞋回茴怀槐淮画话豪壕豪号猴喉侯瘊含函咸衔寒韩闲贤弦桓完还还有环痕魂混浑行航杭黄簧皇蝗恒弘衡行型形刑横宏红洪鸿虹	65	89.3%	谐骇械汞沪解姓翰
			仄	贺祸和和面下底下华华山桦桦树户互护亥害汇会绘慧惠浩号号数后厚候撼憾合盒匣旱汗焊限苋辖现换活幻滑猾患宦恨核项巷学或惑杏核获划斛	52		
	v	古声调	平	胡湖狐胡胡子	4		
			仄				
	ʥʰ	古声调	平	降	5		皖镬傒厦厦门暇茎迥徯携畦
			仄	穴	6		
	ʑ	古声调	平	霞瑕遐嫌玄悬县	7		
			仄	夏姓校效	3		
	ɕ	古声调	平	奚兮	2	10.7%	
			仄	系联系协眩行	3		
	Ø	古声调	平	肴丸萤辰	4		
			仄				
	x	古声调	平	乎酣	2		
			仄	蟹缓很混鹤晃	6		

（二）祁阳方言全浊声母清化比例统计

我们将祁阳方言浊音清化按照发音方法、声调平仄进行分类，具体情况见表 2-8、2-9。

表 2-8　祁阳方言全浊声母清化比例

塞音		塞擦音		擦音		清浊百分比	
清	浊	清	浊	清	浊	清	浊
13.80%	86.20%	9.30%	90.70%	9.94%	90.06%	16.58%	83.42%

表 2-9　全浊塞音清化字平仄比例

塞音		塞擦音		擦音		清化平仄总比	
平	仄	平	仄	平	仄	平	仄
4.40%	95.6%	0%	100%	31.25%	69.75%	9.75%	91.25%

表 2-8 数据可用图 2-14、图 2-15 表示如下。

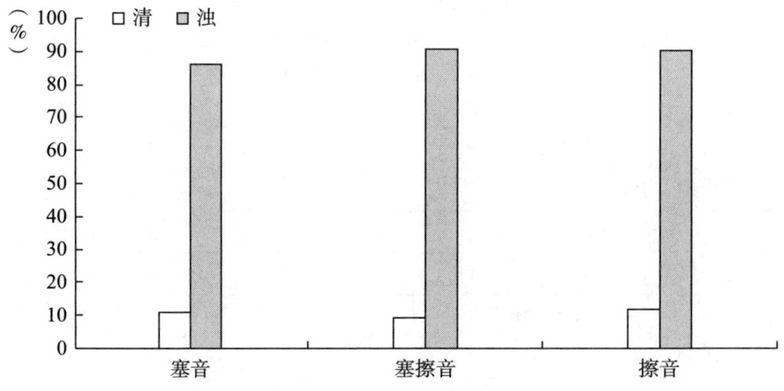

图 2-14　塞音、塞擦音、擦音清化比例

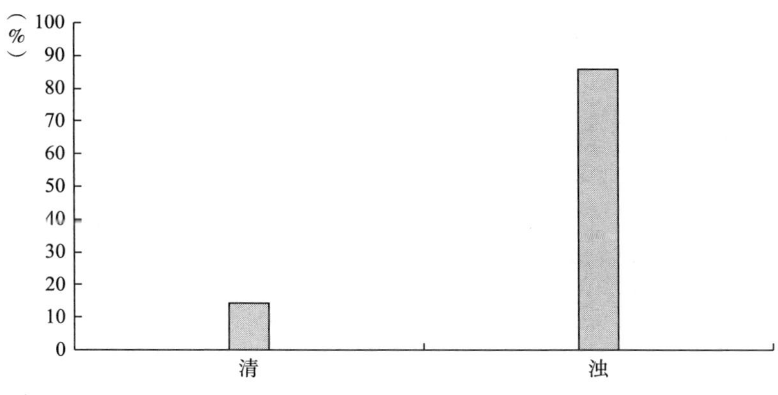

图 2-15　平仄清化比例

从图 2-14、图 2-15 中我们可以观察到祁阳方言全浊声母大部分保留，古全浊声母今读浊音比例为 83.42%，浊音仍是主流。古全浊声母都有相当一部分字清化，清化比例为 16.58%，全浊声母清化是汉语语音演变的一个规律。从全浊声母清化情况看，我们列举的 11 个古全浊声母清化并不同步，清化速度、次序与发音方法、声调平仄、使用频率联系密切。

（1）祁阳方言全浊声母清化与发音方法的关系

古全浊声母清化发音方法不同，清化速度不一。图 2-14 数据显示，祁阳方言塞擦音清化比例最大，其次为擦音、塞音。从表 2-7 所列全浊擦音清化情况看，奉母（21.7%）跟邪母（17.8%）清化比例最高，擦音位于浊音清化次序顶端。全浊塞擦音清化滞后，从高到低依次排列为：崇 > 澄 > 从 > 船，其中船母仄声字清化比例为零。

（2）古全浊声母清化与声调平仄的关系

从我们对祁阳方言古全浊声母今读的统计中可以看出，不论发音方法如何，仄声字清化速度较平声字都要快，具体数据见图 2-14 和图 2-15。还有一个非常有意思的现象，全浊塞擦音清化的全部是仄声字，平声字不清化。浊擦音清化仄声字清化比例也明显高于平声字。祁阳方言仄声字清化速度要明显快于平声字，这符合汉语湘方言浊音清化的一般规律，声调平仄清化对比见图 2-16、图 2-17。

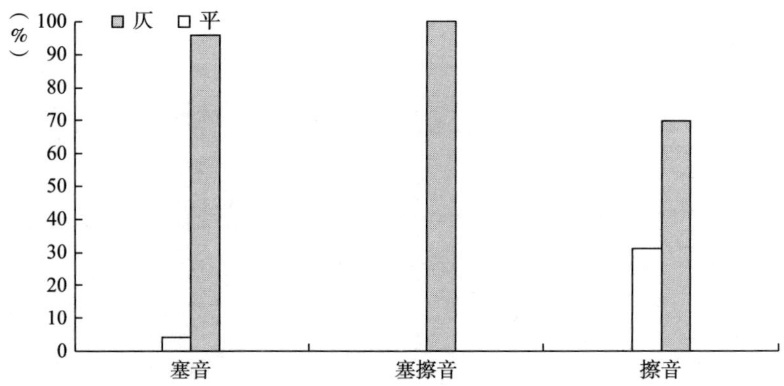

图 2-16　声调平仄与浊音清化

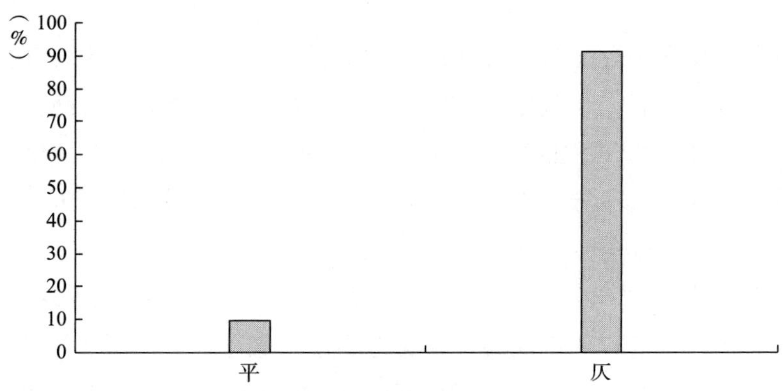

图 2-17　声调平仄清化对比

（三）古全浊声母清化与使用频率的关系

祁阳方言古浊声母清化受字类影响，全浊声母清化比例与使用频率关系密切。一般来说常用字或者是本方言固有词浊音清化相对滞后，尤其是那些在日常生活中使用频率很高的常用字，大部分保留全浊声母，如“台”“祸”“塘”等。而那些非常用字、生僻字则较容易清化，一些非常用字由于使用频率较低，很容易形成文白异读，最后被强势方言的文读形式代替，以叠置式音变方式清化，如並母的“陛婢毙弼”等字清化较常用字要快。

（四）祁阳方言浊音清化次序

1. 汉语方言全浊声母清化次序

罗常培（2012：141）在《唐五代西北方音》中通过对汉藏对音材料的研究指出："浊摩擦音的变清要比浊破裂音早得多。"张一舟（1987：41~49）考察了四川中兴话全浊声母今读并总结了全浊声母清化与发音方法、声调平仄、使用频率的关系。从中兴话浊音清化情况看，全浊擦音较塞擦音、塞音清化要快，仄声、常用字最先清化。擦音最容易清化与罗常培的观点一致。辛世彪（2001：12~17）从现代汉语和语音历史材料出发考察了汉语方言全浊声母清化次序问题，汉语方言全浊音清化因音类、字类不同清化次序有别，且分为三类：以发音方法为条件进行排序，依次为擦音＞塞擦音＞塞音；以声调为条件，或仄先平后，或平先仄后；以字类为条件，常用词、固有词保留浊音，而非常用、文读字清化较快。曹志耘（2002：25~27）根据南部吴语浊音清化实际，从发音方法出发，将全浊声母清化步骤归纳为三步：第一步是浊擦音率先开始清化；第二步是浊擦音、浊塞擦音两类已出现清化；第三步是浊塞擦音、浊塞音、浊擦音三类均出现清化。

上述浊音清化次序因方言不同而存在差异，从一种或者多种方言全浊声母清化总结出的规律的普适性需要接受更多方言材料的检验。

2. 祁阳方言全浊声母清化次序

比较祁阳方言全浊声母字清化的规则与前人总结出的清化规则，我们仍能看出其共性联系和个性差异。

共性联系主要是浊音清化与声调平仄、字类使用频率的关系。一般来说，仄声字、非常用字处于浊音清化序列前列，平声字、常用字则相对靠后。

个性差异主要表现在发音方法与浊音清化的联系。擦音率先清化适用于祁阳方言浊音清化次序。不同的是，前人研究中处于清化序列较靠后的塞音在祁阳方言中清化比例略低于浊擦音，而浊塞擦音清化最为滞后。

（五）祁阳方言全浊声母清化标记性制约条件

非线性音系学认为音段音位与超音段音位是相互独立又彼此关联的两

个层面。汉语是一种声调语言，声调与音节联系紧密，如“平分阴阳”。前面我们提到了全浊声母清化与声调平仄的关系，仄声清化先于平声。仄声字为什么先清化？我们认为这与声调音区特征、曲拱特征有关。

1. 全浊声母清化与声调音区特征的关系

陈晖（2008：124~132）讨论了湘方言中全浊声母清化情况，将湘方言全浊声母清化情况分为三类，详见表 2-10。

表 2-10　湘方言全浊声母清化类型

第一类	第二类	第三类
无论舒入基本保留浊音	全浊舒声保留，入声清化或绝大部分清化	全浊平声保留，仄声清化
永全片	娄邵片	辰溆片

全浊声母清化首先从仄声开始，尤其是仄声的入声字。陈文从语言地理学角度考察了浊音清化次序问题，“越往南走，地理位置偏远，交通越闭塞，古全浊声母保留的浊音的字越多”（陈晖，2008：124）。全浊声母保留程度总体来说是由湘北到湘南依次递减，陈晖的结论以翔实的语言调查为基础，证据可信。

调类是一个历史范畴，从调类角度来分析全浊声母演变，主要是着眼于声调历史演变。从共时角度分析全浊声母清化与声调关系应该着眼于声调音高特征和曲拱特征。祁阳方言全浊声母不论平仄都大部分保留，部分清化。我们如果将祁阳方言全浊声母清化现象置于湘方言浊音清化大环境来加以考察，或许可以观察到湘方言浊音清化，甚至整个汉语浊音清化的一般规律。

陈晖（2008：127）在考察湘语辰溆片浊音清化现象时指出，这些地区全浊上、全浊去、入全部清化可能跟声调调值有关，因为辰溆片浊上、浊去都是一个高调，而且主要是高降调，“高降调也许容易使浊度减弱或失去浊音”。陈文只是一种推测，我们对湘方言声调进行数据统计，然后提出假设，并以此假设来观照祁阳方言和其他湘语浊音清化状况，进而验证假设是否成立。

汉语声调描写一般采用五度制标调法。现代音系学在描写汉语声调时一般采用 H、L、M 三级，或者 H、L 两级标调法。还有一种音高加调域的标记法，如 Bao（1990）提出的特征矩阵（转引自 Yip，2002：52）：

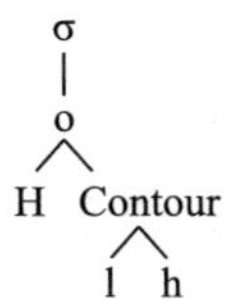

图 2–18　声调平仄清化对比

大写字母表示调域（高），小写字母表示调型（升调）。图 2–18 大写字母 H 表示高调调域，小写字母 l 和 h 表示调型，这个声调调值为 35。下面我们将湘方言辰溆片浊上、浊去及入声调五度标调法转换为调域加音高的标记法，并观察其调域特征，见表 2–11，材料来自鲍厚星（2006）、陈晖（2006）。

表 2–11　辰溆片浊音清化与声调调型关系

第三类	全浊平声字保留浊音，仄声字浊音清化	辰溪	阴平 44；阳平 213；上声 31；阴去 324；阳去 53
		溆浦	阴平 44 高天官；阳平 13 旁填扛才；上声 23 扁古广冷；阴去 35 变断冠；阳去 53 备电跪
		泸溪	阴平 35 白丁关杀；阳平 214 平毒定贯橙；上声 53 饼古土；去声 24 抱大告；入声 42

我们将声调五度值转换为高低音区特征，即 1、2 度为 L，4、5 度为 H，3 度为中性调，可以看作 L。通行的做法是将五度标记的一个数值视作一个调素，那么每个声调的调素数量为 1~3。刘俐李（2004：138）论述了五度制转换为声调音区特征原则，本书采用刘文转换方法。湘语辰溆片阳上、阳去、入声调音高特征可以表示如下：

阳去（阳上）：辰溪 53 HH ；溆浦 53 HH；泸溪 24 LH

入声：泸溪 42 HL

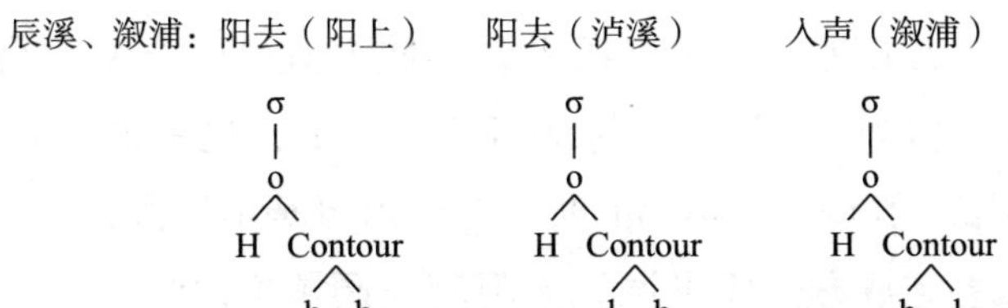

图 2–19　辰溆片阳上、阳去、入声调音高特征

图 2–19 声调表征表明，辰溪、溆浦阳去（阳上）处于高调域 H，其全浊声母容易清化。但不能解释的是泸溪阳去调（24）LH 和泸溪方言入声（42）HL，前者第一个调素为 L，后者第二个调素为 L，都处于低调域，仅仅从整个声调调素音区特征还不足以说明浊音清化与调域的关系。

刘俐李（2004：141）提出了“音高中值”概念，用 P 表示，P=（高音值 + 低音值）÷2，如［53］的调域中线值为 4。我们用这个方法来计算上述三个方言点全浊上、全浊去和入声的调域中值，辰溪、溆浦阳去调的调域中值为 4，泸溪为 3，泸溪入声调域中值为 3。3 度在音系学中可以表征为 L，这样我们就基本可以做出如下假设，但凡汉语方言全浊阳调类的调域中值超过或者等于 3，全浊声母一般清化。这只是从辰溆片三个方言浊音清化现象总结出来的规则，其普适性还需要接受更多同片方言同调类声调音区特征的检验。我们先统计湘方言各片声调音区特征。

刘俐李（2004：142）统计分析了汉语方言调域中值，湘方言平均调域中值为 3.15，高于 3。我们的研究主要是考察湘方言调域对全浊声母清化的影响，为此我们对湘方言阳调类调域中值进行了统计，其结论见表 2–12（调类不分阴阳的以原调类调值为准）。

表 2–12　阳调类调域中值

方言片	方言点数	阳平	阳上（阳去）	入声	均值
东祁片	4	1.623	2.75	2.5	2.291
娄邵片	15	1.766	2.6	3	2.455
辰溆片	3	3	3.67	3	3.323
调域均值		2.129	3.01	2.833	

从表 2–12 可以看出，东祁片阳调调域中值均低于调域中值 3，可以用低调 L 来描写。娄邵片阳平、阳上、阳去调调域中值也低于 3，可描写为低 L，入声调调域中值为 3，其音区特征可描写为 H，也可描写为 L。从统计结果来看，当阳调类调域中值为 L 时，全浊声母基本保留，如东祁片、娄邵片的阳平、阳去和辰溆片阳平调。当阳调类调域中值高于 3，音区特征为 H 时，全部或大部分清化。

祁阳方言阳平调、阳上调调域中值均为 2，老派阳入调调域中值为 1.5，均处于低调域，所以全浊声母保留。与祁阳方言同片的东安方言，根据鲍厚星（1998）提供的材料，其全浊声母无论平仄都保留浊音，全浊音保留比例高达 90% 以上。我们统计了其阳调调域中值，阳平为 2，阳去为 3，入声为 3，都可以将其纳入音区特征“低”。东安方言阳调类音区特征与浊音保留的关系也符合我们的假设。

陈晖（2006：248）考察了去声演变情况。陈文认为祁阳方言老派去声不分阴阳，亦即所谓去声从“异纽同调”到去声分阴阳“异纽异调”，我们的调查结果与陈文相同。从 20 世纪 30 年代的《湖南方言调查报告》到 60 年代的《湖南方言普查总结报告》，再到 20 世纪 80 年代的方言志、90 年代的《祁阳方言研究》，这些文献中所记载的祁阳方言去声发生分化。文献记录的声调分化可以捕捉到祁阳方言全浊声母演变的蛛丝马迹，详见表 2–13。

表 2–13　不同时期调型比较

去声	20 世纪 30 年代	20 世纪 60 年代	20 世纪 80 年代	20 世纪 90 年代	21 世纪
全浊（阳去）	24	324	214	335/35	224/213
次浊（阴去）	24	324	214	335/35	323/324
清（阴去）	24	324	214	335/35	323/324

表 2–13 中声调调值阴阳细微差异说明，去声分阴阳首先是阳去从去声中分离。从第一节中的祁阳方言声调声学实验看，阴阳调差异在于音区特征而不是曲拱。如果我们用三个调素来描写阴去调、阳去调的话，其差异主要是前两个调素。刘俐李（2004）修改了林华（1998）的调素论，提出了核心调素和非核心调素的观点。祁阳方言阴去、阳去调差别在核心调素，即第一、二个调素的差别，即 21 与 32 的差别，前者调域中值为 2，后者为 3，前者低，后者高，阴阳调域差异就非常明显了，这也可以从当地人语感中得到印证，发阳去调时低沉，感觉要“重”一些，阴去调感觉要高，“轻”一些，差别在于起点基频高低。

从我们前面列举祁阳方言中业已清化的阳去声字看，全浊声母清化后，阳去与阴去调正处于合流过程。这种现象在今青少年层中表现比较突出，我们在调查中明显感觉到青少年层全浊声母数量减少，浊度减弱，浊音清化较普遍。有意思的是祁阳方言古全浊声母字清化后与全清声母并不混淆。音节是由一组区别特征聚合、组合而成，当某种区别特征消失或者成为羡余特征时，为了保持区别度，必然会凸显其他特征，通过改变其他特征的值来区分意义，以保持交流的顺畅。

表 2-14　祁阳方言全浊声母清化特征变化

特征	H/L	调值	例字		特征	H/L	调值	例字
清	H	324	细	⟹	清	H	324	细
浊	L	213	系		清	L	213	系

在表2-14中左表特征［+浊］是区别特征，声调音区特征［+低］（L）是区别特征［+浊］的伴随特征，不区别意义，是羡余特征。在右表中，由于［+浊］→［-浊］，特征［+浊］的衰减使得清浊别义功能逐渐消失，为了补偿特征［+浊］消失带来的别义功能的磨损，音节区别特征转移到超音段音位声调，声调音区特征由羡余特征上升为区别特征，别义功能凸显，清化完成。

前文中我们已经讨论了祁阳方言全浊声母的声学表现，祁阳方言全浊声母从语图上看，除极少数老派外，浊音横杠消失，浊音起始时间（VOT）为正值。浊音声学特征消失，但其与清声母仍然存在音位对立。祁阳方言老派全浊声母上声不分阴阳，这说明其浊度还较强（黎家坪的伍某某老人声学实验表明部分浊音仍保留浊音横杠），声母清浊对立尚具有区分意义的功能。声调音区特征“高 / 低”尚且是一种生理上的声调知觉，清浊尚能辨义时，其处于一种缺省状态，尚未赋值。随着全浊声母浊度减弱，别义功能磨损，这种全浊声母伴随的听感特征自动赋值，上升为区别特征，清 / 浊区别特征别义功能消失。

音节区别特征由最初声母的“清 / 浊”转化为声调音区特征“高 / 低”，这种特征更替并非一蹴而就，而是一个漫长的渐变过程。从演变方式来看，这种变化不可能在同一时间同一人群中一次实现，而是在某个音类中首先实现，其后音变结果以词或语素方式在方言中扩散，也就是说通过词汇扩散方式来完成。前面提到仄声字最先清化，在调域统计中，仄声字多处于高调调域，偏离或者正在偏离阳调调域，因而逐渐走上了清化道路。

汉语方言保留全浊声母的仅剩部分老湘语和部分吴语，发全浊声母时，声带振动，产生基频，损耗部分能量，因而其基频起点低，其对声调的直接影响就是阳调调域低于阴调，造成“阴高阳低”的声调格局，钱乃荣（1992）讨论了吴方言阴阳调域差别。沈钟伟、王士元（2002：201）认为吴方言是个声调语言，清浊塞音在词的起首位置上呈互补分布，清音处于高调层，浊音处于低调层。曹志耘（2002）在研究南部吴语时也发现了类似阴阳调域的互补规律。这似乎说明湘方言与吴方言全浊声母清化具有共性。

2. 全浊声母清化与声调调型关系

通过对湘方言声调情况进行全面考察发现，全浊声母清化与否不仅与声调的音区特征有一定关联，而且与声调调型也有联系。我们对湘方言娄邵片、永全片、辰溆片共 22 个点阳调类调型进行统计，详见表 2–15。

表 2–15　湘方言声调曲拱统计

调型	调值	阴平	阳平	阴上	阴去	阳去	入声	合计	百分比（%）
高平	44/55/45/54	10	0	2	22	1	5	40	17.32
高降	53	1	0	2	0	1	0	4	1.73
高升	35	1	0	14	1	1	2	19	8.23
低平	11/22/21/12	0	12	4	1	21	4	42	18.18
低降	31	0	0	6	0	0	0	6	2.59
低升	13/23	0	28	2	1	2	2	35	15.15
中平	33/34	19	0	4	1	3	2	29	12.55
中降	42/43	0	0	9	0	4	2	15	6.49
中升	24	1	1	0	2	7	11	22	9.52
全降	51/41/52	0	0	8	0	1	1	10	4.33

续表

调型	调值	阴平	阳平	阴上	阴去	阳去	入声	合计	百分比（%）
低降升	213/214/312	0	1	2	0	1	0	4	1.73
中降升	324	0	0	0	1	2	0	3	1.29
高升降	453/454	2	0	0	0	0	0	2	0.86
总数		34	42	53	29	44	29	231	

表2-15表明，就调域而言，湘方言“阴高阳低”，阴调类处于高调域，而阳调类处于低调域。此外，湘方言阴阳调类对于调型选择具有一定规律。阳调调型主要有“低平”“低升”“低降升”“中升”，“中平”“中降”也出现在阳调类中，但比例不大。总体而言，阳调类调型为低升调，音系表征为LL或者LM，不出现降调。阴调类调型主要为“高平”“中平”“高升”“高降”等，音系表征为HH、MH、HL等，调型选择相对宽泛。湘方言阴阳调类调型选择见表2-16。

表2-16　阳调类与调型关系

	低平	低升	低降升	高升	全降	高升降	中平
阳调类	+	+	+	–	–	–	–+

表2-16可以简化为一组制约条件［+低，-降］，需要解释的是，这里的［+低］指的是整个声调调域中值。湘方言阳调类调型选择规则在全浊声母尚未清化的永全片、娄邵片、辰溆片中基本遵守，违背此制约条件的全浊声母字大多已清化，如前面陈晖（2008）讨论的辰溆片方言阳去调清化。我们用这个规则来检验祁阳方言阳全浊声母清化与声调调型的关系，举例如下：

“很”：匣很开一上臻，$*ɣən^{213} \rightarrow xən^{453}$；雹，並觉开二入江，$*bo^{13} \rightarrow po^{44}$

全浊擦音“很”字清化，声调由阳上（213）转换为阴上（453），声调特征由［+低，-降］→［-低，+降］。“雹”声调由阳入（13）转为阴入（44），声调特征：[＋低，－降]→[－低，＋降]，上述特征转化与我们前面总结的阳调调型规则一致。

优选论在解释音变时提出了制约条件，制约条件有忠实性制约条件和标记性制约条件两类。忠实性制约条件阻止语言变化，以保持语言形式的对立性，标记性制约条件促发变化，以便语言易于表达（马秋武，2008）。总结祁阳方言全浊声母清化的制约条件，我们认为音区特征［＋低］是全浊声母清化忠实性制约条件，而［－低，＋降］是全浊声母清化标记性制约条件，促进全浊声母清化。

湘方言辰溆片的仄声字、娄邵片入声字全浊声母全部或者大部分字，声调特征表现为［－低,＋降］，违背了浊声母声调［＋低,－降］制约条件，因而发生清化。

（六）祁阳方言全浊声母清化送气不送气问题

以往研究在谈湘方言全浊声母清化时一般是“不论平仄都不送气”，这个描写失之于粗疏，与湘方言全浊声母清化的事实不合。陈晖（2008）全面描写了湘方言全浊声母清化后送气与否的情况，见表2–17。

表2–17　湘方言全浊声母清化与送气类型

类型	特征	代表点
第一类	舒声保留浊音，全浊入声全部或大部分清化，大部分清化后送气	长沙、湘潭、株洲（花石）、宁乡（横市）、益阳、望城、湘阴、汨罗
第二类	古全浊声母清化，今逢塞音塞擦音舒声字不送气，入声字部分或绝大部分送气	绥宁、邵阳、新邵、隆回、湘乡、城步（儒林）、双峰（城关）、衡山（后山）、会同、新化、涟源、武冈、安化（梅城）、双峰（梓门桥）
第三类	古全浊声母清化，今逢塞音塞擦音无论舒入都不送气	衡阳（西渡）、衡南、道县、江永
第四类	古全浊清声母清化，今逢塞音塞擦音平、入送气，上、去不送气	衡山（前山）、衡东、南岳
第五类	古全浊声母今逢塞音塞擦音无论舒入都读送气清音	娄底、洞口（黄桥镇）
第六类	古全浊声母清化，今逢塞音塞擦音平声不送气，仄声送气	安仁

表 2-17 中列出了湖南境内方言六类全浊声母的清化情况，安仁方言比较特殊，其方言分区学界一般将其归为赣方言，但其全浊声母清化规则与赣方言的“不论平仄都读送气”相抵牾。第五类洞口黄桥镇方言，具有明显湘赣混合色彩，我们不予讨论。王福堂先生（2006）在讨论汉语方言全浊声母清化的各种类型和清化机制问题时认为，全浊声母塞音、塞擦音清化后送气与否是原本送气古全浊声母演变的结果。因而全浊声母送气与否对于解释全浊声母清化后送气不送气起着极为关键的作用。我们在前文中考察了祁阳方言全浊塞音、塞擦音声母送气情况。李维琦（1998：6~7）认为祁阳方言全浊声母送气，“送气最为明显的是龚家坪，祁阳城关话全浊是送气的也没疑问。只有大忠桥、肖家村两地送气不很明显”，“而就总体来判断，说肖家村、大忠桥两片的全浊（塞音、塞擦音）不送气，这话是能够成立的”。我们的声学实验支持李维琦的观点。语音实验表明祁阳方言全浊声母在白水、肖家村、大忠桥、黄泥塘、羊角塘、进宝塘等地均不送气，而浯溪、龚家坪、文明铺、黎家坪等地的全浊声母送气明显。历史比较语言学认为语言或方言的空间差异反映时间发展序列，祁阳方言这种全浊声母送气不送气空间差异反映的正是一种浊音演变时间序列。

全浊音送气与否在祁阳方言中以地域空间差异形式出现，其反映的却是一种历史演变事实，远非自由变体那么简单。我们前面通过年龄差异论证了祁阳方言全浊声母的初始态是送气浊音，不送气是由全浊送气演变的结果。浊音送气与否的本质事关全浊声母清化送气与否的全局，全浊声母送气是祁阳方言浊音的本质特征。对现存祁阳方言送气全浊声母音值及其演变的追踪探讨无疑将为湘方言甚至其他汉语方言全浊塞音、塞擦音清化送气与否解释提供一个鲜活的案例。

我们先看祁阳方言全浊塞音、塞擦音声母清化后送气与否的情况，见表 2-18。

表 2-18　祁阳方言全浊塞音、塞擦音清化后送气不送气情况

並	p	平		定	t	平	
		仄	毙蔽弊陛鐾婢辫钹弼饽雹帛			仄	兑调调动逗诞弹子弹沌敌狄
	p^h	平			t^h	平	
		仄	佩瓣叛渤泊辟仆瀑捕			仄	沓特 * 艇挺
群	tɕ	平	鲸颧	从	tɕ	平	
		仄	咎蹶橛窘掘倔倔强强倔强剧戏剧屐			仄	荠嚼藉狼藉
	k^h	平			ts^h	平	
		仄	跪 **			仄	造建造
崇		平					
	ts	仄	乍闸炸铡				

注：* 此处“特”为文读，因为在祁阳方言口语中还存在一个“特”的白读音“de[12]”；

** “跪”韵书有两个反切，其反切上字有清浊之分，清声为去委切，溪母，此处采用群母反切上字。

从祁阳方言全浊声母清化情况来看，全浊塞音清化送气不送气两种情况均有分布，其中平声清化例字非常少，“鲸”“颧”多为文读字，当是受官话影响。全浊塞擦音清化后全部读为不送气清音，“造”字例外，读为送气清音，从其在常用词组“造孽”中的读音看，“造”读为“dʑaɔ[224]”。值得关注的是，全浊声母仄声清化有送气和不送气之分，而且送气的是入声字，舒声字不送气。我们可以将上述仄声字分化为三个层次，见表 2-19。

表 2-19　祁阳方言入声字清化层次

	第一层	第二层	第三层
送气			入声字
不送气	舒声字	入声字	

入声字第二层与第三层声母存在送气不送气的对立，我们认为其处于不同时段。第三层不送气，根据祁阳方言一些滞后性音变层来加以判断，其属后起层次，如“特”字，在老年人口语中存在一个表示“故意”的词

“de^{12} vu^{12} $ɕin^{334}$”，其“de^{12}”的本字就是“特”，相当于“特意”。入声第三层与第二层叠置，我们认为浊塞音、塞擦音清化后入声送气较不送气而言为早期层次，其究竟是一种接触性演变还是方言内部音位系统平衡机制调节的结果仍有待进一步研究。

比较湘方言全浊声母清化类型，我们发现作为湘方言全浊声母保守型代表点的祁阳方言，其全浊声母清化表现与湘方言其他片有共性。理由很简单，祁阳方言脱胎于老湘语，某些音类演变的相似性属于平行演变，如浊音平声清化滞后，仄声率先清化。全浊声母不论舒入清化不送气是湘方言较晚起层次，对于仄声入声字清化后送气性质，有两种解释可供选择。

第一种解释：接触性音变。从湘方言与赣方言接触历史看，赣方言对湘方言影响颇深，许多湖南境内原属湘语的方言点长期受到赣方言浸染发生语言转换。贝先明（2008）在其博士论文《方言接触中的语音格局》中详细分析了湘、赣方言语音接触现象，并详细分析了其接触机制。贝文认为，明清时期由于战乱，人口迁徙频繁，“江西填湖广”，群体性人口迁徙使得湘方言与赣方言长期深入接触，在湘方言中留下了许多赣方言语音痕迹。罗昕如（1998）在讨论新化方言全浊声母送气时就谈到了其送气可能是受到赣方言影响，湘东北许多地区已经成为赣方言区，其全浊声母清化规则符合赣方言“不论平仄全部送气”清化规律，如与祁阳方言邻近的常宁方言、耒阳方言。

鉴于此，湘方言全浊声母仄声送气有可能是受赣方言影响产生的层次。如果移民造成语言接触层次结论成立的话，那么祁阳方言全浊塞音、塞擦音清化后送气不送气存在两个层次，自源层次同其他湘语一样浊音清化不论平仄大都不送气，送气层次是受赣方言、官话影响，出现部分字清化送气现象，属旁层。

第二种解释：方言音系自我调整的结果。我们在第二节中谈到浊音送气特征问题，今祁阳方言浊音仄声清化送气走的是不是一条［+浊，+送气］→［-浊，+送气］清化路径呢？如果是，仄声送气就不是受其他方言影响的旁层了，而是一种方言音系内部自我调节的行为。以塞音为例，其清化路径如图 2-20 所示。

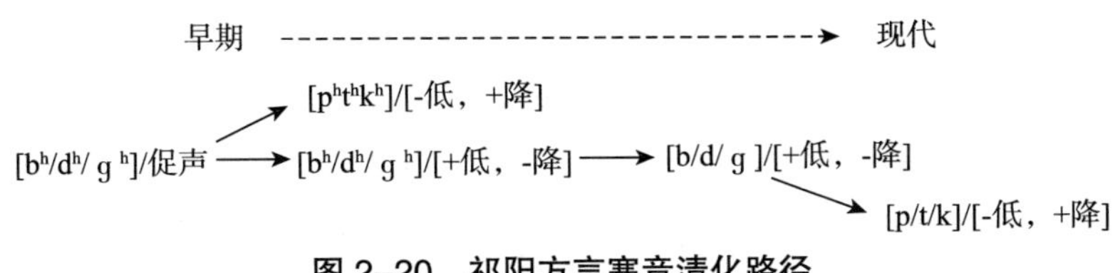

图 2-20　祁阳方言塞音清化路径

两种观点都能在某种程度上解释祁阳方言浊音清化现象，第二种解释的前提是古全浊声母音值为送气浊音。从祁阳方言浊音音值及其演变方向来看，王福堂（2006）的假设颇有见地，祁阳方言全浊声母清化实例是其浊音清化假设的一个较有力的方言证据，祁阳方言浊音清化是方言音系自我演变而非接触音变。

（七）小结

本书通过语音实验和统计分析，发现了祁阳方言全浊声母清化如下特点。

①祁阳方言全浊塞音、塞擦音声母初始状态送气；②全浊清化最早发生于擦音，与官话及吴方言浊音清化具有共性；③关于浊音清化，提出祁阳方言浊音清化制约条件是声调的音区特征和声调调型，[－低，＋降]是全浊声母清化标记性制约条件。祁阳方言浊音清化后送气不送气，是方言内部音系由不平衡到平衡自我调节的结果。就塞音、塞擦音而言，入声字部分先清化，详见图 2-21。

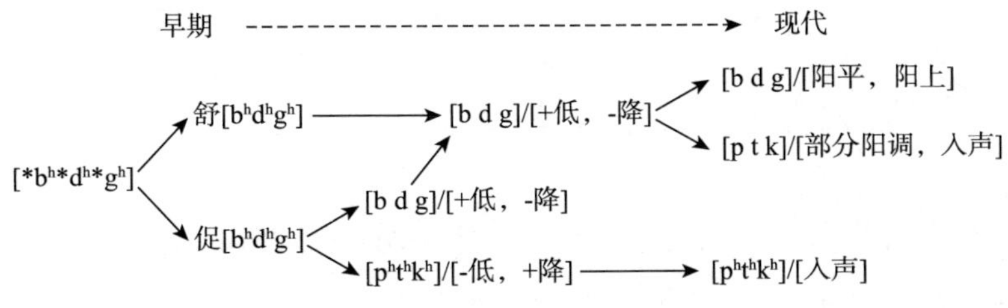

图 2-21　祁阳方言浊音清化

第二节　论祁阳方言古来母塞化现象

祁阳方言古来母字今读有［l］、［n］、［d］三种形式，它们是深层音位 /l/ 通过不同规则推导而成的表层音形，其分布条件互补。祁阳方言古来母字今读［d］受韵母、声调条件制约。本节比较分析了汉语方言和其他语言来母塞化为［d］的条件，综合运用方言比较、实验语音等方法，认为祁阳方言［l］>［d］是一种自然音变。

一　前人相关研究

祁阳方言古来母字今读塞音［d］现象自20世纪末开始受到学界关注。李维琦（1998）注意到祁阳方言古来母字在齐齿呼前今读塞音［d］；王仲黎（2005）、鲍厚星（2006）先后描写了祁阳方言古来母字今读塞音［d］的韵母、声调条件。古来母字今读舌尖塞音［d］现象研究最早可追溯到罗常培（1958/1991）的《临川音系》。罗美珍（1994）、孙宜志（2007b）等先后从音理、古音遗留等方面进行了解释。祁阳方言古来母字今读塞音［d］现象在汉语方言中较为特殊，它是由语言内部因素驱动的平行演变，还是接触诱发的接触音变？本书试图详尽描写笔者家乡话祁阳方言古来母字细音前塞化现象，尝试通过方言比较、语音实验等方法对古来母字今读塞音［d］现象的音理及音变性质进行解释。

二　祁阳方言古来母字今读形式

湘方言古来母字今读浊塞音［d］集中分布在祁阳、祁东、邵阳（南路）和临湘四个点，在今湖南境内的辰溪、衡阳、衡山等地也有零星分布，其中祁阳、祁东、邵阳（南路）三个方言点在地理位置上毗邻，分化条件相似，可视为一类，以祁阳方言为代表。本书的祁阳方言语料为笔者母语祁阳（白水镇）方言，其他材料来自前人公开发表的论文或论著，在论证过程中以祁阳方言为主，以其他方言材料为辅。

（一）祁阳方言古来母字今读情况

祁阳方言古来母字今读因韵母等呼不同而异，详情见表 2–20。

表 2–20 古来母四呼拼合情况

	开	合	齐	撮
来母	[n]	[n]	[d]/[l]	[l]

注：齐齿呼前古来母分化以调类阴阳为条件，阴调类为 [l]，阳调类为 [d]。

祁阳方言古来母字今读 [n] 属“泥来混同”现象，一般认为是西南官话层次。李维琦（1998：77）、王仲黎（2005：30~35）、鲍厚星（2006：30）先后描写了祁阳方言古来母字在今齐齿呼前读塞音 [d] 的现象。王仲黎（2005：30）注意到祁阳方言古来母字今读塞音 [d] 的条件不仅仅是 [+齐齿呼] 韵母，与调类阴阳也有联系。我们知道，调类阴阳涉及中古的“四声八调”，《切韵》之后声调调类因声母清浊分阴阳，“清阴浊阳”，声调数量也因而由最初的 4 个衍生为 8 个。现代汉语大多数方言古全浊声母清化，阳调类大部随之合并消失，如北京话只剩下阳平，但在今吴、粤、湘等南方汉语方言中“四声八调”格局依然存在，或依稀可辨。祁阳方言古全浊声母保留完整，虽“四声八调”中 8 个声调只剩下 6 个，但从声调历史来源看，其“四声八调”声调格局痕迹清晰，阴阳调域有别，且受全浊声母影响，声调调值“阴高阳低”。祁阳方言古来母字在组合条件 [+齐齿呼、+阳调] 前读 [d]，反之则不然。祁阳方言古来母字今读浊塞音 [d] 的条件可从表 2–21 中的例字加以归纳。

表 2-21　古来母字今读分类

古声类	韵母	阴阳调	今读	例字
来［l］	i	阴调	［l］	礼醴澧李理俚蠡履（阴上）| 力历沥鬲莅栗溧立（阴入）
		阳调	［d］	嫠狸梨犁黎藜离篱漓罹骊鹂（阳平）| 吏郦丽荔莅戾隶 | 厉励蛎 | 粒笠例利 | 吏砾跞詈丽 | 荔隶（阴去）| 笠（阴入）
	iaɔ	阴调	［l］	了（了结）（阴上）
		阳调	［d］	聊寥燎辽镣僚缭疗（阳平）| 蓼燎廖料（阳去）
	iɯ	阴调	［l］	柳绺（阴上）| 六（阴入）
		阳调	［d］	硫刘留榴瘤浏流琉浏（阳平）| 镏溜（阳去）
	iɑŋ	阴调	［l］	两魉（阴上）
		阳调	［d］	凉粮梁（阳平）| 谅量（容量）（阳去）
	ie	阴调	［l］	烈劣猎（阴入）
		阳调	［d］	例（阳去）
	in	阴调	［l］	领岭廪凛懔（阴上）| 蔺赁吝（阴去）*
		阳调	［d］	林淋临霖琳磷鳞粼璘嶙灵零玲聆羚翎龄伶囹 | 绫凌陵凌菱鲮（阳平）| 令另外（阳去）|
	iã	阴调	［l］	脸（阴上）| 楝（阴去）
		阳调	［d］	廉镰帘莲濂涟琏怜联鲢（阳平）| 敛蔹练炼恋（阳去）

* 蔺赁吝（阴去）下加横线表示文读，祁阳方言中没有上述三个字的白读形式。

资料来源：表中字取自丁声树、李荣《古今字音对照手册》（1981）。

由表 2-21 中［d］、［l］分布可以看出，祁阳方言古来母与今齐齿呼韵母拼合，声母分化不尽相同。古来母与今阳调类齐齿呼韵母拼合，读浊塞音［d］；古来母与今阴调类齐齿呼韵母拼合，读次浊边音［l］。看似复杂的分化，其实却隐藏着十分清晰的演变线索。

祁阳方言古来母字演变受音节结构制约，这里的音节结构有别于传统的线性结构，而是一种非线性结构。传统研究将韵母分为韵头、韵腹、韵尾，声调附属于韵部。现代音系学认为汉语声调属超音段音位，相对于声母、韵母音段音位而言，声调是一个自主音段音位，其贯串音节始终。从汉语历史演变看，声调制约声母演变，如北京话古全浊塞音、塞擦音清化后送气不送气与声调之间的关系是："平声送气，仄声不送气。"声调对音节中声母演变制约与方言或语言音系格局有关。表 2–21 中祁阳方言声调对声母分化制约主要体现为声调调类阴阳。古来母属次浊声母，北京话次浊声母调类同于全浊，归入阳调（入声除外），而祁阳方言古来母除平声调类与全浊同调外，次浊上、去、入同于阴声调。祁阳方言古来母字今读塞音［d］与古调类关系见表 2–22。

表 2–22　来母次浊全浊与声调关系

	阴平	阳平（阳入）	阴上	阴去	阳去（阳上）	阴入
次浊［l］	–	+	+	–	–	+
全浊［d］	–	+	–	+	+	–

表 2–22 说明，当祁阳方言古来母字音节今读调类是阳平（阳入）或阳去（阳上）时，读［d］；今调类是阴平或阴上、阴入时，读［l］。简言之，阴调类读［l］，阳调类读［d］，界限分明。

（二）湘方言古来母字今读塞音［d］现象比较

为了进一步了解湘方言各方言点古来母字今读塞音［d］的共性与差异，我们用表格列举代表例字，分析其分化条件，并以此为切入点，来探寻湘方言古来母字的塞化音变特点。例字参见表 2–23。

表 2–23　古来母字今读塞音［d］的条件

	犁	雷	李	离	料	流	良	林	连	烈	旅
祁阳	꜁di	꜁luei	꜂li	꜁di	diau꜅	꜁diu	꜁diaŋ	꜁din	꜁diã	lie꜆	꜂ly
祁东	꜁di	꜁luei	꜂li	꜁di	diau꜅	꜁diu	꜁diaŋ	꜁din	꜁diã	lie꜆	꜂ly
邵阳	꜁di	꜁luei	꜂li	꜁di	diau꜅	꜁tiəu	꜁tiaŋ	꜁tin	꜁tian	lie꜆	꜂y
	栗	利	临	粒	刘	六	录	历	亮	梁	领
祁阳	di꜅	di꜅	꜁din	꜃di	꜁diu	liu꜆	lu꜆	li꜆	diaŋ꜅	꜁diaŋ	꜀liaŋ
祁东	di꜅	di꜅	꜁din	꜃di	꜁diu	liu꜆	lu꜆	li꜆	diaŋ꜅	꜁diaŋ	꜀liaŋ
邵阳	di꜅	di꜅	꜁lin	꜁di	꜁tiu	liu꜆	lu꜆	li꜆	diaŋ꜅	꜁tiaŋ	꜀liaŋ

资料来源：邵阳（南路）黎良军（2000：38~42）；祁东、祁阳均为笔者调查所得。

以祁阳方言为代表的湘方言古来母字今读塞音［d］在音节结构上有许多相似之处：韵母均为齐齿呼，声调均为阳调。我们可以用一条音系规则对湘方言古来母字今读塞音［d］现象加以概括：［l］→［d］/［+齐齿呼，+阳调］#。湘方言上述各方言点［l］>［d］音变的象似性是语音历史性平行性演变还是一种接触演变？值得进一步探讨。

三　祁阳方言古来母字读为塞音［d］音节结构及其今读层次

（一）祁阳方言古来母字读为塞音［d］音节结构分析

祁阳方言古来母字今读塞音［d］主要受韵母、声调两个结构要素制约。

1. 韵母制约条件

祁阳方言古来母字今读浊塞音［d］涉及韵母洪细。祁阳方言古来母字今读塞音［d］的首要条件是［+齐齿呼］韵母，但［+齐齿呼］韵母条件只是可能读［d］。以“六”“绿”“陆”三个字为例，中古均为三等韵，都有介音［i］，如果认为古来母字今读浊塞音［d］是以古韵类洪细为条件演变的结果，“录、绿、陆、六”均属通摄合口三等古来母字，中古音类地位相同，都为细音，那么按照历史语言学“类同变化同”的原则，上述例字的声母都应为［d］，事实上上述四个例字声母都读边音［l］而非塞音［d］，这说明古来母字［l］>［d］音变是以韵母今读而非古韵类为分化条件。

2. 声调制约条件

祁阳方言古来母字在齐齿呼前读［d］与声调阴阳调类相关，古来母字在今齐齿呼韵母前读［d］的，其调类均为阳调。祁阳方言有6个调类，其中阳调类阳平（阳入）、阳去（阳上）。古来母字属次浊声母，祁阳方言古来母字今读声调归属因今读调类阴阳不同而不同，例字见表2-23。例字“力［li꜆］”“粒［꜂di］”“栗［di꜄］”“笠［di꜄］”中古音类地位相同，均为来母入声字，但声母、声调今读不同。由此可以推测，祁阳方言古来母字在齐齿呼入声前今读浊塞音［d］与次浊入声归阳平是相伴而行的，因为阴入字仍读［l］。祁阳方言全浊入归阳平，次浊入归清入，这个规则仍制约其他尚未发生［l］>［d］音变的古来母字声调演变。问题在于，祁阳方言声调是因声母发生［l］>［d］音变之后而自行缺省赋值为阳调，还是在次浊入归阳平之后才发生［l］>［d］演变？简言之，阳调与［l］>［d］音变谁为因？通观祁阳方言古来母字今读现象，我们认为［l］>［d］是因，而阳调只是［l］>［d］的伴随现象，声母［次浊］→［全浊］是制约调类［阴调］→［阳调］的关键。汉语史上声调分阴阳是由声母清浊决定的，阳调总是伴随全浊声母而存在。

（二）来母今读层次

据李维琦（1998）研究，祁阳方言来母与泥母在洪音前混同，细音泥来泾渭分明。祁阳方言共时层面来母字分化情况可以用公式表示如下：

规则Ⅰ:［l］→［n］/__［+开口呼、+合口呼］#

规则Ⅱ:［l］→［l］/__［+撮口呼］#

规则Ⅲ:［l］→［d］/__［+齐齿呼，+阳调］#

规则Ⅳ:［l］→［l］/__［+齐齿呼，-阳调］#

通过对上面四个规则正确排序，我们可以推导出祁阳方言古来母字今读正确的表层语音形式。这里的规则序列可以理解为共时逻辑次序，也可能代表历史层次先后。祁阳方言来母字演变大致经历了以下几个阶段。

第一阶段，我们假定古来母底层形式不论洪细均不混同，读［l］，这个阶段可以代表早期历史语音现象。底层音位假定为边音［l］，主要考虑到汉语语音史和汉语方言古来母字今读的证据。来母底层形式［l］通过不同规则推导，生成今读共时表层形式。第二阶段，以韵母洪细和调类阴阳为条件剥离［l］与［d］，发生［l］→［d］的古来母字与读［l］的古来母字实际音值相差甚远，分道扬镳，调类也随之改变，只是历史来源相同。第三阶段，阴调类来母字继续接受其他规则制约，以齐齿呼/撮口呼为条件分化。其规则可表示如下：

底层音位	规则	表层语音
/l/	［规则Ⅱ］/［规则Ⅳ］	［l］
/l/	［规则Ⅲ］	［d］

/l/　　　[规则Ⅰ]　　　　　　[n]

上述规则次序可排列如下（“>”左边表示顺序为先，后同）：

[规则Ⅱ]/[规则Ⅳ]>[规则Ⅲ]>[规则Ⅰ]

规则Ⅳ、规则Ⅱ是无标记的，来母音位 /l/ 自然映射为边音[l]。规则Ⅲ是有标记的，似乎有标记的规则Ⅳ晚于规则Ⅲ，就祁阳方言而言，这个次序不可逆。如果认为祁阳方言来母读[d]是古音遗留，从条件项就可予以否定，因为祁阳方言来母读[d]的条件是阳调。声调分阴阳，阳调由最初的浊音伴随特征转化为区别特征的时限，音韵学界的共识是起始于隋唐时期。[+齐齿呼，+阳调]是祁阳方言[l]>[d]音变的必要条件，二者缺一不可。

四　舌尖边音读为塞音[d]的分布及其类型

舌尖边音读为塞音[d]的分布

舌尖边音演化为浊塞音[d]在中国境内的汉语方言、民族语言和境外语言中均有分布。罗常培（2012）、刘纶鑫（1999）、孙宜志（2007b）先后描写了赣方言部分方言点古来母细音前读塞音[d]现象。总结赣方言古来母今读塞化为[d]现象，我们可以用公式将其加以归纳：

[l]→[d]/[V，+high，+front]

郑张尚芳在其《上古音系》中提到流音塞化现象。“在汉语方言中也可见到流音塞化现象，即来母 l 发成近于 d 或者 ld。湖北通城大坪‘六’读 diuʔ，‘列’读 deʔ（张规壁说）。”郑张尚芳指出湖北通城方言来母读[d]与赣方言条件相似，可归为一类。他列举了《藏汉对照词语》残卷镰[ldem]、狼[lda]等例字说明流音塞化，这说明流音塞化现象在古今方言中时有发生。

[l]读如塞音[d]在其他非汉语中也有类似表现，如非洲 Setswana（Botswana）语。David Odden（2004：50）曾经提到过非洲的 Setswana（Botswana）语中边音[l]与塞音[d]是同一音位的条件变体。边音[l]出现在非高元音前，而塞音[d]出现在高元音前，底层音位是边音[l]。

其音系规则可以用公式表示如下：

［l］→［d］/__［v，+high ］

汉语与 Setswana（Botswana）语相隔遥远，而边流音音类却有相同的演变，这不由得引发我们思考。从汉语、Setswana（Botswana）语、藏语等语言中舌尖边音［l］与塞音［d］的纠缠说明边流音与塞音在一定条件下可相互转化，这些不同系属语言相同的语音演变似乎暗示了流音［l］与塞音［d］转化具有类型学意义。

五　关于古来母字今读舌尖塞音的几种解释

关于汉语古来母字今读塞音［t］、［d］现象，目前学界主要有以下几种解释。

（一）源自壮侗底层

汉语及汉语方言中古来母字今读为舌尖塞音现象曾经引起一些学者关注，罗美珍（1994：15~24）将其解释为来自古代的复辅音声母［tl-］或者［tr-］的遗留，后来有的丢失了［t-］，变成了［l-］，有的丢失了［l-］，变成了［t-］。覃国生（1998：15）解释壮语中老汉语借词读音时指出古壮语中可能有复辅音［tl-］，如汉语来母字“落”“裂”，壮语分别借为“［tok7］”“［te:k7］”，而壮语音系中本来是有［l-］的，为什么不用［l-］而用［t-］？据此覃先生推测“当时汉语这两个字的声母可能是［tl-］，而当时壮语音系也有［tl-］，正好转写汉语借词‘落’‘裂’”，在之后的演变中［tl-］脱落［l-］。这个结论基于一个假设：上古汉语来母字来源于复辅音［tl-］。梁敏、张均如（1996：279）提到水语中辅音［d-］一部分对应同语族的［t-］，一部分跟同语族诸语言的边擦音对应，据此推定［d-］可能是由［t-］带上［-l-］、［-r-］形式的复辅音演变而来，其分化演变可以图解如下：

［＊tl－］→［t－］、［t^h－］
［＊tl－］→［d－］
［＊tl－］→［l－］、［ɬ－］

从侗台语诸多语言［t-］/［d-］分布看，复辅音构拟可为我们解释汉语方言中古来母［l］读如［d］现象提供借鉴，复辅音向来被视为上古层次遗留。问题是，上述演变公式没有明确的演变条件，且现代汉语方言中来母字［l-］读如［d-］只涉及不送气塞音现象，未涉及送气塞音。从生成音系学角度分析，［*tl-］构拟也违背了强制性曲拱原则（Obligatory Contour Principle, OCP），出现了两个相同特征相连的情况。

（二）上古汉语遗留

上古汉语端组与来母关系。孙宜志（2007b：103）从文献中的谐声字和通假字两方面论述了来母与端、透、定的关系，如：

《说文解字》：婪，贪也。

《诗经·氓》："体无咎言"，《礼记·坊记》引作"履无咎言"。

《左传·襄公二年》："战于铁"，《公羊传》作"战于栗"。

从谐声字谐声关系看两者的联系：

赖（来）：獭（透）隶（来）：棣（定）尥（来）：的（定）

李方桂（1982：20）提到上古汉语来母与透母谐声现象，"上古时代来母也应当有个清音来配，这可以从来母字跟透母彻母互谐的例子看出线索，如獭 thât：赖 lâi，体 thiei：礼 liei……"李方桂发现"清的边音 hl- 与吐气的 th- 在语音上也很近。藏语的清边音，普通写作 lh- 的，唐代译音多用透母来译，如 lhamthong 译作'贪通'……lho-gong 译作'土公'……"李方桂根据这些透母字与来母谐声关系，构拟出两条演变规则：

规则一：上古 *hl-（一、二、四等字）> 中古透母 th-。

规则二：上古 *hlj-（三等字）> 中古彻母 ṭh-。

从文献中的谐声字来看，透母与来母谐声成系列，只能说明来母与同部位舌尖塞音系列联系紧密。然而湘方言中来母读今［d］似乎不能简单地认为是复辅音丢失辅音的结果，也不能简单地认为是上古音遗存。从前面的音节结构分析结果来看，［l］>［d］音变演变条件与古韵类条件无关，谐声、通假现象都关涉汉语上古音，而来母塞化的年代似乎是比较晚近的变化，两者时间相差甚远。

（三）现代音理解释

罗常培（1991）在《临川音系》中曾提出如下公式解释来母细音今读为舌尖塞音的演变：

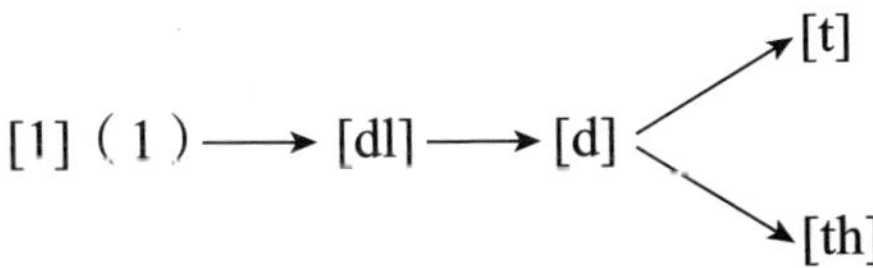

罗常培这个演变公式的提出是基于［l］、［d］发音部位相同，并明确提出了［l］>［d］音变最为关键一步——［l］（i）→［dˡ］。临川方言与祁阳方言来母塞化条件类似，我们认为这是一种很晚近的语音变化，与来母古读未必有必然联系，罗常培的观点对我们解释祁阳方言来母塞化很有启发。

从语音特征看，边音［l］与塞音［d］同为龈音，发音部位相同。我们可以用特征矩阵来比较二者的特征异同。特征矩阵见表 2–24。

表 2–24　边音与塞音特征比较

	辅音	响音	浊	送气	鼻	连续	边流	舌冠	龈前	宽阻
［l-］	+	+	+	–	–	–	+	+	+	+
［d-］	+	+	+	–	–	–	–	+	+	+

从上述特征矩阵看，流音［l］与塞音［d］区别特征在发音部位上相同，在发音方法［边流］特征上对立，二者在一定条件下转化的可能性是存在的。

六　祁阳方言来母［l］>［d］音变性质及机制

（一）［l］>［d］自然音变性质

结合前人对汉语方言中古来母细音前今读塞音［d］的解释，可以推定祁阳方言来母今读塞音［d］是一种晚近的音变现象，因为来母今读塞音［d］的条件是现代读音而非古韵类。通过对汉语方言及其他语言音理分析，我们认为来母边音塞化［l］>［d］是一种自然音变，边音［l］与塞音［d］发音部位相同，发音方法相异，二者在一定条件下可互相转化。边音［l］与塞音［d］相互转化在汉语方言、壮侗语族中不乏其例。

朱晓农、寸熙（2007：177）在其《清浊音变圈：自然音变与泛时层次》一文中提到了齿/龈音的一个音变圈：t>'t>ɗ>（^{n}t>n>l）>d（>t）（见图 2–22）。

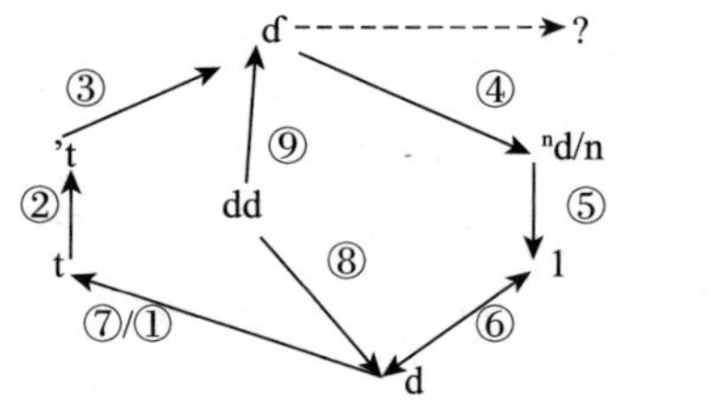

图 2–22　齿音音变圈

表 2–25　齿/龈音的循环演变序列

音变环		1		2		3		4		5		6		7/1	
阶段	（六）		一		二		三		四		五		六		（一）
齿音	（d	>）	t	>	't	>	ɗ	>	^{n}d/n	>	l	>	d	（>	t）

表 2–25 和图 2–22 中显示了齿/龈音的循环演变，这个音变圈可以解释我们前面列举的侗台语、汉语方言中边音［l］与塞音［d］相互转化现象，但遗憾的是表 2–25 并未明确［l］>［d］的具体演变条件。从表 2–25、图 2–22 中我们看到齿音音变圈各音素处于音变圈的不同阶段，这其中⑥a.［l］>［d］⑥b.［d］>［l］说明［l］与［d］演变是一种双向行为，从双向箭头亦可看出。祁阳方言［l］>［d］正处于第五→第六阶段，亦即图 2–22 中的⑥a.［l］>［d］阶段。李维琦（1998）认为祁阳方言部分区域来母齐齿呼细音前［d］>［l］、［l］>［d］是一种自由变读。果如此，正说明这种双向演变的可能性，我们的调查结果显示，只存在⑥a.［l］>［d］，这可能与发音人的个体差异或者新老派差异有关。

（二）来母细音［l］>［d］音变机制

1. 祁阳方言［l］与［d］的发音部位与音值

普通话辅音［l］、［d］发音部位，目前汉语研究一般认为是舌尖-齿龈。罗常培、王均（2004：100）描写了北京话的［l］与［d］："舌尖中音（尖龈音，从前叫舌头音）指出舌头向前平伸，舌尖跟上门齿龈相接触"；周同春（1990：45）指出［l］、［d］为舌尖齿龈音，"最普遍常见的边音是舌尖钩起顶在齿龈上，浊音气流在中路受阻的口腔内共振后经由舌尖两侧幅射出口外，这就是舌尖齿龈边音［l］"；吴宗济、林茂灿（1989：201）指出"发普通话边音［l］的时候，声带振动，同时舌尖抬向齿龈或硬腭，从正面堵住了声道的通路，但是同时却让舌的一侧或两侧下降，留出了边道，在声道中形成了一个或两个旁路"。边音［l］在很多语言中都有，发音部位往往为舌尖—齿龈，别的部位很少见，据加州大学洛杉矶分校音位音段数据库（UCLA Phonological Segment Inventory Database, UPSID）对世界范围内 317 种语言的统计，其中约 81.4% 的语言都有一个或多个边音音段。边音音段的一个规律是：它最可能以舌尖或舌端发音，其他部位的边音相对少得多（冉启斌转引自 Maddieson，2000）。

祁阳方言来母边音［l］与塞音［d］的发音部位与北京话辅音［l］、［d］有所不同。我们在调查过程中发现祁阳人在发北京话舌尖中音［t，tʰ，d，l］时，舌尖不抵齿龈，而是抵上齿背，带有强齿化特征，其发音部位与祁阳方言中舌尖齿音［ʦ，ʦh，s］同部位，因而其实际音值应该是［t̪，t̪ʰ，d̪，l̪］，一般为求简便，音系归纳时仍使用宽式音标［t，tʰ，d，l］。［l］在国际音标表中与［d］发音部位相同，但在不同的语言、方言中［t，tʰ，d，l］具体音值因发音部位、发音习惯不同而存在差异。朱晓农（2008b：2）在《说流音》一文中提到了边音的分类："常见的边音，细究起来，齿龈边音还可以分为齿、龈、龈后三个部位。例如阿尔巴尼亚中有齿和龈的对立：舌尖齿边音 l̪ 和舌尖龈边音 l，如 hal̪a'阿姨' pala'一对'。"祁阳方言与介音［i］及以［i］介音组合的韵母拼合的边音为舌尖齿边音［l̪］，同于阿尔巴尼亚语的齿边音。

2. 祁阳方言［l］与介音［-i-］的组合

由于条件限制，我们无法直观展示祁阳方言齿化齿龈音［t̪，t̪ʰ，d̪，l̪］的发音部位，但从语音实验看，祁阳方言来母齐齿呼阴调类［l］与阳调类［d］在音值上已经分道扬镳，如图 2-23 所示。

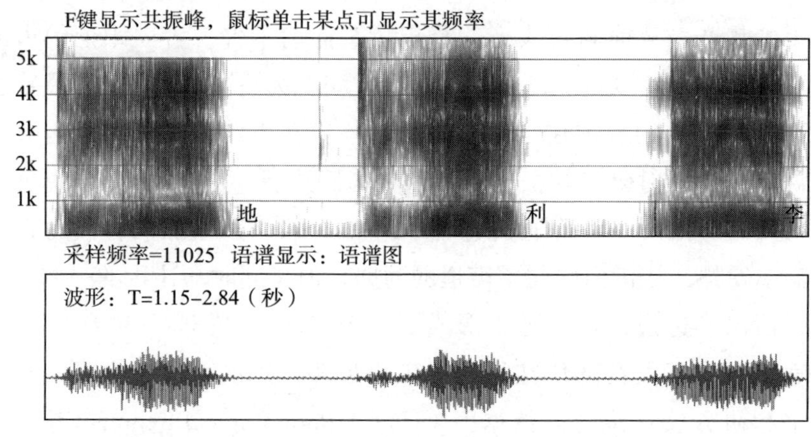

图 2-23　音节“地”“利”“李”宽带

注：本实验采用的分析软件是由南开大学石锋教授、朱思俞教授开发的“桌上语音工作室”Mini-Speech-Lab 语音分析软件。

从图 2-23 可以看出，调类为阴上的音节“李［li³²⁴］”与调类为阳上的音节“利［di²²⁴］”的声母差异明显，前者是边音（有浊音横杠，音高曲线延伸到音节的声母），后者则属塞音（祁阳方言浊塞音［d］无浊音横杠，是音位上的浊音，且有冲直条）。祁阳方言古来母在齐齿呼阴调韵母前声学特征与流音［l］相符，而在齐齿呼阳调韵母前的声学特征与塞音［d］相符，音值差异划然。

声学实验表明边音［l］的特征与后接介音、元音联系紧密。“边音 /l/ 的特性音征是它跟后接元音的特殊连接方式以及它的特殊音渡”“边音在产生时，舌尖虽然抬起，但是舌体的其余部分仍有较大的自由，所以在［l］除阻之前，舌体位置开始向后接元音的目标值接近，结果造成 /l/ 有多种变体……”（吴宗济、林茂灿，1989：201）。边音音值受后接元音影响产生变体，且边音音渡时长较长，或者说音渡范围较大，但速度较慢，所以边音特征不是十分稳定，比较容易受声韵母影响产生变体。长江以南的大多汉语方言来母字在开口呼、合口呼前读为鼻音［n］就是一个很好的例子。

祁阳方言古来母与今齐齿呼韵母拼合，由于后接元音或者介音［-i-］（过渡音段）具有［+前、+高、+舌面］特征，且开口度小，故其与齿化边音［l̪］声母拼合时，二者之间有一定距离，为求发音省力，舌尖位置前移，舌尖抵下齿背或者齿龈部位，舌面前部与齿龈接触面扩大，因而发出的辅音声母与边音［l̪］的音值差异较大，而与同部位浊塞音［d］接近。当地人在描述其所发音节“笛［di^{22}］”与“梨［di^{22}］”的声母时，二者略有差别，前者舌尖抵下齿背，齿化特征明显为［d̪］，后者舌尖抵上齿龈，音值接近齿龈音［d］。而且我们发现祁阳本地人在发阳调类音节声母时与发阴调类音节声母时，其舌尖状态截然不同。发阳调类声母时，其舌尖向上抵住齿龈，成阻面大，舌体持续紧张，喉头下降，舌尖往上弹且后缩，气流冲破阻碍发为爆破音，此为［d］；发阴调类辅音声母时，舌体平伸，舌尖抵下齿背，接触面小，阻塞时间短，舌体无紧张感，除阻时，舌尖往下弹，较为自然，此为［l］。

以往音节结构划分将介音划归韵母，称为韵头。从声学、语音学结构角度看，介音属“起始目标值”，其确切值往往取决于声母性质。介音［-i-］在汉语史中对声母演变作用显著，上古端组三等衍生出知组、章组，精组三等衍生出章组均与介音［-i-］有关；近代汉语见、精组三等腭化，以及见组开口二等腭化，也都与介音［-i-］相关。究其因，介音［-i-］具有［+前，+高］特征，发音部位接近舌面，因此在与声母拼合时，声韵母发音部位在省力原则支配下要求尽可能协同发音，因而拉动声韵母发音部位向彼此靠拢。祁阳方言古来母在阳调类齐齿呼韵母前今读塞音［d］，齿化舌尖边音［l̪］变成齿龈音［d］，是发音器官为协同发音、相互妥协的结果。

我们注意到在中国语言学会语音学分会2007年颁布的国际音标表中有一个辅音符号“［d^l］”，中文译为“边除阻”（中国语言学会语音学分会 2007：1），这个符号给了我们一点启示，［d^l］两个成分中任何一个成分的特征强化都可以导致其向不同方向演变：

［d^l］>［d］（边除阻弱化，强化齿龈除阻）

［d^l］>［l^d］>［l］（边除阻强化，弱化齿龈除阻）

就音理而言，[d^l] > [l^d] > [l] 与罗常培先生对赣方言来母细音前塞化的解释音理内核一致。

3. 阳调对祁阳方言古来母塞化制约

祁阳、祁东、邵阳（南路）等地阳调类调值有一个共同特点：起始调素调值低，调型一般为低升调，如：

祁阳：阳平 22 阳上 224；祁东：阳平 11 阳上 213；邵阳（南路）：阳平 12 阳上 24。

起始调素调值低，主要是受浊声母影响，声调基频起点较低，属低调域。[l]、[d] 都是浊音，声带振动，“声带振动的必要条件是喉下气压高于喉上气压，发 [d] 的时候我们先把舌尖顶到齿 / 龈处，造成口腔通道封闭，然后声带振动，再快速松开舌尖，[d] 就产生了”（朱晓农，2006：389）。次浊边音 [l] 与全浊塞音 [d] 发音方法不同，其浊度弱于 [d] 的原因在于其持阻的时间和除阻方式不同于 [d]。祁阳方言次浊边音 [l] 与齐齿呼韵母拼合，由于介音 [-i-] 开口度小，舌尖主动后移与齿龈接触，气流受阻，除阻的时候只要稍微改变除阻方式，堵住气流从舌体两侧外泄，就会发出类似于全浊声母 [d] 的音。

阳调是声母 [+ 浊] 的伴随特征，其与浊声母如影随形。我们知道全浊声母发音伊始，声带就开始振动，产生基频，因此基频曲线贯穿全浊声母音节始终。祁阳方言标记性阳调的低沉感使得处于阳调背景下的次浊声母自动获得了全浊声母的某些特征，声调默认为阳调。“阴高阳低”声调知觉对于生活在全浊声母方言区的母语者来说体验尤为真切。全浊声母方言区母语者对 [+ 浊] 的低沉感非常敏感，他们往往会将带低沉感伴随性特征的低调不自觉地与全浊声母联系起来。这就是人们在评价那些全浊声母业已清化但其阳调类调值仍处于低调域的方言全浊音是否清化时举棋不定的原因。全浊音声学特征（浊音横杠）消失，但其伴随特征（低调）仍然存在，很容易给人造成全浊音保留的错觉。我们怀疑声调阳调类低沉声调知觉对于祁阳方言 [l] > [d] 音变起了推波助澜的作用，部分次浊边音音节本属阴调，但在低调域中会使声母自动赋值为全浊。

4. 音变方式

上述分析可以推测祁阳方言古来母在齐齿呼阳调类韵母前的 [l]>[d]

是一种自然音变，齿化边音［l̪］受［-i-］介音影响，为求得发音和谐而向齿龈靠拢，并改变除阻方式。［l̪］>［d］音变在祁阳方言中是通过词汇扩散方式进行的，这可从同一音类不同语音表现形式来加以证明。“力”与“粒”均为古入声字，音类条件相同，但祁阳方言今读声母前者为［l］，后者为［d］，而诸如阳上、阳去古来母字全部发生［l̪］>［d］音变，这说明次浊入声字发生［l̪］>［d］较其他阳调速度要慢，或者说部分来母齐齿呼入声字仍读［l］是［l̪］>［d］的音变残余，由于受其他规则的影响，规则［l］>［d］的影响力下降，音变中断，因而相竞的演变产生残余。

5. 湘、赣方言古来母塞化音变关系

湘、赣方言关系密切，湘方言古来母［l］>［d］/［t］塞化音变究竟是接触式音变还是平行性音变，颇费思量。从湘方言古来母［l］>［d］/［t］塞化音变的地理分布和音变条件看，湘赣方言此类音变存在千丝万缕的联系。从湘方言［l］>［d］/［t］音变分布及音变制约条件看，祁阳方言［l］>［d］音变有可能是受赣方言影响而发生的一种接触式演变。有学者认为，衡阳县城关西渡镇的方言也存在古来母塞化现象，且十分系统，祁阳是［l］>［d］，西渡是［l］>［t］，只是清浊有别。衡阳一带处于湘语与湘南赣、客家方言包围之中，具有明显的过渡性质。这种推断不无道理，因为在一些被称为核心湘语的方言点中均不存在［l］>［d］/［t］之类的音变现象，而湘方言中存在［l］>［d］/［t］音变的方言点在历史上都曾因为移民而受到过客、赣方言的浸染。

湘方言［l］>［d］/［t］为接触式音变的证据不仅源于我们前面对湘赣两地部分方言演变条件的检讨，近代湖南移民史也是一个很有力的佐证。以祁阳为例，祁阳境内大的族姓大都为明清时期由江西迁徙而来的，这种长期的、分散式迁徙多属自发性行为。自发性移民规模较小，居住分散，且持续时间较长，而政府组织的移民规模相对较大，且居住相对集中。今《祁阳县志》记载，祁阳县境内居民祖籍江西的占80%以上，来自其他省区市的所占比例较少，土著就更少了。大部分居民采用自发性、渐进式移民方式，因而祁阳方言没有像邻县常宁方言那样发生方言转换，由湘方言变成赣方言。新移民的母语赣方言被土著湘方言覆盖，长期接触过程中发生了向湘方言的转换。受赣方言影响，湘语祁阳方言持续不断地受到移民带来的不同历史时期、不同地域赣方言的浸染、冲刷，部分音类发生接触式音变，[l] > [d] 塞化音变很可能就是这种接触音变现象之一。在移民最初阶段，由于人口数量处于弱势，新移民语言往往被原土著居民的语言同化，音系格局逐渐向土著湘方言靠拢，但其母语赣方言的某些音系显著特征会对新移居地的湘方言产生底层干扰，[l] > [d] 音变可能就是赣方言底层干扰的表现。我们查证了湖南境内其他存在 [l] > [d] 音变的方言区域，其境内居民也大都是明清时期自江西迁徙而来的，如衡阳（西渡）、衡山、邵阳（南路），而临湘市更是与江西毗邻，[l] > [d] 语音现象在湖南境内的地域分布间接印证了“江西填湖广”的历史事实。

祁阳方言古音声类地位相同的古来母字今读不同，部分古来母字虽然符合发生 [l] > [d] 音变条件，却未演变成 [d]。这说明，随着时间推移，[l] → [d] /_[+齐齿呼，+阳调] # 这一接触音变规律影响力已告终结。加之西南官话影响扩大，西南官话古来母字今读为 [l] 或者 [n] 规律在竞争性演变中逐渐处于强势，而 [l] > [d] 音变规则影响已成余波，被新的规律代替或者消磨，演变中断。业已发生 [l] > [d] 音变的古来母字由于在日常生活中高频使用，仍保存于口语中。随着普通话推广，[l] > [d] 这种古来母塞化底层现象在祁阳方言新派中已呈萎缩之势，部分老派古来母字今读 [d] 开始向 [l] 回归，形成一种 [d] > [l]_[+齐齿呼，+阳调] # 之类的回头式演变现象。祁阳方言古来母字历史演变见图 2–24。

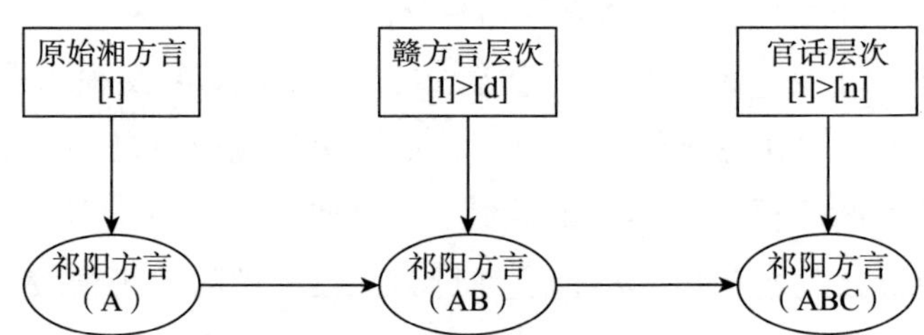

图 2–24　祁阳方言古来母字历史演变

七　小结

综上所述，祁阳方言古来母字今读有 [n]、[d]、[l] 三种形式，它

们是深层音形 /l/ 通过不同规则推导而成的三个表层音形，其分布条件互补。齐齿呼来母有两个区别性特征："阳调" 和 "[d]"，其中 [d] 可以看作羡余特征，因此，在实际交流中如果 [d] 读成了 [l] 也不会造成歧义。[l] > [d] 是一种自然音变，边音声母 [l] 受 [i] 介音影响，在发音省力原则支配下，声韵母相互协调改变了除阻方式。从湘、赣方言 [l] > [d] 音变制约条件异同看，祁阳方言古来母 [l] > [d] 音变现象很可能是受赣方言影响而产生的一种接触式音变，湘赣方言古来母字 [l] > [d] / [t] 现象是一种由于语言接触导致的区域现象。囿于材料的缺失，这个结论还需要更多的湘、赣方言语料的支持。

第三章　祁阳方言韵母研究

第一节　祁阳方言高元音擦化现象研究

一　前人关于元音擦化的研究

所谓高元音擦化，其主要特征是高元音［i］、［y］、［u］带有较强的摩擦性。汉语高元音擦化现象自 20 世纪 90 年代以来颇受学界关注，出现了一系列相关研究成果。伍巍（1995）、石汝杰（1998）、朱晓农（2004）、王双成（2006）、徐世梁（2007）、赵日新（2007）、孙宜志（2007 a）等先后对汉语方言中的元音擦化现象进行了详细的描写和研究。伍巍（1995）分析探讨了合肥方言中的前高元音［i］、［y］先高化再前化的原因和机制；石汝杰（1998）详细描写强摩擦元音的发音特征及其在汉语方言中的分布；朱晓农（2004）认为汉语方言中舌面元音擦化是舌面元音［i］、［y］、［u］高化到顶后继续高化的结果，他称这种现象为"高顶出位"，并归纳了 6 种高顶出位的模式；王双成（2006）讨论了青海境内方言高元音［i］舌尖化的原因和阶段；徐世梁（2007）讨论了青海乐都方言高元音［i］、［y］擦化与声母的互动关系；赵日新（2007）全面检讨了汉语诸多方言中"［i］>［ɿ］"的分布、类型、性质，并指出"［i］>［ɿ］"音变的实质是元音不断高化造成与［i］韵母相关的系列变化；孙宜志（2007 a）探讨了高元音［i］擦化对合肥方言泥来母的影响，说明单元音韵母［i］的擦化会直接影响到声母的音值。

高元音擦化现象在汉语方言中比较常见，不过各地方言的具体表现和发生条件有所差异，这些还需要去发现和描写分析。本书拟探讨笔者母语祁阳方言元音擦化现象，进而认识元音擦化对声类的影响、元音擦化机制及演变方向。

二　祁阳方言元音［i］的擦化

（一）元音擦化导致的声母变异

各家声类拟音的分歧

祁阳方言语音系统中有一类音比较特殊，中古精组、知组、章组、见组、部分日母字在跟止摄开三支之微、蟹开三齐祭、深开三缉、臻开三质、曾开三职、梗开口三昔、梗开四锡拼合时，几组原本发音部位不同的声母聚合成既不同于舌面音也不同于舌叶音的一类音。杨时逢（1974：568）在《湖南方言调查报告》中记录了他所调查的祁阳白水镇方言，他记录精组细音是［tɕ-］，但在声韵调描写时指出：“tɕ-、tɕʻ-、ɕ- 部位略带舌尖音，近似 ʧ-、ʧʻ-、ʃ-”；钟奇（1997）、李维琦（1998）、谢伯瑞（2001 b）、鲍厚星（2006）都曾经关注过这类现象。我们将各家对上述音节声母的描写结合例字用表格表示如表 3-1 所示。

表 3-1　前人拟音分歧

	杨时逢	钟奇	李维琦	谢伯瑞	鲍厚星
置	［tɕ］	［ʧ］	［ʧ］	［ʧ］	［tɕ］
祭	［tɕ］	［ʧ］	［ʧ］	［ʧ］	［tɕ］

从表 3-1 可以看出几位学者分歧的焦点集中在声类的音值是舌面音［tɕ］还是舌叶音［ʧ］，为什么会有这样的争论？祁阳话这类声母的实际音值究竟是什么？这些问题值得我们继续思考。我们认为问题的关键可能不在声母而在韵母。

（二）祁阳方言单元音韵母［i］的音值

关于祁阳方言单元音韵母［i］的音值，目前有三种不同意见：［ʅ］（钟奇，1997）；［i］（鲍厚星，2006）；［ɩ］（李维琦，1998）。李维琦（1998：15~16）讨论了［ʧ］类音后接单元音［i］的音值，他认为："ʧ-、ʧ‘-、ʤ-、ʃ-、ʒ-之后的韵母，应当说是一个舌叶元音（仿舌尖元音的说法）""它虽与i关系密切，与i接近，但在听感上完全不是i"，"用ɩ来表示这个舌叶元音，自然也是不能令人满意的。它并不是舌尖后元音，只是在听感上较接近于舌尖后元音而已。最好的办法是另为舌叶元音造一个符号"[①]；钟奇（1997）将单元音韵母描写为［ʅ］，主要考虑到其与元音［i］和［ɿ］的区别。将单元音韵母描写为［i］主要是从音位归纳的角度出发，无论舌面音还是舌叶音，后接单元音韵母［i］，均不区分意义，可以视为同一音位的条件变体（鲍厚星，2006）。我们认为上述讨论都没有涉及问题的实质，单元音韵母［i］擦化才是导致声母变异的主要原因。单元音韵母［i］擦化成［ɹi］导致声母发生变异。

实验语音学证据。关于擦化元音［ɹi］的音值及其与舌面元音［i］和舌尖元音［ɿ］的音值差异，我们前面已经用文字加以描述，但这种文字描述远不如语音实验来得具体、真切。通过元音格局语音实验，可以将这种感觉到的实际差异付诸视觉表现，以求得到最为科学、直观的证据。图3–1是我们根据祁阳方言擦化元音［ɹi］（鸡、基、知）、舌尖元音［ɿ］（支、脂、址）和舌面元音［i］（地、笔、米）的录音做的F1–F2图。本实验采用的分析软件是由南开大学石锋教授、朱思俞教授开发的"桌上语音工作室"（Mini-speech-Lab）语音分析软件。本实验所用例字有9个字，［ɹi］、［i］、［ɿ］各3个，每组F1–F2取9个点。

① 麦耘先生（2016）在《汉语方言中的舌叶元音和兼舌叶元音》一文中也认为汉语方言中存在各种舌叶元音，是介于舌面元音与舌尖元音之间的一类元音，还有舌尖兼舌叶元音和舌面兼舌叶元音等。

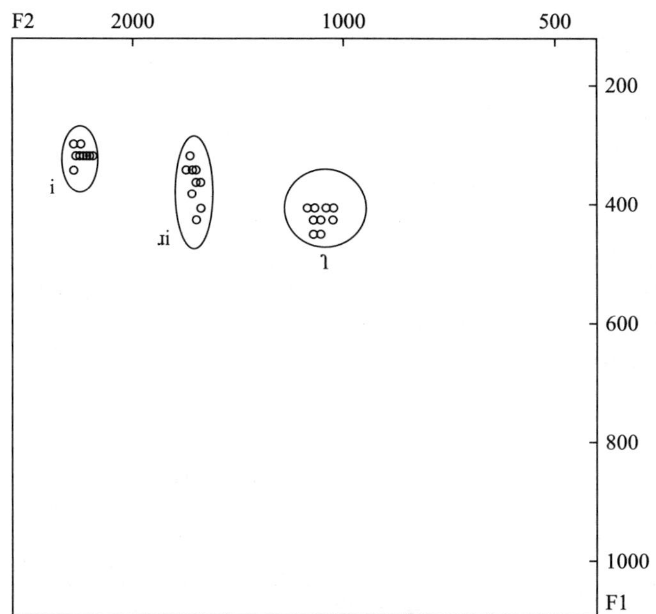

图 3–1　祁阳方言一级元音 /ɿ/、/i/ 及其变体［ɹi］声学空间

注：F1、F2 是以第一、第二共振峰为坐标画出某元音所在的位置，语音学中称为声学元音图。

从图 3–1 中可以看出 /ɿ/、/i/ 在元音格局中的位置，［ɹi］正处于［ɿ］、［i］中间位置，可以说是一种过渡状态，从音位归纳来看是一种音位变体。

（三）祁阳方言元音擦化范围

普通话中来自止摄开三支之微、蟹开三齐祭、深开三缉、臻开三质、曾开三职、梗开口三昔、梗开四锡韵字，今读韵母为［i］的，在今祁阳方言中绝大部分擦化，详见表 3–2。

表 3–2　擦化声母分布

	［ts］类	［tɕ］类	［tɕ］类
	［ɿ］韵	［ɹi］韵	［ia］韵
精组	脐	祭际妻齐脐西栖犀挤荠洗济砌剂细蟹开三、四祭废齐 | 积迹脊藉籍惜昔席夕梗开三清昔 | 绩戚寂锡析深开三缉 | 即鲫息熄曾开三职 | 缉辑习袭集深开三缉 | 七漆疾悉膝臻开三质	

续表

	[ts]类	[tɕ]类	[tɕ]类
	[ɿ]韵	[ɹi]韵	[ia]韵
知组		知蜘智池驰致迟稚雉置耻持痔治痴止开三支之微 | 直值曾开三职 | 蛰（惊蛰）深开三缉	
章组	支枝栀纸侈施匙是氏豉翅肢脂尸旨指（指甲）屎至示视之芝诗时市始齿止址趾侍试志痣止开三支之微	制世势逝誓蟹开三、四祭废齐 | 只炙赤斥尺适释石梗开三清昔 | 执汁湿十什拾深开三缉 | 枝栀指（指甲）芝止开三支之微 | 织职食蚀识式饰殖植曾开三职 | 质实失室臻开三质	只炙赤尺石梗开三清昔
见组		基欺其棋期旗已纪起杞记忌几机讥饥祈岂既气汽止开三支之微 | 鸡稽溪启计继系（系领带）髻契蟹开三、四祭废齐 | 击激吃梗开四青锡 | 极曾开三职 | 急级给泣及深开三缉 | 吉臻开三质	吃梗开四青锡
晓组		牺戏嬉喜熙希稀 | 奚兮系（联系）| 吸深开三缉	
日母		日臻开三质	

注：材料为笔者调查所得，读音以老派为准。双下划线为文读，单线为白读。表格中［ts］代表［ts］、［tsh］、［dz］、［s］、［z］一类音，［tɕ］、［tɕ］同，［tɕ］音值与［tʃ］相近，［ɹi］的音值近于［ɿ］。

从表 3–2 中可以看出，元音擦化只涉及单元音韵母［-i］，而当韵母为［-i-］介音时，不擦化。

石汝杰（1998：100）详细描写了吴方言擦化元音的特征："在发这种具有强摩擦的元音时，其发音部位与普通的前高元音［i］、［y］基本相同，但在发音时努力把舌位向上抬高，和上腭接触（有时候相当紧密），气流从这个狭缝中挤出，这样就使这个元音带上了比较强烈的摩擦，以致其音色和普通的高元音很不相同。"祁阳方言中高元音［i］在单独作为塞擦音和部分擦音韵母时，其音值与元音［i］已经有了明显的差别。在发擦化的高元音［i］时，发音时前舌尖抵上齿背或者上下齿间，舌尖略微向上隆起紧贴上齿背形成阻碍，发音时，气流冲破阻碍从狭缝中挤出，摩擦较强。鉴于其音值差异，我们可以将其描写为摩擦较强的［ɹi］、［ij］、［iʑ］或者［j］，在行文中我们选择［ɹi］作为擦化元音音位。［ɹi］音值听感上不同于舌面高元音［i］，也不同于舌尖元音［ɿ］，而是介于［i］、［ɿ］之间。我们可以通过例字来加以说明：

资 tsɿ³³⁴ ≠鸡 tɕ̥ɹi³³⁴= 基 tɕ̥ɹi³³⁴

上述例证说明［ɹi］与［i］、［ɿ］的音值差异。同属元音擦化，程度存在差异，［ɹi］擦化程度不如［ɿ］。从祁阳方言一些文白异读中看出［ɹi］、［ɿ］所处的不同发展阶段，以“痔”“芝”“指”“枝”为例，见表 3–3。

表 3–3　擦化程度差异

例字	痔	芝	指	枝
文读	tsɿ³²⁴	tsɿ⁴⁴⁵	tsɿ⁴⁵³	tsɿ⁴⁴⁵
白读	tɕ̥ɹi³²⁴	tɕ̥ɹi⁴⁴⁵	tɕ̥ɹi⁴⁵³	tɕ̥ɹi⁴⁴⁵

表 3–3 中所列 4 个例字同为中古止摄开口三等字，文读擦化程度明显高于白读。从表 3–2 中还可以看出，止摄开口三等字擦化在数量上明显多于其他各摄，速度较其他各摄为快。通过文白异读比较，可以看出祁阳方言韵母今读［ɿ］的元音经历了［i］>［ɹi］>［ɿ］的演变过程。

石汝杰（1998）总结了从强摩擦元音［i］到舌尖化［ɿ］的几个阶段。

无摩擦的［i］> 摩擦较弱的［i］> 摩擦较强的［j］> 强摩擦的［ʑ］> 舌尖的［ɿ］。

这几个阶段在吴方言不同的点中语音表现各不相同，说明方言语音空间差异反映时间发展序列。祁阳方言［i］元音擦化，有的声类已经完成，有的正处于擦化中间阶段且擦化正在进行。由此可见，擦化元音［ɹi］是造成中古音类地位不同的诸多声类在今祁阳方言中聚合成一类音的主要原因。

（四）元音擦化与声母的互动

汉语一个音节由声母、韵母和声调三部分构成。声母、韵母、声调关系紧密，常常处于一种互动状态。韵母的变化尤其是韵母的介音会导致声母发生变化。徐通锵（1998）全面检讨了汉语语音史中介音对声母的影响，认为［-i-］介音对汉语声母格局的影响至关重要，许多声母演变都受其支配，用音系规则表达为：［k］→［tɕ］/__［i，y］；［ts］→

[tɕ] /__[i，y]。

从我们所列举的祁阳方言擦化元音 [ɹi] 所涉及的声类来看，虽然它们中古音类地位不同，但在擦化之前的音值却是相同或者相近的。祁阳方言声母由于单元音韵母 [i] 擦化而导致声母音值发生变异涉及中古精组、庄组、章组、见组、晓组和部分日母字。从祁阳方言音系格局来看，这些声类与中古音类相比已经有了很大变化：尖团合流 [k] → [tɕ] /__[i，y] 和 [ts] → [tɕ] /__[i，y]；中古章组、知组三等字在祁阳方言中大部分读为舌面音 [tɕ]（部分舌尖化），与中古音值比较接近，为存古层次；祁阳方言日母字文读音为舌面浊擦音 [ʑ]。不难看出，特征 [+舌面] 是上述音类变化前聚合成类的前提条件，其演变步骤如下：

	第一阶段	第二阶段
见组三等	[k] > [tɕ] /__[i, y]	[tɕ̺] /__[ɹi] #
精组三等	[ts] > [tɕ] /__[i, y]	
章组、知组三等	[tɕ]	
晓组、部分日母字	[ɕ]	

我们可以用音系规则将上述元音擦化现象加以归纳：

规则 1：[i] → [ɹi] / [C，+舌面]__

规则 2：[C，+舌面] → [C，+舌面，+舌尖擦化] /__[ɹi] #

规则 3：[C，+舌面，+舌尖擦化] → [C，+舌尖] /__[ɿ] #

如果将上述规则进行排序，规则 1 发生作用先于规则 2，规则 2 是在规则 1 的结果影响之下发生的。如果韵母不是 [i]，声母不擦化。从表 3-2 中的 6 个例字的白读可以看出，这 6 个白读字的韵母均为 [ia]，文读为 [i]，白读音节中声母不发生擦化，而文读音节因韵母 [i] 擦化而导致声母发生变异。祁阳方言只有章组少数几个白读字能反映规则 3 这一变化，如“痔”“芝”“指”“枝”，文白异读说明，上述 4 个字可能是受官话影响形成的新的白读层，我们推测规则 3 发生作用应较规则 2 为迟。

（五）元音擦化对声母音值的影响

擦化元音 [ɹi] 影响声母，使声母发音部位和音值发生变化。从线性角度来看，这种现象可以称为逆向同化。前人研究祁阳方言受擦化元音

［ɹi］影响的声母时有舌叶音和舌面音之争，就音位归纳来讲，描写为舌叶、舌面皆无不可。但按照严式国际音标记音，这类音实际上是带有较强摩擦的舌面音［tɕ̡］。

赵日新（2007：50）根据目前的汉语方言材料将发生“［i］>［ɿ］”变化的声母类别进行排序：首先，从精组、见晓影组声母开始，“tsi>tsɿ、tshi>tshɿ、ɕi>sɿ、dʑi>dzɿ、ʑi>zɿ，而像山西汾西的tɕz、ɕz，甘肃天祝、民勤、高台的tɕɿ、tɕhɿ、ɕɿ，安西的ʧɿ、ʧhɿ、ʃɿ，青海乐都的mj等都可以看成中间的过渡阶段；其次是端泥组，ti>tɿ>tsɿ，thi>thɿ>tshɿ，泥组ni/ȵi>nzɿ>mɿ；最后是帮组pi、phi、mi>pɿ、phɿ、mɿ”。孙宜志（2007b）所列举的江淮官话的例子也说明精、见组声母经历了［tɕ-］>［ʧ］->［ts-］的演变，［ʧ-］只是一个中间过渡状态。

对照上面列举的声母受擦化元音影响的序列，祁阳方言知、章组部分字已经完成元音［i］>［ɿ］擦化，有的正处于［tɕ̡］的过渡阶段，如见组、精组等，例字见表3-2。

我们选择用严式国际音标［tɕ̡］而不是舌叶音［ʧ］来描写祁阳方言受单元音韵母［ɹi］擦化影响的声母，主要是综合考虑了土著人音感和音位归纳的相似性原则。我们在记音的时候，发现在发这类音节的声母时，舌尖不抵下齿背，音值较舌叶为近而较舌尖为远，介于舌尖音和舌面音之间。这类音节中的韵母也不是纯粹的舌尖元音［ɿ］，与舌面元音的差距更大。这个元音应该是一个与其声母发音部位协同的元音，其音值接近舌尖前元音［ɿ］，将其记为［ɿ］也无不妥，比较而言，［ɹi］与［ɿ］音值更为接近。

（六）祁阳方言元音擦化范围的新扩展

从声母类别看，祁阳方言与擦化单元音韵母［ɹi］拼合的声类仅限于中古精组、见组、章组、知组、晓组和部分日母字。值得注意的是，祁阳方言单元音韵母［ɹi］擦化范围正在扩大，从声母范围看，已经大大突破了上述几组声母范围，端组、帮组和影母字都出现了单元音擦化现象，当然发生擦化扩展的地域仅仅限于祁阳东部、羊角塘、梅溪、文明铺等地区，而作为祁阳方言核心代表点的浯溪、白水、观音滩等地比较保守，维持原状，如表3-4所示。

表 3-4　擦化声类扩展状况

	指指甲	米	笔	地	衣	泥	一	医	眉
祁阳	$tɕ̥ɿ^{334}$	mi^{453}	pi^{33}	di^{224}	i^{445}	ni^{22}	i^{33}	$ĩ^{445}$	mi^{22}
白水	$tɕ̥ɿ^{334}$	$mĩ^{453}$	pi^{33}	di^{224}	i^{445}	mi^{22}	i^{33}	$ĩ^{445}$	$mĩ^{22}$
羊角塘	$tɕ̥ɿ^{334}$	$mɿ^{453}$	$pɿ^{33}$	$dɿ^{224}$	$ɿ^{445}$	$mɿ^{22}$	$ɿ^{33}$	$ɿ^{445}$	$mɿ^{22}$
祁东	$tɕ̥ɿ^{334}$	$mɿ^{54}$	$pɿ^{33}$	$dɿ^{24}$	$ɿ^{44}$	$mɿ^{22}$	$ɿ^{33}$	$ɿ^{44}$	$mɿ^{22}$

从表 3-4 可以看出，祁阳方言部分地区帮组、端组、影母部分字与单元音韵母［i］拼合时已经擦化，至少是带有强摩擦倾向。羊角塘等地因地理位置与祁东相连，方音特征与祁东相似，祁东是 1952 年从祁阳析出的新县，许多音韵特征与祁阳一致。祁东方言中舌面元音擦化范围的扩展说明，祁东方言单元音韵母［i］>［ɿ］这一音变过程走在了祁阳方言前面。而诸如白水、肖家村等点，有的单元音韵母［i］发生了［i］→［ĩ］/［C, +nasal］__#，可能是元音鼻化特征的出现阻断了擦化进程。

三　祁阳方言元音［y］的擦化

（一）元音［y］的擦化

根据我们的调查，祁阳方言一些新的韵类也发生了类似擦化现象，鲍厚星（2006）曾经注意到了这一现象。祁阳白水镇非组蟹摄、止摄合口三等部分字韵母擦化，或者正在擦化，如表 3-5 所示。

表 3-5　元音［y］的擦化

蟹摄合口三等	止摄合口三等
［ɕ̥ɥi］废肺吠	［ɕ̥ɥi］非飞妃匪尾痱费翡；［ʑ̥ɥi］肥微未味

上述音节的韵母鲍厚星记为［yi］，李维琦（1998）记为［i］，我们记为［ɥi］，我们认为［ʷ］>［y］，［yi］再擦化为［ɥi］，而正是［y］的擦化导致了声母音值的改变。从祁阳方言音系格局来看，［f］不能与［ɥi］组合，这样一来，组合双方就必须发生改变来适应对方，以求得发音和谐。

（二）系统演变的音理解释

从历史来源看，中古帮组与蟹摄合口三等、止摄合口三等拼合声母由帮组衍生出非组，重唇变为轻唇：［p pʰ b m］>［pf pfʰ bv ɱ］。之后非组音在近代合并为［v］、［f］，这个过程在祁阳方言中业已完成。［p］>［f］，［f］与今合口呼韵母拼合时无［u］介音，但我们能感觉到一个隐藏的合口特征［ʷ］的存在，其实际音值为［fʷ］，如“飞”。“唇音不分开合”，在合口呼前［ʷ］是客观存在的。祁阳方言中存在［f-］/［x-］合口呼前不分的情况，当［x］与蟹摄合口三等、止摄合口三等拼合时，韵母的主要元音是［u］，如“肺”，读为“xui³²⁴”、“xui³²⁴”与“ç̡ʮi³²⁴”，前者为文读，后者是白读。我们认为［ç̡ʮi³²⁴］”的前身应该是［fʷi³²⁴］，由于单韵母［i］的强摩擦性，使得声母发生变异，［f-］>［ç̡-］。受韵母［ɹi］擦化影响，［ʷ］的合口特征还原为一个合口介音［y］，进而擦化成［ʮ］。［fʷi³²⁴］>［ç̡ʮi³²⁴］可能是方言系统自我演变的结果。

祁阳方言“［f］>［ç̡］”演变是受介音［y］擦化影响的结果，这可以从周边方言［y］演变找到相关证据。同属湘方言永全片的资源延东直话音系中［y］已经擦化为［ʮ］（张桂权，2005）。朱晓农（2004）提到［y］>［ʮ］的演变，其动因与［i］>［ɿ］相同，元音高化导致舌面元音擦化、舌尖化。在今延东直话中，撮口呼［y］与［ʮ］分布互补，［ʮ］只能单独作韵母而不能是介音。可见，延东直话中的［y］来自［*iu］，而［ʮ］是［y］进一步高化、擦化后的产物，具体演变为：［*iu］>［y］>［ʮi］。延东直话［y］擦化现象，说明［y］在一定条件下有继续高化、擦化的可能，祁阳方言非组蟹摄、止摄合口三等字声母读为［ç̡］很可能就是［yi］>［ʮi］擦化影响的结果。

综上所述，祁阳方言［tɕ-］>［tç̡-］音变的主要原因在于韵母高元音擦化。不过，这种变化是局部的：声母［tç̡-］只与擦化单元音［ɹi］相拼，［ç̡-］只与带有擦化的［ʮi］的韵母组合。祁阳方言元音［i］、［y］的擦化，改变了该方言原有的音系格局。有迹象表明这种元音擦化可能会逐渐扩散到以元音为［i］、［y］介音的所有韵母，因为在祁阳方言中青年阶层，“张”tɕiaŋ⁴⁴⁵往往读作tç̡aŋ³³⁴，这样，祁阳方言的声母也将可能随之发生［tɕ-］>［tɕ̻-］的全面变化。

四 祁阳方言元音擦化动因与机制

汉语元音擦化现象非常普遍，从青海方言到吴方言，再到湘南土话，“［i］>［ɿ］”之类擦化现象均有分布。湘方言高元音擦化专题研究目前尚未见到，以往研究大都将高元音擦化现象处理为元音变体而没有引起足够重视。祁阳方言高元音擦化现象研究为我们观察湘方言高元音擦化现象提供了一个很好的案例。本书前面研究了祁阳方言擦化高元音音值及其对声母的影响，但于高元音擦化机制却不得而知，因为我们观察到的只是元音擦化音变结果。祁阳方言属湘方言永全片，比较相邻或同片方言同一音类演变情况或许可以廓清迷雾，以窥祁阳方言元音擦化动因、机制之一斑。

为了便于讨论祁阳方言“［i］>［ɿ］”擦化现象，我们列举与祁阳方言同小片方言相同音类字的今读情况，以资比较，详见表 3-6。

表 3-6 湘方言永全片元音擦化现象

	祁阳	祁东	衡阳	邵阳	岚角山	东安	延东	兴安
几	tɕ̻ɿ^{453}	ʧɿ^{453}	tɕi^{33}	tɕi^{42}	tsɿ^{53}	tsɿ^{35}	tsɿ^{33}	ki^{55}
知	tɕ̻ɹi^{445}	ʧɿ^{44}	tɕi^{445}	tsɿ^{55}	tsɿ^{33}	tɕi^{33}	tsɿ^{44}	ʧi^{35}
指	tsɿ/tɕ̻ɿ^{53}	ʧɿ^{454}	tsɿ^{445}	tsɿ^{42}	tsɿ^{33}	tsɿ^{55}	tsɿ^{33}	ʧi^{35}
枝	tɕ̻ɿ^{334}	ʧɿ^{44}	tsɿ^{445}	tsɿ^{55}	tsɿ^{33}	tsɿ^{33}	tsɿ^{44}	ʧi^{35}
基	tɕ̻ɿ^{334}	ʧɿ^{44}	tɕi^{445}	tɕi^{55}	tsɿ^{33}	tɕi^{33}	tsɿ^{44}	ki^{35}
气	tɕ̻ʰɿ^{453}	ʧʰɿ^{324}	tɕʰi^{324}	tɕʰi^{55}	tsʰɿ^{13}	tɕʰi^{35}	tsʰɿ^{35}	kʰi^{22}
西	ɕ̻ɿ^{334}	ʃɿ^{44}	ɕi^{445}	ɕi^{55}	sɿ^{33}	sai^{33}	sɿ^{44}	sai^{35}
日	ni^{33}/ʑ̻ɿ^{12}	ʒɿ^{211}	ɕi^{11}	zɿ^{24}	zɿ^{11}	ʑi^{13}	i^{22}/ɿ^{22}	ni^{22}
鸡	tɕ̻ɿ^{334}	ʧɿ^{44}	tɕi^{445}	tɕi^{55}	tsɿ^{33}	tɕi^{33}/tɕie^{33}	tsɿ^{44}	kai^{35}
戏	tɕ̻ʰɿ^{324}	ʃɿ^{24}	ɕi^{324}	ɕi^{35}	sɿ^{33}	ɕi^{35}	sɿ^{35}	hi^{55}
计	dʑ̻ɿ^{324}	ʤɿ^{24}	tɕi^{324}	tɕi^{35}	tsɿ^{13}	tɕi^{35}	tsɿ^{35}	ki^{22}

续表

	祁阳	祁东	衡阳	邵阳	岚角山	东安	延东	兴安
细	ɕɿ^{324}	ʃɿ^{24}	ɕi^{324}	ɕi^{35}	sɿ^{13}	sai^{35}	sɿ^{35}	sai^{22}
齐	dʑɿ^{12}	ʤɿ^{12}	tɕi^{11}	dʑi^{12}	zɿ^{11}	dʑi^{13}	dzɿ^{23}	dzai^{13}
七	tɕʰɿ^{33}	ʧʰɿ^{33}	tɕʰi^{22}	tɕʰi^{33}	tsʰɿ^{53}	tɕʰi^{42}	tsʰai^{53}	ʧʰi^{51}
尺	tɕʰia^{33}	tɕʰia^{33}	tɕʰi^{22}	tsʰɿ^{33}	tsʰɿ^{53}	tɕʰi^{42}	tsʰɿ^{22}	ʧʰi^{51}
吃	tɕʰia^{33}	tɕʰia^{33}	tɕʰi^{22}	tɕʰi^{33}	tsʰɿ^{53}	tɕi^{42}	tshɿ^{22}	ʧho^{51}
米	mi^{453}	mɿ^{454}	mi^{33}	mi^{42}	mai^{35}	mai^{55}/mi^{55}	mɿ^{53}	mi^{13}
笔	pi^{33}	pɿ^{33}	pi^{22}	pi^{33}	pi^{53}	pi^{42}	pɿ^{53}	pi^{51}
泥	mi^{12}	mɿ^{211}	ni^{11}	ȵi^{12}	nai^{33}	nai^{13}	mɿ^{23}	nai^{13}
医	ĩ^{334}	ɿ^{44}	i^{445}	i^{55}	i^{33}	i^{33}	i^{44}	i^{35}
一	i^{33}	ɿ^{33}	i^{22}	i^{33}	i^{53}	i^{42}	ɿ^{22}	iɛ^{51}
地	di^{224}	dɿ^{224}	ti^{213}	di^{24}	di^{13}	die^{24}	di^{23}	dai^{41}
犁	di^{12}	lɿ^{211}	li^{11}	li^{12}	lai^{33}	li^{13}	li^{23}	lai^{13}
直	dʑɿ^{12}	ʤɿ^{12}	tɕi^{11}	tɕi^{12}	zɿ^{11}	dʑi^{13}	dzɿ^{22}	ʤi^{13}
急	tɕɿ^{33}	ʧɿ^{33}	tɕi^{22}	tɕi^{33}	tsɿ^{53}	tɕi^{33}	tsɿ^{53}	ki^{51}
衣	i^{334}	ɿ^{445}	i^{445}	i^{55}	i^{13}	i^{33}	ɿ^{44}	i^{35}
记	tɕɿ^{324}	ʧɿ^{324}	tɕhi^{324}	tɕi^{35}	tsɿ^{33}	tɕi^{45}	tsɿ^{35}	ki^{22}
迟	dʑɿ^{12}	ʤɿ^{12}	tɕi^{11}	dzɿ^{12}	zɿ^{11}	dʑi^{24}/ti^{24}	dzɿ^{23}	ʤi^{13}
机	tɕɿ^{334}	ʧɿ^{44}	tɕi^{44}	tɕi^{55}	tsɿ^{33}	tɕi^{33}	tsɿ^{44}	ki^{35}
洗	ɕɿ^{453}	ʃɿ^{33}	ɕi^{33}	ɕi^{42}	sɿ^{33}/sai^{42}	ɕi^{55}/sai^{55}	sɿ^{33}	sai^{22}
喜	ɕɿ^{453}	ʃɿ^{453}	ɕi^{33}	ɕi^{42}	sɿ^{35}	ɕi^{55}	sɿ^{33}	hi^{55}
世	ɕɿ^{453}	ʃɿ^{453}	ɕi^{324}	sɿ^{35}	sɿ^{12}	ɕi^{35}/sɿ^{35}	sɿ^{35}	ʃai^{22}
湿	ɕɿ^{33}	ʃɿ^{33}	ɕi^{22}	sɿ^{33}	sɿ^{33}	ɕi^{33}/sɿ^{42}	sɿ^{53}	ʃi^{51}
媳	ɕɿ^{33}	ʃɿ^{33}	ɕi^{22}	ɕi^{33}	sɿ^{33}	ɕi^{33}	sɿ^{53}	ʃi^{51}

资料来源：东安:《东安土话研究》（鲍厚星，1998）；邵阳:《湘方言概要》（鲍厚星，2006）；衡阳:《衡阳方言》（李永明，1986）；岚角山:《湖南永州岚角山土话音系》（李星辉，2001）；延东:《桂北平话与推广普通话研究——资源延东直话研究》（张桂权，2005）；兴安:《桂北平话与推广普通话研究——兴安高尚软土话研究》（林亦，2005）；祁阳、祁东两地材料为笔者调查所得，调查中发现祁东的［ɿ］介于［ɿ］、［ɹi］间，音值更接近［ɿ］。

表 3-6 中列举了中古止摄开三支之微、蟹开三齐祭、深开三缉、臻开三质、曾开三职、梗开口三昔、梗开四锡几类字在永全片各方言点的今读形式。以北京话高元音［i］为基点进行比较，北京话今读单韵母［i］的音节在各方言中的今读不尽相同。我们根据永全片各点高元音今读情况将上述 8 个点分成三类。

第一类：祁阳、祁东、衡阳、邵阳

第二类：岚角山、东安、延东

第三类：兴安高尚软土话

不同类型说明高元音［i］处于擦化的不同阶段。以这些差异形式为基础，我们可以从中窥探高元音［i］的发展趋势及倾向，并对其演变机制进行探讨。

王福堂（1999）在讨论安徽合肥话“鸡”“资”同音现象时认为“姐”的韵母［iɪ］→［i］促使“鸡”的韵母由［i］→［ɿ］，最后导致“鸡”“资”同音。合肥方言［i］→［ɿ］演变是“语音系统要求保持某些音类特定的区别而发生的”。［iɪ］→［i］推动了［i］→［ɿ］的演变，这与元音转移“推链”规律相符。合肥方言高元音擦化规律可以为解释永全片方言高元音擦化现象提供借鉴。

先看第一类，祁阳、祁东、衡阳、邵阳四个方言点高元音擦化程度差别不大。从文白异读角度看，一些入声字经历了［ia］>［ie］>［i］>［ɿ］变化，如祁阳、祁东“锡”“炙”“吃”等字，文读为［i］或［ɹi］，白读为［ia］。中古音韵地位不同的字今读相同，说明音类发生合并。共时层面语音形式暗示了［i］>［ɿ］或者［i］>［ɹi］式演变，但这只是个别点，不成系统。中古不同类的音聚合成［i］，我们很难从今天方言语音系统结构要素之间的关系来解释。如果将这类现象置于相邻同片方言更为广阔的视野加以观察，就能将音变残余的“点”与相邻方言同类性质音变联系起来形成一个“面”，为我们解释高元音擦化音变提供线索。历史比较语言学认为语言空间差异可以反映时间发展序列。通过比较同片语言或方言同音类字空间语音差异，可以再现语言发展历程。

我们再看第二类的情况，示例如表 3-7、表 3-8、表 3-9 所示。

表 3–7　岚角山方言元音擦化

[i] > [ʅ]	[i] 韵	[ie] 韵	[ai] 韵
知鸡稽肌几饥肌机基讥绩击激即及己纪做际祭济计继寄记既季剂急体挤迹脊 | 妻欺戚启契器弃气汽岂七漆 | 西戏嬉希稀熄媳息惜昔席夕析锡起喜戏细洗 | 奇祁其期棋旗疾齐极藉籍寂席企技妓祁舌	蓖边笔毕必碧陛比蔽弊币毙闭臂庇痹弼璧逼憋 | 批匹披辟皮屁僻撇擎 | 迷糜靡眉楣庙面叶棉眯尾谜蜜密觅 | 非飞妃匪费 | 皮疲脾维肥围壶回被备痱未味 | 堤啼蹄雕手滴嫡癫帝递体天田题敌离立例李里利泪料 | 习集浇焦尖煎肩结招遮辑迁千锹气认砚念耳尿孽牺烧先消赊系医衣腰一乙	币	闭秕妹篾米肺废灰低得抵底掉跌梯贴替涕剃帖铁切弟屋弟第第一蝶碟牒泥尼热黎犁截鲫节接西洗细屑犀虱结

注：读音以老派为准。双下划线为文读，单线为白读，表 3-8、表 3-9 同。

表 3–8　东安方言元音擦化

[i] > [ʅ]	[i] 韵	[ie] 韵	[ai] 韵
做厕诉脐	飞唯维惟肥未眉媚楣尾得誓二日入婶世势实室失石知蜘蛰执职掷置滞炙痴赤斥尺吃迟嗤池驰持直值植殖誓逝治稚	鸡基箕乙	闭鳖逼米低底抵替剃弟第泥犁鲫西东西犀洗细虱

表 3–9　延东方言元音擦化

[i] > [ʅ]	[i]韵	[iɛ]韵	[ia]韵	[ai]
蓖边鞭编憋比匾壁笔逼鳖彼壁闭变必毕批披篇屁片皮脾鼻便被弊毙婢备弼咪米尾棉眉绵面篾密知枝鸡今机畸尖己举急击揭节街折鲫劫继寄占战间锯激溪千牵妻起戚切启气欠七漆齐脐奇歧其期技忌件寂集及疾截吉烟阉宜蚁燃盐檐眼燕艳义议西犀嬉婿希鲜仙先喜起昔失细戏现扇其棋钱嫌贤是治鳝夕席袭医衣移姨椅已以忆意异舌一日日头热天气热	边鞭编蝙憋璧扁壁笔痹变必毕披批篇片皮脾枇便币弊婢备咪米眉面棉明尾妹蜜跌底抵踮帝梯添体铁帖替田题啼第地殿垫敌叠年泥霓帘逆艺犁离李利历力溺医噎衣遗椅一乙叶热意已经	屄避弟 | 师狮	劈壁笛提踢历日历吃吃亏	直值日日子腻梨厘离篱流刘留榴里理鲤李粒栗利立笠六力七膝漆刺死四虱粟

第二种类型三个代表点“[i] > [ʅ] ”现象具有以下特点：以岚角山为例，普通话韵母今读为 [i] 的对应岚角山方言 [ʅ]、[i]、[ie]、[ai] 四种语音形式。岚角山方言发生“[i] > [ʅ]”音变的音节，其声母超出

了舌齿音范围。见组腭化为［tɕ-］后，其后接韵母“［i］>［ɿ］”，声母随之发生［k-］>［tɕ-］>［ts-］。部分精组三等字在腭化为［tɕ-］后受“［i］>［ɿ］”影响再次舌尖化为［ts-］，［ts-］>［tɕ-］>［ts-］。此外，岚角山方言韵母今读为［i］的，不再局限于来自止开三、蟹三齐祭、深开三缉、臻开三质、曾开三职、梗开口三昔、梗开四锡等音类的字，如：“憋撇擎眉庙面叶棉非妃匪肥壶回备痱未癞料浇焦尖煎肩结招遮迁千。”这些例字的韵母中古不同类，但在今岚角山方言共时系统中聚合成一类［i］。韵母［i］的数量剧增，音位 /i/ 的辨义功能衰减，为保持音位区别性，不因增加同音词而影响交际，原生单韵母［i］被迫让位，继续擦化、舌尖化，［i］>［ɿ］，这是一种典型的元音高化链移现象。

关于元音高化链移驱动力，朱晓农（2006）认为汉语元音高化、舌尖化是元音链移的结果，其驱动力源于中古假摄开二等字［ɯɥa］>［ia］，［ia］推动假摄开三等字高化占领齐韵字位置，齐韵字元音被迫高化，最后占领了止摄字位置，迫使止摄字继续高化直至高顶出位擦化、舌尖化。这个推链大致过程为：［-ɯɥa>-ia>-iɛ>-ie>-i>-ɿ］。

岚角山方言韵母［ie］在整个链移过程中作用关键。韵母［ie］在岚角山方言中例字很少，只有一个“币”字，且存在文白两读，其白读为韵母［ie］。一般来讲，白读是本地韵，而文读是受外来方言影响产生的层次。白读字大大减少仅剩残余，但残余却说明［ie］>［i］演变是以词汇扩散方式进行的，且已经接近尾声。岚角山方言假开二等字韵母主要元音高化为［e］，假开二等字元音高化使其新的读音形式与蟹摄开四等齐韵字同音，这样势必产生大量同音字，进而模糊二者的音类边界。蟹摄齐韵字为保持与假开二等字音位区别被迫高化、单化进而与［i］同音，并迫使韵母原来为［i］的止开三等字元音继续高化、擦化。如果我们确定元音高化链移原动力来自假开二等字，那么［-ia>-ie>-i>-ɿ］无疑就是推链。

回到第二类三个方言点的材料，岚角山土话历史音类不同的字聚合成共时层面一类音，这个聚合过程暗示了元音高化序列，结合历史音类未变字今读我们可以推断其演变轨迹如下。

边面棉癞迁千尖煎肩认砚念先（阳声韵）
庙雕丢锹浇焦招烧消腰（阴声韵）
非飞妃匪费维肥围壶回被备痱未味（阴声韵）
笔逼碧敌叠立一乙（入声韵）
→［i］>［ɿ］

方言今读是历史演变的结果，今读形式［i］是我们从共时层面观察到的历时演变的一个横断面，共时层面音类聚合是不同历史音类历时演变后叠置的结果。结合其中古同音类其他字今读表现，可以发现其演变轨迹。岚角山音系共时层面为［i］的包括了中古几个音类：

咸开三［*ĭɛm］（煎）、山开三［*iɛn］（千）、臻开三［*ĭen］（认）
效开三、四［*ĭɛu］/［*ĭɛu］（庙雕）、流开三［*iəu］（丢）
止合三（肥）［*ĭwəi］、蟹合三［*ĭwəi］（废）、止开三［*ĭwə］（备）
蟹合一［*uɒi］（回）、遇合一［*u］（壶）[帮、非组]
曾开三入［*ĭək］（逼）、臻开三入［*ĭĕt］（笔）、梗开四入［*iek］（壁）、深开三［*ĭĕp］（立）

根据岚角山方言近代发生的变化可对上述音类发展大致序列进行推导：

Ⅰ咸摄、山摄韵尾合并：［-m］→［-n］/__#
Ⅱ部分鼻音韵尾鼻化、脱落，与臻摄字合并：［-n］→［ṽ］/__#［ṽ］→［v］/__#
Ⅲ效开三、四，流开三韵尾脱落：[-u］→［Ø］/__#［a］→［e］/［i］__#
Ⅳ止开/合三、蟹合三主要元音高化：［ə］→［e］［p/f］__［i］
Ⅴ蟹合一主要元音高化：［ɒ］→［e］/［p/f］__［i］
Ⅵ入声韵韵尾合并、脱落：［-p -t -k］→［Ø］/__#
→[e]→［i］

从岚角山方言音系元音格局看，现代共时层面元音［i］是不同历史音类分化重组的结果。我们可以比较其中古同音韵地位字今读形式来追溯其历史演变历程。不同音类聚合成一类相同的音，增加了原有音位 /i/ 所辖字数量，迫使 /i/ 部分让位，继续高化，“［i］>［ɿ］”。从岚角山“［i］>［ɿ］”音变所辖字看，舌齿音率先舌尖化，舌齿音部分残余字今读［i］说明“［i］>［ɿ］”式演变以词汇扩散方式进行。部分韵母今读为［i］的舌齿音之所以没有继续擦化为［ɿ］，是因为发生“［i］>［ɿ］”高化、擦化的条件已经不复存在。

就岚角山方言而言，元音链移的驱动力为二级元音［a］的高化，元音［a］高化有两条路径，［a］→［e］→［i］，［ɑ］→［o］→［u］，这两条路径可以看作前后元音平行高化，路径不同的原因在于介音［i］的有无。中古不同音类在今方言共时层面先聚合成［ie］，其中主要元音［e］继续高化，最终与［i］合并。岚角山假摄开口二等字走的是［a］→［o］→［u］高化，二级元音［a］→［e］→［i］高化路径。效摄字［iau］、咸摄字［ian］失去韵尾［-u］、［-n］，主要元音由四级元音变为二级元音。韵尾对韵母主要元音音值有一定的稳定作用（胡安顺，2002），失去韵尾保护，主要元音开始在介音影响下高化，［iau］→［ia］→［ie］（与止摄开合三、蟹合一、三合并）→［i］。

［ie］的重要性在于其处于整个音变节点上，阴声韵、阳声韵、入声韵在向单元音［i］过渡时都必须经历［e］阶段，这个阶段是元音高化为［i］的一个集结点，是一个无法逾越的过渡阶段。就这个音类而言，岚角山、东安、延东三个方言点显示了相同的演变方向，上述三个点元音高化是以［a］为起点推链的结果。

岚角山、东安、延东三点方言元音高化机制可以用来解释祁阳方言高元音擦化现象。祁阳方言许多中古音类业已合流，其演变过程似乎无迹可寻。但如将一些音变残余形式放在同片方言大环境中加以考察，可以一个例字的“点”窥探整个音类“面”的演变方式，如“乙”读“ie^{33}”，“例”读“die^{22}”；“锡”读“ɕia^{44}”。具体以“乙”字为例，见表 3–10。

表 3–10　湘方言个点元音擦化情况

	祁阳	东安	祁东	邵阳	双峰	长沙	湘乡	永州	岚角山
乙	ie	ie	i/ʅ	iɛ	ia	ie	ia	ie	i

表 3–10 例字韵母暗示曾经历了如下音变过程：［ia］>［ie］>［iɛ］>［i］>［ʅ］。音变是通过“词汇扩散”方式进行的，因而有残余形式存在。祁阳方言高元音擦化机制应与岚角山方言相同，只是二者音变速度存在差异罢了。

高元音擦化目的是增加与其他元音的区别度以提高音类边界清晰度，修复因音类合并造成的音位边界的模糊性。元音高化、擦化是一种手段，这种不断变化的语音格局反映出语言为维持其基本交际工具的职能而不断自我更新的自组织性。

五　从社会语言学角度看祁阳方言擦化元音走向

我们在对祁阳方言高元音擦化现象进行调查时发现，擦化元音［ɹi］的分布与年龄、普通话习得情况和个人语言态度有关。不同年龄层次口语高元音［i］擦化程度、范围不等，一般来说，年龄大、普通话习得情况较差的中老年层擦化元音［ɹi］保留完整，擦化范围还有扩展倾向。年龄小、普通话习得情况较好的青少年层元音擦化特征逐渐消失，擦化范围缩小。

（1）擦化元音［ɹi］的扩展

在祁阳方言老年和中青年两个年龄层次中，［tɕ］>［tɕ̻］/__［ɹi］# 只涉及单韵母［ɹi］。在调查中发现，这种擦化已经扩展到祁阳方言所有含［-i-］介音的音节，［tɕ］>［tɕ̻］/__［-ivx］（-x 代表任何韵尾［-m，-n，-ŋ，-p，-t，-k，-i 或 -u］），且音节中介音［i］随之消失，如：

"酒"：$tɕiəu^{453}$＝$tɕ̻əu^{453}$ 在祁阳方言中不区别意义，都表示"酒"；"剪"：$tɕiãn^{453}$= $tɕ̻ãn^{453}$ 不区别意义。

高元音擦化现象由最初的单元音韵母［i］扩展到含［-i-］介音的韵母，应该是比较晚近的事情。［tɕ］>［tɕ̻］/__［ɹi］# 导致了［tɕ］>［tɕ̻］/__［-i］。［tɕ-］>［tɕ̻-］是方言音系格局调整的结果，由于［tɕ̻］单独与韵母［ɹi］拼合，这样就多出了一组［tɕ̻］声母类。

（2）擦化元音［ɹi］的"回头演变"

丁邦新、何大安（2004）、朱晓农（2006）等人都论述过相关方言的"回头演变"。语言、方言条件不同，回头演变的动因、机制也不尽相同。我们这里论述的"回头演变"是指受普通话影响造成的"［ɹi］>［i］、［ɹi］>［ɿ］"演变模式。

"［i］>［ɹi］"推动［tɕ-］>［tɕ̻-］，是一种晚近的语音变异。说话人年龄、普通话习得情况、个人语言态度等参数都会促进或阻断这种变异。

强化。[i] > [ɹi] 的强化前面我们已经提过，[i] 由最初的强摩擦形式 [ɹi] 向舌尖化发展。[ɹi] > [ʅ] 是一种自然音变，章组止摄三等字舌尖化走的就是这条路。在中青年和老年层中 [ɹi] 的地位比较稳固，有强化趋势。强化是相对的，有强化就有弱化，“[i] > [ɹi]”相对于 [i] 是一种强化。强弱在一定条件下相互转化，即“[ɹi] > [i]”，在青少年层中我们可以观察到这种“回头演变”情况。

我们共对 41 个发音人（职业中专 2008 级高一班 10 人、祁阳七中高三 254 班 10 人、肖家村镇一中 2 人，其他调查人情况详见第一章发音人情况）。就擦化元音今读进行调查，我们采用的是传统汉语方言调查方法，并用社会语言学统计方法进行了数据统计，详见图 3-2。

从图 3-2 可以看出，擦化元音 [ɹi] 的分布与年龄层次关系紧密，年龄越大，今读 [ɹi] 比例越高，比例高低依次为：老 > 中 > 青 > 少。“[ɹi] > [i]”“[ɹi] > [ʅ]”演变呈梯度分布，与年龄层次有关，只不过方向与“[i] > [ɹi]”相反，比例高低依次为：少年层 > 青年层 > 中老年层。“[ɹi] > [i]、[ɹi] > [ʅ]”回头演变的主要原因是隐藏在年龄层面之后的普通话习得水平的高低。

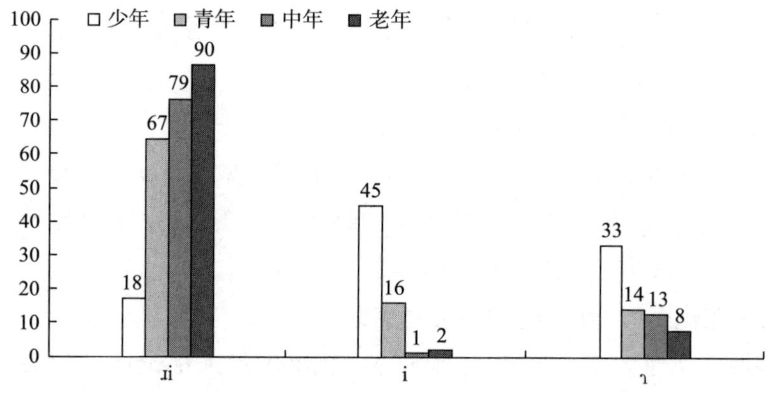

图 3-2　祁阳方言 [i]、[ɹi]、[ʅ] 年龄层次分布

我们调查的老年层中，大学学历的有 1 人，其余均为中学或中学以下学历。发音合作人桂某某先生曾在株洲工学院（今湖南工业大学）读书四年，工作所在地为家乡祁阳县城，操纯正祁阳方言，只是受普通话影响，在读祁阳方言［ɹi］、普通话［ɿ］或者［i］的音节时会在［ɹi］、［ɿ］、［i］三者选择上犹豫，往往会读成普通话的［ɿ］或者［i］，但在平时闲聊还是读［ɹi］。这表明，“［ɹi］>［i］、［ɹi］>［ɿ］”式回头演变是受权威标准语影响的结果。桂先生在上大学前从未接受过普通话训练，从小学到高中接受的是方言教学。上大学后，迫于交际压力开始学习普通话，由于母语方言干扰，学习效果不理想，但终究经历了一个方言—普通话语码转换过程，回家乡工作之后，交际压力减小，失去了使用普通话交际的环境，普通话习得过程中断，方言恢复作为第一语言交际工具的职能。普通话作为交际工具虽然退出了其潜在的语码体系，成了方言中的底层，但在一定语境中会产生不同程度的干扰，如在读书、看报时内部语言会不自觉地向普通话靠拢。

发音人黎家坪的伍某某老人已经 80 岁高龄，小时候念过私塾，早年曾去过国内许多地方，只是不会说普通话，操纯正方言。伍某某老人在读我们提供的擦化元音调查字表时与老派记音一致，“［ɹi］>［i］、［ɹi］>［ɿ］”回头演变罕见或者没有。对比桂、伍两位发音人的情况，可以肯定普通话习得程度对“［ɹi］>［i］、［ɹi］>［ɿ］”式回头演变至关重要。

普通话习得情况影响回头演变，这个结论在调查中、青年层和少年层时得到进一步证明。中、青年层次相差不大，发生“［ɹi］>［i］、［ɹi］>［ɿ］”式回头演变的比例为 13%~16%。这两个层次发音人的学历多为高小或初中，都或多或少接受过普通话训练，中、青年层次发生“［ɹi］>［i］、［ɹi］>［ɿ］”回头演变的字大部分为文读字，日常口语还是读［ɹi］。

六　小结

本节主要讨论了祁阳方言擦化高元音音值、范围及擦化元音对声母的影响。我们认为声母变异［tɕ-］→［tʂ-］是一级元音韵母［i］>［ɹi］和［-y-］介音韵母［y］>［ʮ］擦化引起的连锁变化。一级元音“［i］>［ɹi］”擦化的目的是保持整个元音格局中各语音要素的区别性。祁阳方言“［i］>［ɹi］”变异通过词汇扩散方式实现，音类不同，速度不同。从近几十年的情况来看，祁阳方言擦化元音［ɹi］在不同年龄层次发生“［ɹi］>［i］、［ɹi］

>［ʅ］”式变异，不同年龄层变异方向不同。新的变异形式一旦被语言使用者接受，就势必会在语言群体中扩散，可以预见，在不久的将来，祁阳方言擦化元音范围将缩小，逐渐与普通话语音保持一致。

第二节　祁阳方言鼻音韵尾研究

结构主义自立音位学主张在连续的语流中采用对立、互补原则，兼用语音相似性来发现音位，不考虑语法、语义音素对音位的制约。生成音系学将音位分为基本音位和派生音位，只有处于深层音形的基本音才能作为音系基本单位。王洪君（2008：28）在分析汉语音系时将汉语音位系统的基本单位分为三种：单字音、派生音、边际音，生成音系学认为处于深层音形的单字音规则决定并制约派生音、边际音发展。

本节以祁阳方言鼻音韵尾音位为例，离析祁阳方言共时层面鼻音韵尾的音位层次，从历时、共时两个角度综合考察湘方言鼻音韵尾的演变。

一　单字音鼻音韵尾音位

从语音历史演变看，汉语纯音系层面鼻音韵尾音位源于古汉语阳声韵。一些汉语方言的语流音变、语义音变产生了与古阳声韵同形的鼻音韵尾形式，这使得原来非阳声韵类出现了与阳声韵类似的鼻音韵尾音位，如吴方言鼻音小称形式。语流音变、语义音变产生的鼻音韵尾形式就表层音形而言，与音系中单字音深层音位音形相同，但音位类型不同，前者属于派生音形、边际音，后者属单字音，在方言音系中的地位不同，处于深层音形的单字音演变规律制约边际音、派生音鼻音韵尾音位演变。

（一）祁阳方言单字音鼻音韵尾音位类型及演变

音系层面单字音鼻音韵尾音位主要来自历史音韵中的阳声韵：咸摄、深摄（［-m］）；山摄、臻摄（［-n］）；宕摄、江摄、曾摄、梗摄、通摄（［-ŋ］）。比较中古到近代单字音韵尾的变化情况，从塞音韵尾［-p］、

［-t］、［-k］消失，再到鼻音韵尾［-m］、［-n］的鼻化、脱落，从纵向看，汉语整个音节呈现向乐音化发展的趋势（翟时雨，2001）。祁阳方言韵母格局与中古《切韵》音系对应整齐，其鼻音韵尾来自中古9个阳声韵韵摄，部分韵类经历了合并、简化。

笔者在2005~2018年对家乡话祁阳方言进行了多次调查，我们发现祁阳方言鼻音韵尾演变的一些新情况。在祁阳方言内部，单字音鼻音韵尾形式地域差异很大，主要分为三类。

第一类：保留完整的鼻音韵尾，舌尖中鼻音韵尾［-n］与舌根鼻音韵尾［-ŋ］对立，二者不混同，如李维琦所调查的城关、龚家坪、观音滩等地老派读音。

第二类：舌尖中［-n］韵尾与舌根［-ŋ］韵尾对立，舌尖鼻音韵尾大部分鼻化，主要元音为低元音的部分舌根鼻音鼻化。如鲍厚星（2006）调查的白水（新派）[①]、羊角塘镇、唐家岭、进宝塘、梅溪镇等。

第三类：舌尖中鼻音［-n］鼻化，舌根鼻音［-ŋ］不鼻化，部分舌尖中鼻音混同于舌根鼻音，［-n］>［-ŋ］。这类情况主要分布在白水镇（老派）、肖家村镇、大忠桥镇、金洞林场等地。

下面以我们调查的祁阳白水镇（老派）为例，结合李维琦（1998）、鲍厚星（2006）的调查报告来观察祁阳方言内部鼻音韵尾演变方向。祁阳方言（白水）鼻音韵尾演变与音节结构有关。祁阳白水（老派）鼻音韵情况见表3-11。

---

① 李维琦（1998：6）先生提到"吴宗济先生记音的祁阳方言音系里，咸、山摄没有鼻音韵尾-n，它们的主要元音一、二等是鼻化元音ã，三、四等是鼻化元音e"，"祁阳县城关话鼻音尾是稳固的，没有一点鼻化的迹象"，"原来吴先生记的是白水音，发音人是白水镇的两个年轻学生，笔者调查了白水，结果与吴先生略同"。鲍厚星（2006）记的也是祁阳白水方音，其所记音系与笔者所记音系也略有不同，具体差异表现在鲍厚星将咸、山摄开口一、二等字记为鼻化元音，笔者认为是舌根鼻音韵尾。笔者怀疑鲍厚星选择的白水话发音人比较接近羊角塘、潘市镇一带，白水镇是祁阳县辖区最广的一个镇，以白水河为界，语音差异较大。而笔者所记的音以镇中心及周围五千米范围的乡村为准，为第三类。

表 3–11　祁阳方言鼻音韵尾

	咸摄	深摄	山摄	臻摄	宕摄	江摄	曾摄	梗摄	通摄
开一	ɑŋ		ɑŋ	en	ɑŋ		oŋ/en		oŋ
开二	ɑŋ		ɑŋ			ɑŋ		oŋ/en/ɑŋ	
开三	iɛ̃	in	iɛ̃	in	iɑŋ		in	iɑŋ/in	
开四	iɛ̃		iɛ̃					ɑŋ/in	
合一			uæ̃	un	uɑŋ		oŋ		oŋ
合二			uæ̃			uɑŋ		uɑŋ/un	
合三	ɑŋ		yæ̃	in/yə̃	uɑŋ			iɑŋ/yə̃	oŋ
合四			yæ̃					ioŋ/iɑŋ	

注：材料为笔者调查所得。表中咸摄、山摄合口呼在帮组前为［ɑŋ］，曾开一帮组为［oŋ］。

从表 3–11 可以看出，以北京话为参照系，祁阳（白水）方言鼻尾韵包括以下 12 种：

ɑŋ　iɑŋ　uɑŋ　en　iɛ　yɛ　uæ　yæ̃　in　un　oŋ　ioŋ

与第二类相比，白水老派咸摄、山摄合口呼在帮组前为［ɑŋ］，其他基本相同。与中古阳声韵相比，祁阳（白水）方言鼻音韵尾演变呈以下两种趋势。

弱化。鼻尾［-n］特征［+鼻］附加在韵核之上使其变成鼻化元音。鼻化（nasalization）一般指元音在带有鼻辅音韵尾的语流环境中产生伴随整个元音过程的鼻音色彩。发生鼻音韵尾脱落、鼻化主要是舌尖中尾鼻化脱落，也就是鼻音韵尾特征附加在主要元音之上，鼻化韵尾鼻化与否与韵母音节结构有关。

合流。部分韵摄鼻尾合流，［-n］>［-ŋ］，山摄帮组开一、二等字韵母［an］>［ɑŋ］；［-ŋ］>［-n］，曾摄、梗摄三、四等字与臻摄三等字韵母合流为［in］、［un］，但梗摄白读字韵母主要元音大都保持低元音［ɑ］，不合并；江摄与宕摄字合流，［ɔŋ］>［ɑŋ］；曾摄、通摄合流，［əŋ］>［oŋ］。相对于鼻音弱化，［-n］>［-ŋ］可以认为是［-n］为了保持鼻音韵尾音位对立、抗拒鼻化的一种强化形式。

传统研究将韵母分为三部分：韵头、韵腹、韵尾。韵头主要是指介音

[-i-]、[-u-]、[-y-]，韵腹是主要元音，韵尾主要是高元音 [i]、[u]，辅音韵尾 [-p]、[-t]、[-k] 或 [-m]、[-n]、[-ŋ]。现代音系学将韵母分为韵核、介音、韵尾三部分，韵核是韵母的核心，韵尾、介音对韵核的音值变化有一定影响。李方桂（1982：23）认为介音影响韵核音值，“介音 j 使后面的较低的元音向上及向前移动，如 a>æ 等”；胡安顺（2002：1~8）通过历时、共时比较认为辅音韵尾对韵腹具有一定稳定作用。我们可以结合韵腹主要元音特征、韵尾特征对祁阳方言韵尾演变的不同方向做出解释。

（二）祁阳方言鼻音韵尾、韵核音系特征

从表层语音形式看，祁阳方言韵尾主要为 [-n]、[-ŋ]，鼻尾韵主要元音有 [ɑ]、[æ]、[ə]、[e]、[o] 五种。生成音系学认为音位是一组区别特征的聚合，特征是生成音系学语音研究的最小单位。我们将韵尾 [-n]、[-ŋ] 介音及韵核区别特征用矩阵方式表示如表 3-12 所示。

表 3-12　韵尾、介音、主要元音特征

	n	ŋ	i	y	u	ɑ	æ	ə	e	o
辅音	+	+	–	–	–	–	–	–	–	–
响音	+	+	+	+	+	+	+	+	+	+
鼻	+	+	–	–	–	–	–	–	–	–
浊	+	+	+	+	+	+	+	+	+	+
连续性	+	+	+	+	+	+	+	+	+	+
高	–	+	+	+	+	–	–	–	+	+
低	+	–	–	–	–	+	+	–	–	–
后	–	+	–	–	+	+	–	+	–	+
前	+	–	+	+	–	–	+	+	+	–
圆	–	–	–	+	+	–	–	–	–	+

注：央元音 [ə] 的特征为 [± 前]，我们用“±”，表示其处于一个游移状态，介于前后之间。关于中元音 [ə] 的声学空间特性参考（石锋，2002）。

表 3-12 中［ɑ］、［ŋ］共有特征有：［+浊］［+后］［+响音］［+连续］［-圆］；［æ］、［n］共有特征有：［+浊］［+前］［+响音］［+连续］［-圆］［+低］；［o］、［ŋ］共有特征有：［+浊］［+响音］［+连续］［+后］［+高］。特征有区别特征和羡余特征之分，在表 3-12 中［±前］、［±后］是区别特征，其他为羡余特征。鼻尾韵发生弱化的音节其主要元音有一组共同特征［+前］、［-圆］，如有介音，介音特征为［+前］。祁阳方言鼻音鼻化脱落大致可分为如下几个阶段：

规则Ⅰ：［vn］→［ṽ］/［高元音，介音］__#

规则Ⅱ：［n］→［ŋ］/［低，后元音］__#

梗摄字今读白读形式与宕摄、江摄合并，文读形式与臻摄、曾摄合流，演变不同方向说明鼻音韵尾演变受两种不同规则制约，文读是受强势官话横向扩散影响所致。

（三）祁阳方言鼻音韵尾演化方向

（1）鼻音韵尾音位演变方向

汉语音系层面鼻音韵尾音位演变方向，前修时贤已有真知灼见。张琨（1983）曾专门讨论过吴方言和官话鼻音韵尾脱落问题。张琨认为最容易产生鼻化作用的是带低元音后的舌尖鼻音［an］，其次为［en］，最为保守、不易变化的是带后高元音［oŋ］；陈渊泉提出塞尾和鼻音尾平行发展的学说，认为鼻尾韵的演变方向是［-m］、［-n］、［-ŋ］，先变为［-m］、［-ŋ］或［-n］、［-ŋ］，再合并为［-n］，最后产生元音鼻化作用，韵尾消失；Exic Zee 认为鼻尾韵主要演化方向是：［-m］>［-n］和［-ŋ］>［-n］，［-n］尾更容易产生鼻化作用（张维佳，2001：56）。徐云扬、李蕙心（2008：82）列举了汉语 33 个方言点中 15 个鼻元音音位的出现频率，发现“最为常见的鼻元音是 /ã/，然后依递减次序是 /ɔ̃ ẽ ɑ̃ æ̃ õ ɛ̃ ĩ ũ ə̃/……最为常见的鼻元音是非高元音”。

祁阳方言鼻音韵尾脱落的大都为［-n］尾韵，且音节均带介音［-i-、-y-、-u-］。当主元音为低元音［a］时，鼻化、脱落最为彻底（［ɛ、e、æ］

可看作底层音位 /a/ 的表层语音形式）。元音［a］韵尾［-n］都具有特征［+前］，两个相同特征聚合，特征异化，因而鼻化。祁阳方言咸摄、山摄一、二等字韵尾不鼻化，但鼻音韵尾由舌尖转化为舌根，特征由［+前］→［+后］。前人在研究祁阳白水方言时将新派咸摄、山摄一、二等字处理为鼻化元音，与我们的处理方式不大一样。鉴于目前从语音实验上鉴别［ṽ］与［vŋ］还比较棘手，我们将祁阳（白水）咸、山摄一、二等字处理为［ɑŋ］而不是 ã 的主要依据是当地人同音字比对结果，同音字比对如下：

班 $\mathrm{pɑŋ}^{334}$ = 帮 $\mathrm{pɑŋ}^{334}$；寒 $\mathrm{ɣɑŋ}^{22}$ = 行 $\mathrm{ɣɑŋ}^{22}$；翻 $\mathrm{fɑŋ}^{334}$ = 芳 $\mathrm{fɑŋ}^{334}$

干 $\mathrm{kɑŋ}^{334}$ = 钢 $\mathrm{kɑŋ}^{334}$；看 $\mathrm{k^hɑŋ}^{324}$ = 抗 $\mathrm{k^hɑŋ}^{324}$；淡 $\mathrm{dɑŋ}^{334}$ = 荡 $\mathrm{dɑŋ}^{334}$

上述对比字在祁阳方言中为同音字，我们将“班”字录音用“reverse”功能倒放并进行听辨，倒放的“班”明显可以听到一个类似舌根鼻音［-ŋ］的声母存在。

祁阳方言非组咸摄合口三等字今读开口呼，且为舌根鼻音韵尾。非组主要来自中古帮组合口三等，［p-］>［f-］/__［*iu］，非组字吸收了合口三等前［*iu］成分，所以在与合口三等拼合时已无介音存在，读为开口呼。赵元任（1980）认为“唇音不分开合”，其实非组合口三等字［*iu］的“位”仍存在。开口一、二等字主要元音具有［+低］的特征，所谓“一等洪大，二等次大”，开口度大，舌位低、后。吴宗济、林茂灿（1989：206）指出“鼻尾是否变现为鼻辅音，以及鼻尾鼻辅音的时长决定于鼻尾本身的发音部位以及元音的发音部位和开口度的大小。一般说来，主要元音的发音部位越靠后，鼻尾的时长就越长；同时主要元音的开口度越小，鼻尾的时长也越长”。因此规则Ⅱ可以解释祁阳方言舌尖鼻音向舌根鼻音转化：［-n］>［-ŋ］/［V，+低，+后］__#。祁阳方言中曾摄、梗摄部分字韵尾发生［-ŋ］>［-n］，主要是受官话方言影响的文读字，当韵尾［-ŋ］前主要元音特征由［+低，+后］变为［-低，+后］时，［-ŋ］>［-n］才有可能发生，这是由方言接触造成的叠置式变异。

（2）鼻音韵尾鼻化的音系学理据

软腭鼻音韵尾向舌尖前鼻尾演变，可获得现代音系学理论支持。张吉生（2007：296）从音系学角度对汉语鼻音韵尾鼻化脱落进行了解释。张文将汉语塞音韵尾与鼻音韵尾脱落视为一种非口腔化，并用音系规则表示鼻韵尾鼻化、脱落，其规则可用图 3–3 表示。

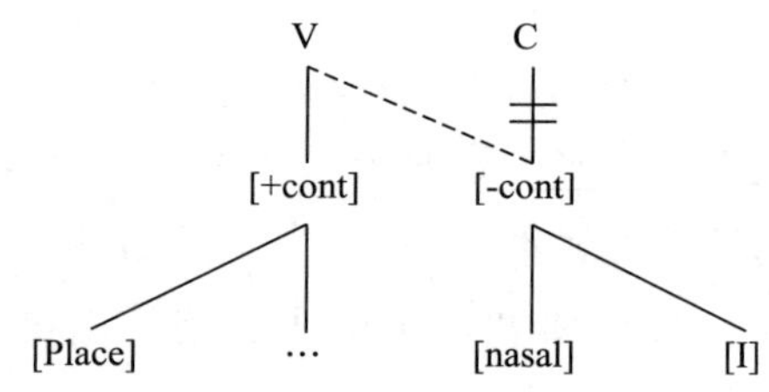

图 3–3　元音鼻化音系特征

注：V 表示元音，[+cont] 表示延续性特征，[Place]（发音部位）决定元音位置前后。

图 3–3 的音系规则表示当鼻音韵尾脱落时，其辅音节点下的特征转移到它前面的元音。虚线表示特征转移的方向和部位。当 [鼻音性] 和部位特征 [I] 被元音吸收时，[鼻音性] 使元音鼻音化，[I] 使元音位置前移（因为 [I] 表示前元音特征）。舌前音（表示为 I）的无标记性表现为两个方面：舌前音段的发音部位特征不赋值或者不充分赋值，或者 [舌前性] 特征表现为缺省值。另外，舌前音通常被赋值为 [舌前性]。因此可以说 [+ 舌前性] 赋值是无标记性的，也是最自然的。当汉语方言韵尾舌前音不赋值时，就最容易被非口腔化鼻化甚至脱落。当汉语方言韵尾为舌前音赋值时，通常表现最为自然，因而不易被非口腔化而删除或脱落。从使用频率和语言习得上得出结论，舌尖音是最为中性的、标记性最低的音。舌尖音在底层中没有发音器官，它以默认的方式获得赋值（冉启斌，2008：72）。人们在发舌尖中鼻音韵尾 [-n] 的时候，其除阻阶段一般不是很完整，因其无标记性，只是在人们意识中存在一个潜在的位，这种缺省赋值往往会使鼻音韵尾 [-n] 脱落，其 [鼻音] 特征转移到与其相邻的主要元音上。

鲍厚星（2006：39）综合湘方言全浊声母、入声两项音变表现，得出“第五类即祁阳、祁东等地方言是湘语中保守性最强的一端”。鼻音韵尾鼻化规律在湘方言中具有普遍性，祁阳方言无疑会对这一规则有所反映并做出调整，[vn] > [ṽ] 就是鼻化规律影响的结果。[vŋ] > [vn] > [ṽ]，打破了原来的 [-ŋ]、[-n] 平行对称格局，迫使音位配列格局重新调整。

不同方言对同一规律反映不一，有接受，也有抗拒，祁阳方言［vn］>［ṽ］会导致舌根硬腭鼻音韵尾消失，这无疑破坏了原有的音系格局，［-n］>［-ŋ］是为弥补音位［-ŋ］磨损而出现的一种补偿音变形式。

二　语流音变中的鼻音韵尾

（一）鼻音同化现象

我们在前面讨论了祁阳方言源自阳声韵的纯语音层面单字音鼻尾韵音位演变。祁阳方言还存在一类特殊鼻尾韵音位，这些鼻尾韵音位并非源自中古阳声韵，而是一种后起的音变现象，它的产生与语流音变有关。

同化与鼻音韵尾增生。同化指连续话语中某个音位受相邻或不相邻另一个音的影响而变成与之相同或相近的音的现象（克里斯特尔，2001）。祁阳方言鼻音韵尾增生不仅指音节之间的同化，也包括音节内部音位受前后音位特征影响而自动获得相邻音位特征的同化现象，后者在自主音段音系学中称为语音特征延伸。如果将前面的元音鼻化认为是受后面鼻音韵尾特征影响而发生的特征转移，那么“鼻化”现象可以称为逆同化，下面的讨论则可称为顺同化，其方向正好相反，详见表 3–13。

表 3–13　祁阳方言鼻音同化现象

顺同化					
例字	本字	变读	例字	本读	变读
拿	na^{22}~ 东西	naŋ^{22}~ 起来	迷	mi^{22}~ 信	mi^{22}~ 信
默	me^{33}~ 念	mə̃^{334}~ 一下	眉	mei^{22} 白 ~	mi^{22}~ 毛
逆同化					
何	ɣo^{22} 姓 ~	ɣoŋ^{22}nin^{22}ɕin~ 宁馨	蚂	ma^{453}~ 蝗	maŋ^{453}~ 蚁子
妈	ma^{334} 爹 ~	maŋ^{334}~ 妈	妹	mei^{324} 妹	mə̃^{324}~ 妹

上述例字在北京话中均为开尾韵，以元音结尾，祁阳方言今读音节主要元音鼻化，或者鼻尾。“蚂”“妈”“何”韵尾为舌根鼻音［-ŋ］，单音节“蚂”主元音受后一音节“蚁 ȵi^{323}”声母影响，逆同化。“何宁馨”读为

“ɣoŋ²²nin²²ɕin”或者“ɣoŋ²²ni²²ɕi”，“何ɣo²²”由于受后面音节“宁nin²²”中鼻音声母［n］影响，主要元音鼻化后再强化为ɣoŋ²²，这可用经典音系学中的“增音”现象加以解释，［Ǿ］>［ŋ］/［v,+后］__。“妈”字在“妈妈”一词中两个字都读maŋ³³⁴，音理同“何”，逆同化。

顺同化中音节首辅音的语音特征延伸到主要元音，主要元音因而获得［+鼻］特征，部分音节［+鼻］特征受主要元音特征影响，经历较长时间的凸显，最后变成了舌根软腭鼻音韵尾，如“迷”“拿”，见图3-4。

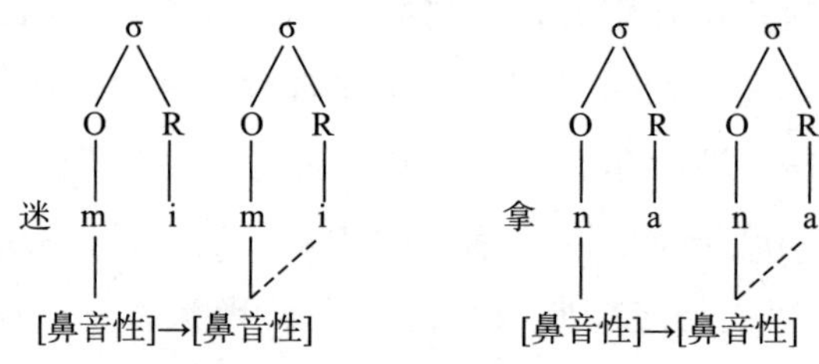

图3-4　元音鼻音特征延展

这种语音特征延伸现象有的著作称为鼻音谐和，就是某个音段的鼻音特性对其他音段的影响，这种影响不局限于相邻音段。祁阳方言音节“拿”字可能经历了a>ã>ɑŋ，ã>ɑŋ符合祁阳方言单字音鼻音韵尾音变规则Ⅱ。祁阳方言硬腭鼻音韵尾前主要元音具有特征［+后］，很容易发生ã>ɑŋ之类的音变。

“默”“迷”“背”“妹”“眉”这5个音节中有4个声母为鼻音，具有特征［+鼻］，语音特征迁移可以用来解释此类鼻化现象，［v］→［ṽ］/［C,+nasal］_#，详见图3-5。

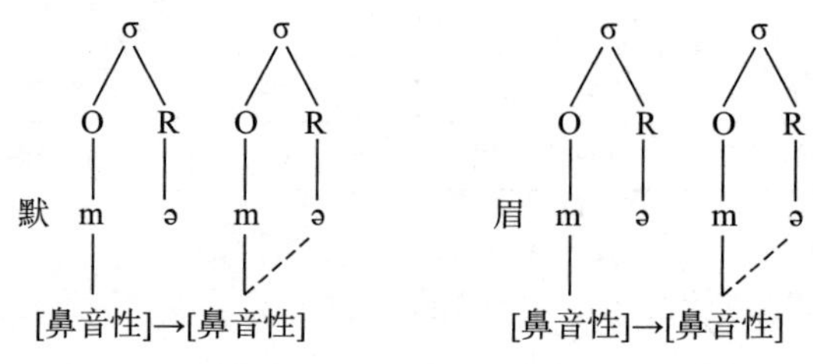

图3-5　元音鼻音特征迁移

“默”“妹”音节中主要元音都有特征［+高］，且都为央元音［ə］。央元音由于其声学空间在前后元音之间游移，因而音色较为含混，与鼻化元音音质较为相似。“迷 mĩ²²”“眉 mĩ²²”主要元音书面上是［i］，其底层音位还是［ə］。

不论是顺同化，还是逆同化，其鼻音演变规则都受到纯语音层面鼻音演变规则的制约，也就是说边际音的演变受单字音音变规则制约。

（二）边际音与单字音的关系

语流音变属边际音范畴，它超越了音节界限，音系层面音位分析只局限在单音节内部，二者音位分析单位不同。祁阳方言共时层面鼻音韵尾音形分属不同层次。祁阳方言一些音节中的鼻音韵尾从源流看属边际音，这些音节从语音形式看已完全融入了方言音位系统，如：“拿 naŋ²²”，其在口语中是独立交际单位，不依赖任何语境，之于老派，语流音变中新生鼻音韵尾在口语音系中具有合法地位，只是从历史角度观察，它们来自非阳声韵而已。

边际音鼻音韵尾演变受方言纯语音层面基本音鼻音韵尾规则制约，依基本音主要元音区别特征不同而映射为不同的鼻化元音或软腭鼻音表层形式。

三　小结

本节主要探讨了祁阳方言鼻音韵尾层次及其演变。祁阳方言鼻音韵尾分单字音和边际音两种，二者在方言音系中的地位不同，单字音鼻音韵尾音变规则制约边际音鼻音韵尾演变。

第一，祁阳方言单字音鼻音韵尾部分鼻化，其演变可用音系规则表示如下。

规则Ⅰ:［vn］→［ṽ］/［高元音，介音］__#

规则Ⅱ:［n］→［ŋ］/［低，后元音］__#

第二，祁阳方言边际音鼻音韵尾其实质是一种音节同化，按照类型又可分为顺同化和逆同化两种。顺同化是指音节中的鼻音声母特征延伸到主要元音，从而使得主要元音具有鼻化色彩，经强化凸显后，产生鼻音韵尾，如“默”“眉”等。逆同化是受相邻音节鼻音声母影响，使得主要元音具有鼻化色彩，可以用音系规则表示如下：[v] → [ṽ] /__[C, +nansal]，如“妈”在“妈妈”词中读 maŋ^{334}，逆同化鼻化现象受单字音鼻音音变规则制约。

第四章　祁阳方言声调研究

第一节　祁阳方言单字调研究

一　祁阳方言单字调声学实验与统计分析

本节对40位祁阳方言发音人[①]的语音样本进行了声学实验，采用统计方法对实验得出的数据进行分析，考察了祁阳方言单字调的音高主体分布与时长情况，并对不同性别、年龄层的发音人的单字调音高和时长情况进行比较，具体描写了祁阳方言单字调的基本特征和变化情况。结合前人研究中存在的声调调值和调类分歧，本节试图通过语音实验将新老派在调类分化方面的差异通过更为直观的语图和实验参数展示出来，以资比较。

（一）实验与统计分析

（1）实验设计

制定发音字表。本书在《汉语方言调查字表》声调调查字表所列单字的基础上进行筛选，结合祁阳方言发音人实际，尽量选取不送气塞音声母例字，制定了祁阳方言单字调语音实验的发音字表，例字如下：

① 有1位发音人未参与，故本节发音人为40人。

阴平　巴包波多刀低哥锅家嫁　　阳平　平皮爬婆赔抬葵头白达
阴上　把比补打朵底果鼓滚对　　阴去　布变坝对顾帝挂到斗盖
阳去　抱大柜倍淡病共跪败贱　　阴入　八逼钵搭跌德阁谷北角

上述语音样本涵盖了祁阳方言单字调的阴平、阳平、阴上、阴去、阳去、阴入6个声调，每个声调共10个例字，一共40×6×10=2460个语音样本。

发音人的选择。我们在选择发音人时充分考虑了年龄、性别及其文化背景等参数对祁阳方言声调格局的影响。因此在对祁阳方言单字调声调格局进行实验分析时，考虑到现实生活中不同年龄阶段的语音差异，我们将发音人按照年龄分为四个年龄段：少年组（20岁以下）；青年组（20~40岁）；中年组（41~60岁）；老年组（60岁以上）。按照受教育程度可分为三个层次：小学及以下、中学、中学以上，发音人基本情况见图4-1。

青少年组、中年组和老年组的人数比例大致相当。从性别分布看，男女相差不大，主要是在中青年和老年层中女性比例较男性为低，女性由于流动性较男性小，其发音受外界影响较男性要小，且受教育程度较男性要低，相对而言保留了更多当地土语。

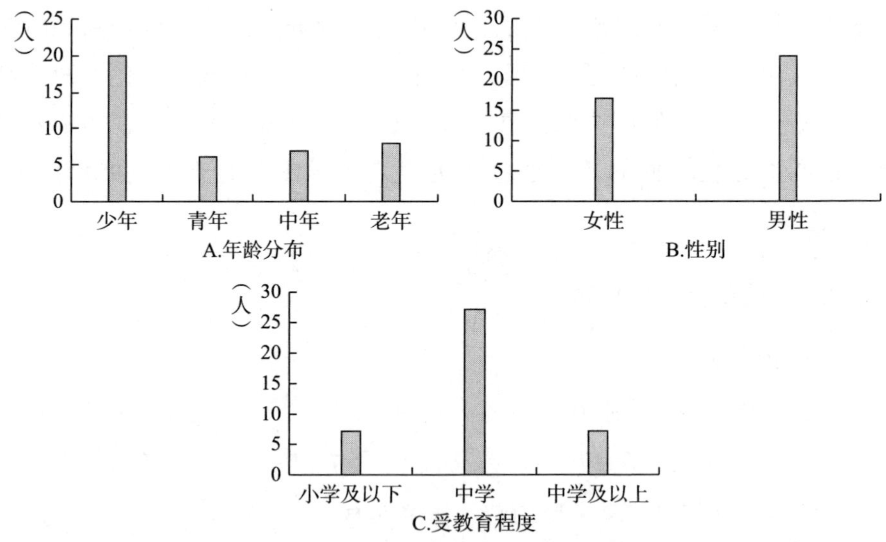

图4-1　祁阳方言发音人基本情况

从图4-1祁阳方言发音人基本情况中可以看出，我们在选取发音人时力求将各个年龄阶段和性别差异及受教育程度差异对声调的影响控制在一个合理的范围之内。从发音人的年龄阶段来看，少年组比例远远大于其他三组，这些发音人都是在校中学生。

（2）实验数据的提取

我们利用“桌上语音工作室”（Mini-Speech-Lab）语音分析软件对语音样本进行声学实验分析，将每个语音样本的声调曲线分成 8 等份，这样就得到 9 个测量点，同组样品在同样测量点上测量数据进行平均计算。计算中，我们还对单字调的时长进行了归一化处理。本书的选点、测量频率值、计算频率值的平均值以及采用 T 值公式对频率值进行相对化工作等均由“桌上语音工作室”（Mini-Speech-Lab）语音分析软件自动完成。采用石锋（1986）提出的 T 值公式：

$T=\{[\lg x—\lg(\min)]/[\lg\max—\lg(\min)]\}\times 5$

计算出各测量点的 T 值。

T 值的范围为 0~5，换算成五度值是：0~1 对应 5 度值的 1 度，1~2 对应 5 度值的 2 度，2~3 对应 5 度值的 3 度，3~4 对应 5 度值的 4 度，4~5 对应 5 度值的 5 度。

声调的两个重要特征是音高和音长，因此对音高和音长的考察是声调实验研究的主要内容。我们利用 Microsoft Office Excel 2003 将“桌上语音工作室”（Mini-Speech-Lab）实验中测量出的共 6×9×40=2160 个数据依据不同的条件对其进行分类统计分析并绘制图表，然后根据图表和数据考察祁阳方言单字调音高的主体分布和平均时长，并按照年龄、性别及受教育程度参数对单字调音高、时长的影响进行比较评估。

（二）祁阳方言单字调音高静态分析

（1）祁阳方言单字调音高主体分布

石锋（1987）认为“在声调格局中，每一声调所占据的不是一条线，而是一条带状的声学空间。声调调型曲线不应只看成一条线，而应该作为一条带状包络的中线或主线”。在分析时我们借鉴前人用平均值加减标准差来求得每个声调的声学空间，这样得出的声调声学空间范围可以排除一些偶然因素（石锋、王萍，2006）。通过平均值加减标准差可以得到一个由上线、中线、下线组成的单字调声调调型的带状图，我们一般根据带状图中的中线来确定单字调的具体调值。祁阳方言单字调声调格局和单字调主体分布分别见图 4-2、图 4-3。

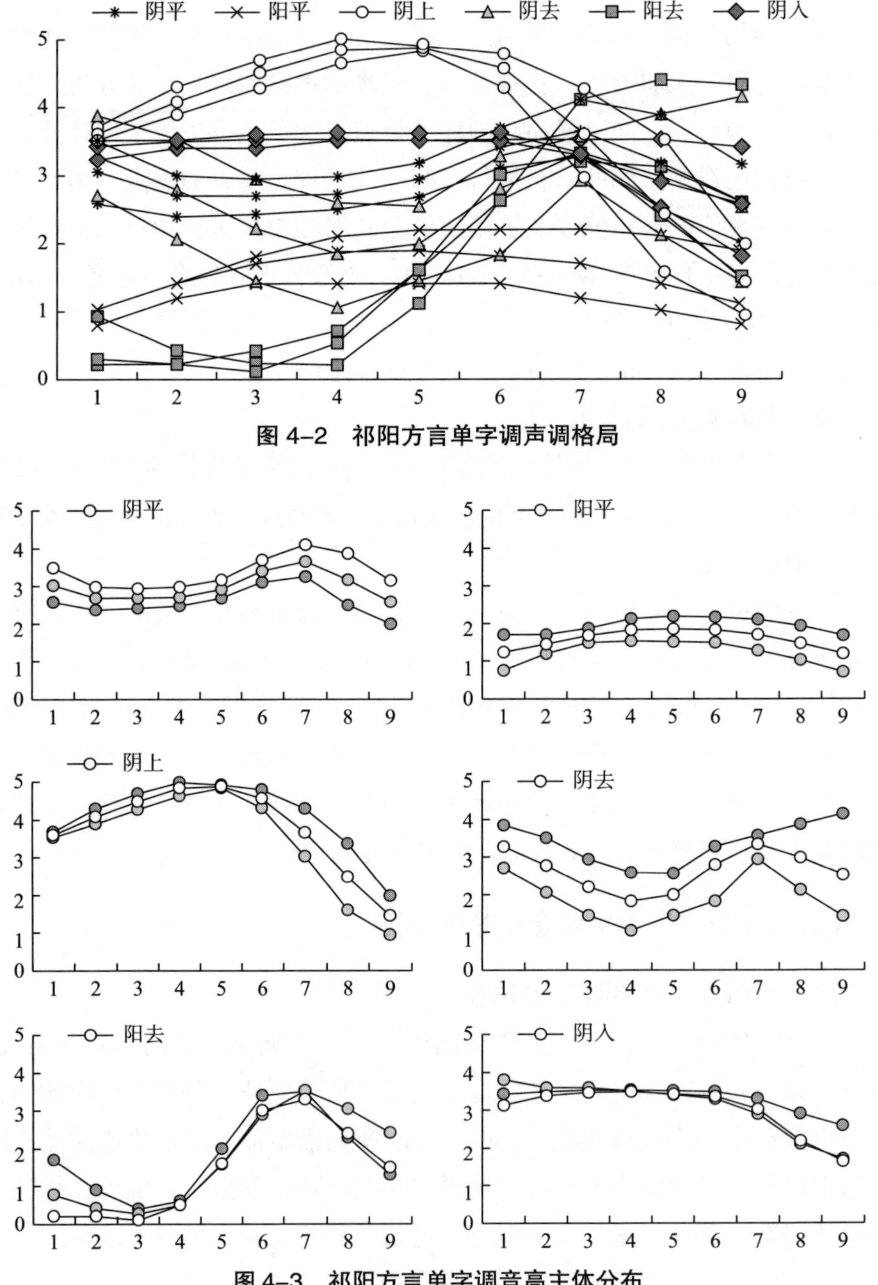

图 4-2　祁阳方言单字调声调格局

图 4-3　祁阳方言单字调音高主体分布

汉语声调调值的两种特征，即音区特征和曲拱特征。如图 4-3 所示，祁阳方言入声调由于塞音韵尾脱落，由促声转为舒声，音长与舒声无异。从声调调域看，阴调调域与阳调调域在调头部分的分布呈“阴高阳低”的分布态势，如阳平和阳去两个调类的起点初始值都较同类的阴调类的初始值要低。祁阳方言单字调的阴阳调域与吴方言单字调阴阳调域分布比较相似。

从调型看，图 4-2 中我们还可以观察到，祁阳方言声调格局中各单字调从调型曲线比较复杂，多折调、拱调。祁阳方言 6 个单字调中，阴平的总体特征是前半段特征为平，但在第五点到第九点特征为“凸”；阳平调的起点为低，渐次升高到了中点达到最高，渐次下降，形成一个典型的凸拱，阴上调调型特征同于阳平，只是阴上的音区特征为“高”，而阳平的音区特征为“低”。阴去调的调型从第一点到第七点形成一个凹拱，但从第七点之后中线和下线的 T 值开始下降（上线不下降反而上升）。阳去调型曲线从第一点到第四点的特征为平，其中上线的起点略有下降趋势，但均处于 1 度范围内，从第四点开始上升，于第七点开始下降，调型经历了低升降两个折点，有学者称为“双折调”（曾春蓉，2006；朱晓农，2008a）。阴入的调型前半段为平，后半段为降，可以称为角拱调。下面我们结合图例来考察祁阳方言单字调的音高主体分布情况，并确定祁阳方言单字调具体调值。

（2）祁阳方言单字调的稳态段与动态段及其单字调具体调值

石锋、王萍（2006：39）通过对北京话四个声调的主体分布分析、极限分布分析以及对比分析提出了声调“稳态段”与“动态段”概念。并以测量点 T 值标准差大小为依据来区分北京话各个单字调的稳态段和动态段。离散度较小的测量点构成的稳态段就是特征段，它对声调区分度贡献较大，更多地承载了声调的调位信息，分布范围也受到严格限制。离散度较大的测量点构成的动态段承载较少的调位信息，与其他调位相区分时发挥相对次要的区别作用，因而稳定程度低，变化的可能性就大。向柠、石锋（2007）用同样的方法分析了长沙话单字调，把每个声调的九个测量点分为三段：第一点到第三点为调头，第四点到第六点为调干，第七点到第九点为调尾。我们借鉴上述稳态段、动态段分析方法来分析祁阳方言单字调音高主体分布中的稳态段与动态段，并以此为依据来确定祁阳方言单字调的具体调值。祁阳方言单字调的音高主体分布见表 4–1。

表 4–1　祁阳方言单字调音高 *T* 值统计状况

调类	阴平	阳平	阴上	阴去	阳去	阴入	阴平	阳平	阴上	阴去	阳去	阴入
T 值	平均值						标准差					
第一点	3.03	1.23	3.60	3.28	0.78	3.43	0.45	0.48	0.08	0.56	0.68	0.29
第二点	2.68	1.45	4.08	2.78	0.43	3.48	0.30	0.25	0.20	0.74	0.33	0.10
第三点	2.68	1.68	4.48	2.20	0.28	3.53	0.26	0.19	0.20	0.74	0.15	0.10
第四点	2.73	1.83	4.83	1.83	0.50	3.53	0.26	0.30	0.15	0.76	0.22	0.05
第五点	2.93	1.85	4.88	2.00	1.58	3.50	0.25	0.33	0.05	0.56	0.37	0.08
第六点	3.40	1.83	4.55	2.80	2.9	3.48	0.29	0.33	0.24	0.48	0.38	0.12
第七点	3.65	1.70	3.65	3.23	3.53	3.30	0.39	0.41	0.64	0.25	0.40	0.28
第八点	3.18	1.48	2.48	2.98	3.05	2.90	0.68	0.46	0.88	0.90	0.96	0.71
第九点	2.58	1.20	1.45	2.53	2.43	2.58	0.57	0.48	0.52	1.60	1.37	0.95
调值	334	22	453	323/424	214/114	44						

阴平调。从表 4–1 中可以观察到祁阳方言的阴平调处于高调域，阴平调的起点 *T* 值稍高，为 3.03，中线的调头和调干部分其他几个点大致呈水平带状，基本特征为“平”。阴平的调尾部分呈一个升降的凸拱形，*T* 值的最高点为 3.65，终点 *T* 值回归调干的范围，用稳态段概念来分析祁阳方言的阴平，鉴于阴平调的离散程度主要分布在第二点到第七点，我们可以将阴平的调值拟定为 334。

阳平调。祁阳方言阳平调从起点到终点大部分处于低调调域，起点和终点 *T* 值大致相当，但中点 *T* 值达到最高，为 1.85，所以阳平的调型呈“凸”形。从标准差来看，阳平各点标准差起始点相同，均为 0.48，中间各点相差不大。对应为五度值的话，上线为 232，中线为 22，下线为 121，因此，如果参考阳平 *T* 值的极限分布，取起点的最低值和终点的最低值的话，调值可以定为 22。

阴上调。祁阳方言阴上调的前半段处于高调域，从第三点开始 *T* 值渐次升高，在中点的 *T* 值达到了最高点 4.88，之后下降到了终点的最低值

1.45。整个阴上的调型呈“凸”形，但其稳态段分布在第一点到第六点，故其调值可定为 453。

阴去调。阴去调处于调域的中部，保持“凹”形，但在其调尾部分除上线外，中线、下线呈现明显的下降趋势，其声调曲线 T 值在第七点达到了最高，为 3.23，其标准差也最小，为 0.25，其最低点 T 值为 1.83。终点 T 值跨度较大，最大值为 4.03，最小值为 0.83，最大值、最小值与均值的差距都很大，离散指数过大，说明其对声调的区分度意义不大，所以其调值可以定为 323 或者 424。

阳去调。祁阳方言阳上调与阳去调合并，从图 4–3 可以看出，阳去调的起点 T 值处于低调域，调头和调尾部分呈下降趋势，调干呈上升趋势，整个调型看起来颇似一个正弦，调型具有两个折点。从图 4–3 可以看出，祁阳方言阳去与阴去的差别主要是在调头，阳去调的调头分布在低调域，而阴去调的调头主要分布在较阳去调为高的调域中部。从表 4–1 可以观察到，阳去起点和终点的 T 值离散度较大，标准差大于 0.5，而在中段的第三点标准差最小，为 0.15，为整个声调曲线测量点的稳态段。因此，从声学曲线看，阳去调的调值可以描写为 1132 或者取极限值 2142，但如从稳态段的角度看，可以描写为 214 或者 114。

阴入调。祁阳方言入声调的调型呈角拱形，前半段较平，调尾段开始略微下降。声调曲线调头的 T 值到调干的 T 值较为均衡，除了第八、第九点的标准差大于 0.5 外，其他测量点的标准差平均为 0.13，第四点的 T 值为 3.53，标准差为 0.05，说明这一点是较多承载阴入调位信息的稳态段。所以，我们将入声的调值定为 44。

（三）祁阳方言单字调音高的动态分组分析

石锋、王萍（2006：324~333）以北京话的单字音声调总体统计分析的结果为基础，同时又参照社会语言学的原则和方法，进行了不同分类标准的分组统计分析，这使我们对北京话单字调的统计特性有了更为客观深入的认识。借鉴上述方法，我们在对祁阳方言的单字调音高统计分析的基础上，运用社会学调查方法来研究语言差异与社会因素之间的关系。将静态的音高数据按照性别、年龄和受教育程度进行了不同分类标准的分组统计分析，以求得对祁阳方言单字调特性更为客观深入的认识。

（1）祁阳方言单字调音高的性别差异

祁阳方言单字调音高性别差异见表 4-2。

表 4-2　祁阳方言音高男女性别差异

调类	阴平		阳平		阴上		阴去		阳去		阴入	
性别	男	女	男	女	男	女	男	女	男	女	男	女
有效数据	12	15	12	14	13	13	13	12	13	13	13	12
第一点	2.95	3.7	1.15	1.17	3.87	3.30	3.35	3.60	0.93	2.03	3.70	3.47
第二点	2.75	3.47	1.43	1.27	4.13	3.60	2.90	2.89	0.60	1.13	3.73	3.20
第三点	2.65	3.17	1.78	1.50	4.50	4.00	2.35	2.20	0.48	0.73	3.80	3.07
第四点	2.73	3.17	1.88	1.57	4.78	4.40	1.85	1.73	0.78	0.73	3.80	3.03
第五点	2.95	3.3	1.88	1.6	4.88	4.60	1.85	1.90	1.75	1.43	3.75	3.13
第六点	3.78	3.7	1.85	1.57	4.77	4.30	2.45	2.43	3.03	2.27	3.70	3.07
第七点	3.63	3.9	1.7	1.37	4.08	3.50	2.88	2.60	3.73	2.60	3.48	2.93
第八点	3.25	3.57	1.48	1.07	3.35	2.37	2.73	2.10	3.73	2.30	3.15	2.50
第九点	2.68	3.37	1.15	0.8	2.63	1.70	2.40	1.60	2.83	2.20	2.85	2.30
调值	334	445	22	121	453	452	423	423	114	214	44	332

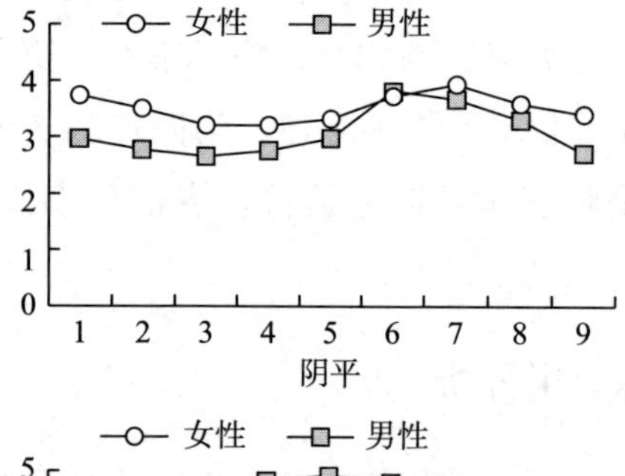

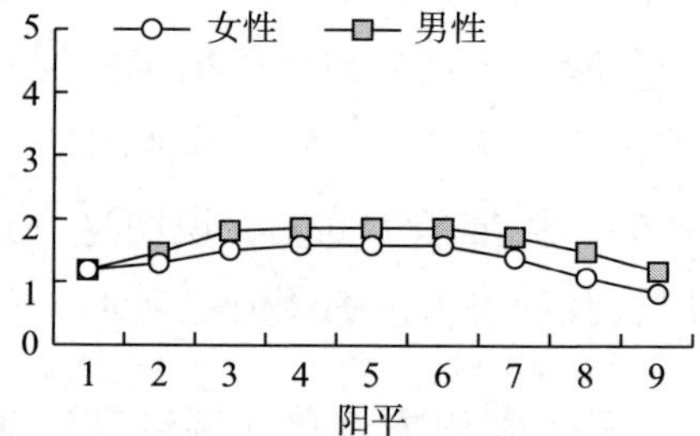

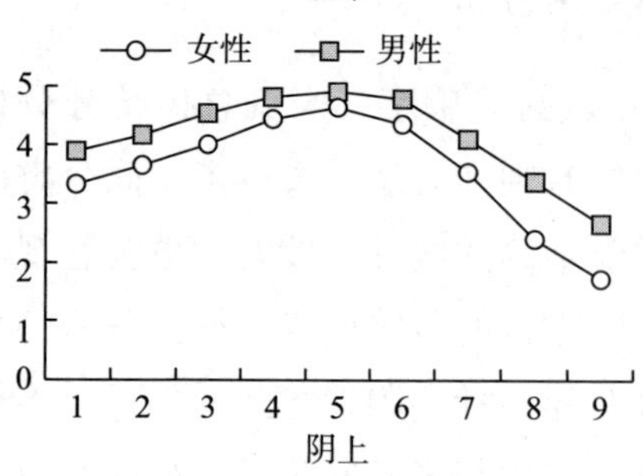

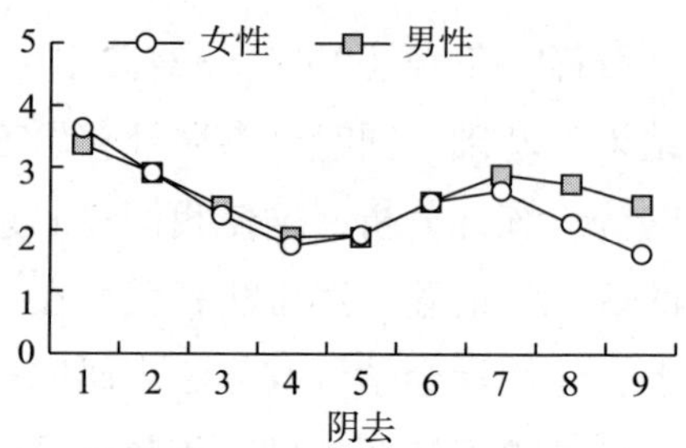

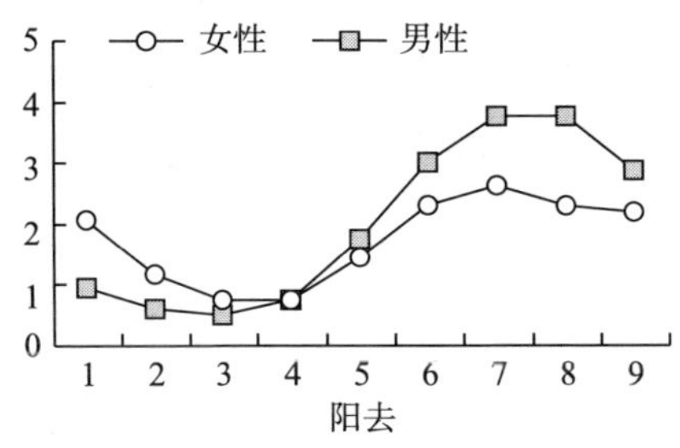

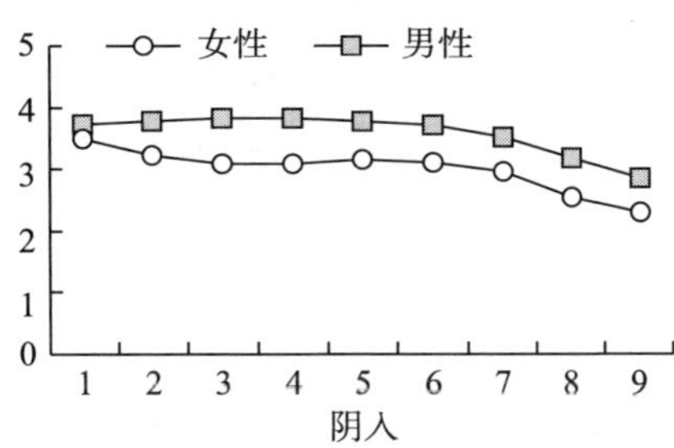

图 4–4　祁阳方言男女性音高差异

从图 4–4 可以观察到，男性阴平调声调曲线与女性基本平行，于第六点处与女性的出现交叉。女性阴平调的声调曲线位于男性上方，女性起点 *T* 值为 3.7，男性起点 *T* 值为 2.95。阳平的声调曲线从起点到终点呈平行状，且女性声调曲线低于男性，男性阳平起点 *T* 值为 1.15，女性起点 *T* 值为 1.17，相差 0.02。终点男女 *T* 值分别为 1.15 和 0.8，相差 0.35。

阴上男女声调曲线基本平行，男性声调曲线位于女性上方，均呈拱形。男性声调曲线起点 *T* 值为 3.87，女性为 3.30，相差 0.57；中点达到最高，男性为 4.88，女性为 4.60，相差 0.28。终点最低，男性 *T* 值为 2.63，女性为 1.70，相差 0.93。

阴去调男女性别差异可以说在第一点到第六点不甚明显，相互交织，几近重合，男性起点 *T* 值为 3.35，女性稍高一点为 3.60。从第七点开始，女性声调曲线开始低于男性，终点 *T* 值男性为 2.40，女性为 1.60，相差 0.8。

阳去调为折调，男女调值差异较大，女性阳去前半段折度较男性大，后半段男性折度较女性为大。在第四点前女性音高曲线位于男性上方，起点 *T* 值男女性相差为 1.1，男性 *T* 值均低于 1，而女性则最高达 2.03。折点第四点男女差异最小，相差 0.05，之后男性音高曲线位于女性上方。

阴入。阴入调前半段处于高调域，调尾部分开始下降。男性声调曲线自始至终均高于女性，起点 *T* 值为 3.70，女性为 3.47。折点 *T* 值男性为 3.70，女性为 3.07，相差 0.63。终点男性 *T* 值为 2.85，女性为 2.30，相差 0.55。

男女音高性别差异有生理因素，这种音高曲线和调值的性别差异是成系统的，有的并不显著。从图 4-4 可以观察到，男女音高曲线基本平行。男性和女性调值除阳去调外，基本一致。从社会语言学角度考虑，女性，尤其是中老年女性，由于受传统思想禁锢，更多的是从事家庭内部事务，与外界接触较少，且受教育程度较男性要低，所以其语言更忠实于当地土语。

（2）音高年龄差异

石锋在《关于声调分析的几个问题》一文中提到了共时声调分析与声调历时变化的关系。“有些已经完成，有些尚未发生；还有的声调变化是处于正在进行的状态。历时研究中会发现共时状态的因素，共时分析中能找到历史变化的轨迹，以及这种变化将来发展的方向。”“声调的实验分析不仅可以跟声调的音系学研究互相结合，而且对于声调的历时变化能做出一定的贡献。”主体音高年龄层次共时差异是我们观察声调调类历史演变分化的一个重要窗口。我们将单字调音高根据年龄差异分成四组：少年、青年、中年和老年，具体情况见图 4-5。

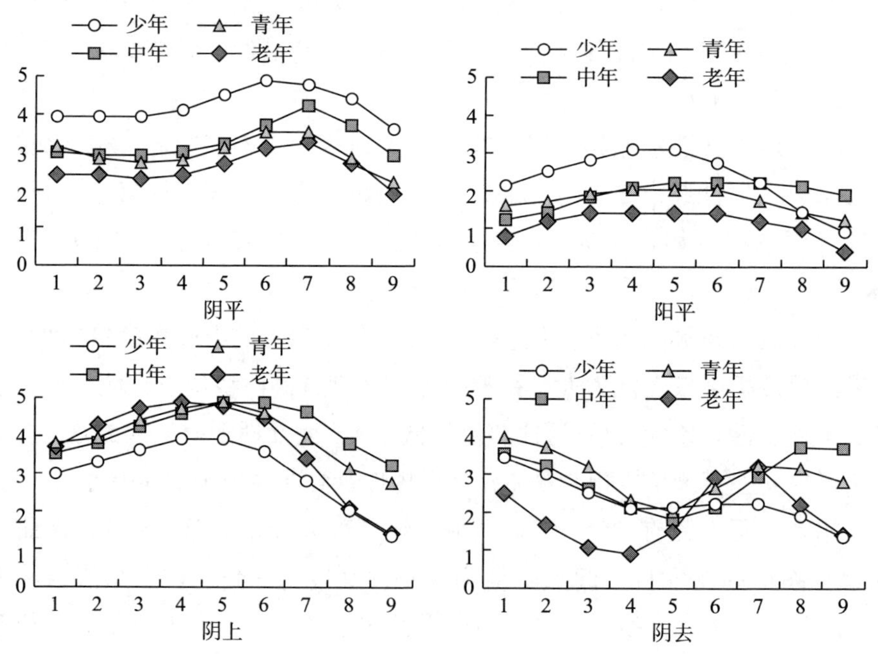

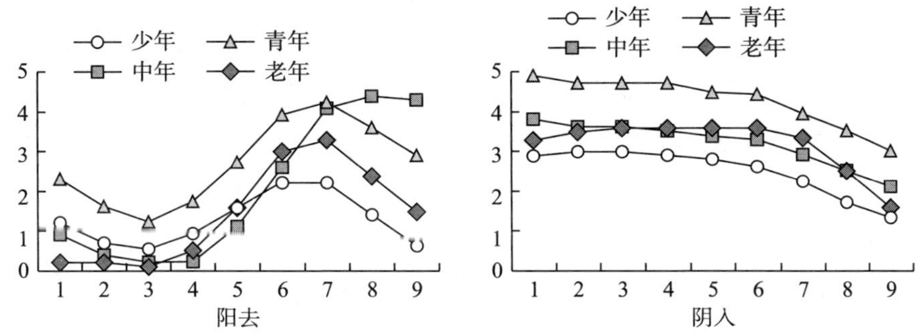

图 4-5　祁阳方言主体音高年龄差异

从图 4-5 可以观察到，阴平调的音高曲线四个年龄层次的调型一致，但调值存在差异，具体而言，老年层的音高曲线居于下层，最低点 *T* 值为 2.4，中年的音高曲线居于中层，*T* 值为 3.1 左右，少年段的声调曲线居于最上层，起始 *T* 值为 3.9。折点 *T* 值少年层为 4.9，中、青年层均值为 3.6，老年层为 3.3。最低点，老年层与青年层比较接近，前者 *T* 值为 1.9，后者为 2.2。从调型看，阴平的音高声学空间在年龄变体上的主要差别不在调型特征而在音区特征。从图 4-5 可以看出，音高逐渐提升，老年层为 334>445。参考稳态段，老年层调值为 334>445。在少年层中，445 的后半段有逐渐拉平倾向，由折调向平调转换，445>45>55，尤其是年龄较小的初中生，受普通话影响，声调折度磨损严重，阴平调调型向普通话靠拢。

阳平调从调型来看，老年、青年、中年层均呈“凸”形，少年层呈拱形，调头部分上升，调干、调尾保持平行。从音区特征看，老年层音高主体曲线居于下层，音高曲线的起止点的 *T* 值均处于五度值的 1 度调域之内，起点为 0.8，折点为 1.4，终点为 0.4。青年、少年和老年三个年龄层的音区分布是，少年层居上，青年层居中，老年层居下。少年层阳平起止点 *T* 值分别为 2.1、0.9，折点为 3.1。中年层与青年层的音高曲线存在交叉，调尾部分虽然中年层高于青年层，但音高大致处于同一调域。

阴上调。阴上调从调型看，四个年龄层基本一致，声调音高曲线呈角拱形，区别在于音区特征。值得注意的是，阴上调四个年龄层音区空间分布位置的改变，少年层的音高曲线调头处于最低层，老年层居上，中年、青年层居中。少年层起点 *T* 值为 3.0，老年、中年 、青年起点 *T* 值均值为

3.6，非常接近。折点 T 值差异也较大，少年层为 3.9，老年、中年、青年比较一致，为 4.9，处于高调域。终点差异也大，老年层和少年层较为接近，分别为 1.3 和 1.4，而中年层居上，为 3.2，青年层居中，为 2.7。整体看来，少年层音高曲线低于其他三个年龄层。

阴去。阴去调无论从调型还是调域来看，各年龄层差别都很明显。老年层调头和调干呈“凹”形，调尾部分下降，与调干形成一个凸拱，所以阴去调有两个折点。老年层的起点 T 值为 2.5，第一个折点的 T 值为 0.9，第二个折点为 3.2，终点为 1.4，整个声调曲线类似于正弦函数曲线，高低起伏，调值可以描写为 3242。中年层阴去调呈“凹”形，有 1 个折点，起止点 T 值相差不大，前者为 3.5，后者为 3.7，折点为最低点，T 值为 1.8。青年层的声调曲线呈“凹”形，只是其折度较中年、老年层而言要小，折点 T 值为 2.0。少年层阴去调声调音高曲线折度更小，第四点和第七点有轻微的倾斜，只是斜度不大，总体而言，少年层的阴去调从起点到终点可以看作一个降调，调值为 42。

阳去调。祁阳方言阳上调与阳去调合流。从阳去调的音高曲线可以看出，阳去调的调头除了青年层外，均处于低调域，这与我们前面的声调音高主体分布分析相一致。阳去调各年龄层的声调曲线基本平行，调型相似，都有两个折点。不同的是各年龄层声调曲线的起点、折点和终点 T 值差异较大。老年层阳去调起点最低，T 值为 0.2，中年层其次，为 0.9，少年层为 1.2，青年层最高，为 2.3。中年、老年层与青、少年层形成对比，其特点是，中年、老年层阳去调调头低，处于低调域，而青年、少年层阳去调调头逐渐提升。“阴阳调域”的形成受声母清浊影响，“清阴浊阳”，“阴高阳低”。比较阳上调与阴上调的调头，祁阳方言单字调这种“阴高阳低”的分布符合汉语声调音高分布的一般规律。

比较阳去调各年龄层差异，我们还发现从中年层开始到青、少年层，调头 T 值逐渐攀升，调型逐渐与祁阳方言老年层阴去调声调曲线相似。随着年龄层次的更替，祁阳方言全浊声母浊度减弱，这或许是造成祁阳方言上声逐渐不分阴阳、阳上调与阴上调合并的主要原因。这种合并是以调型相似为前提，随着声母浊度减弱，声调调头随着声母变化逐渐加大而变得与阴去调型相似，调值接近而合并。从年龄层次来看，祁阳方言阳去调、阴去调的合并是一个渐变过程，在一个共时声调系统中，阳去调与阴去调年龄差异为我们观察声调演变规律提供了一个很好的视角。阳去调与阴去调合流是一个漫长的渐变过程，根据实验结果，如果将老年层阳去调的调值定为114，中年层定为214，青少年层定为324，就很容易发现，青少年层阳去调调型与老年层阴去调的调型极为相似，调值（324）也非常接近，这是一个很有意思的声调演变现象：

年龄层次：老年　　中年　　青少年

阳去：114　>　214　>　324

→　阴去：324　　324　　324

这种语言现象的有趣之处在于它表明音变是可以直接观察到的，共时语言年龄差异可以反映语言历史演变，并能预测语言演变趋势，祁阳方言今中、青年层阴去调就是阳去调将来发展演变的趋势。

阴入调。阴入调音高曲线为角拱形。中年、青年、少年层阴入的声调曲线基本平行。各个年龄层的声调曲线调头与调干部位调型无异，差别在调尾。老年层的阴入调起点 T 值为3.3，存在一个折点，折点为第七点，T 值为3.3，终点 T 值为1.6。老年层的折点与终点 T 值相差1.7，其他年龄层的折点与终点相差均小于1。由此可见，从老年层开始，中、青年、少年层的调尾折度逐渐磨损，由角拱调向中降调靠拢，如果老年层阴入可以描写为442，那么，中年、青年以及少年层的调值可以依次描写为43、54、32，中、青年、少年层音高差异为五度值的1度，不具有音位意义，它们与老年层阴去调的区别在于曲拱特征差异。从老年层到中、青年层，以及少年层，声调曲线前段不变，但后端下降，折度磨损，由一个折调变成降调。

王士元（2002：120）认为，语音变化是通过时间来完成的，没有时间就谈不上对音变的连续观察。语言的社会变异纷繁复杂，年龄、性别、职业等因素都会在语言中有所反映。这些因素中能够被用来反映时间的是年龄。不同年龄层在某种程度上代表了不同的时间段，不同年龄段的发音人的语言状况也就代表了不同时间段的语言状况。由此可见，对某项音类历史演变的共时年龄观察可以帮助我们更清晰地了解其演变机制与过程。

（四）祁阳方言单字调时长分布

我们利用“桌上语音工作室”（Mini-speech-Lab）语音分析软件测量出每个发音人每个单字调的平均时长，一共得到 6×40=240 个时长样本数据，并利用 Microsoft Office Excel 对 240 个数据分类进行统计分析作图。祁阳方言单字调各调类平均时长及男女性别、年龄的时长差异详见图 4-6 至图 4-8，时长单位为 ms（毫秒）。

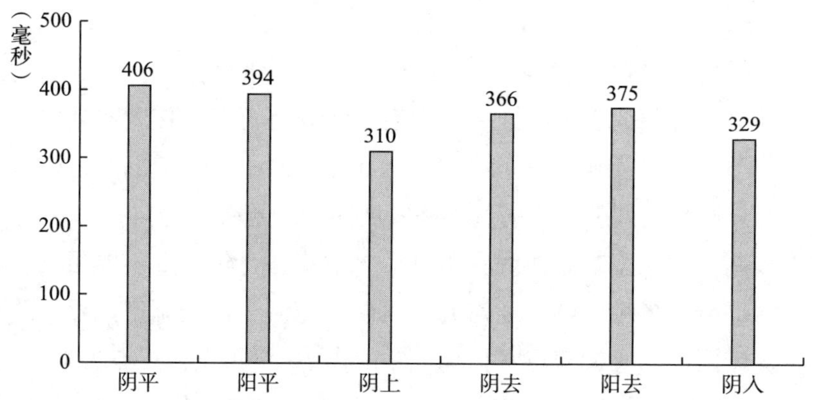

图 4-6　祁阳方言单字调平均时长差异

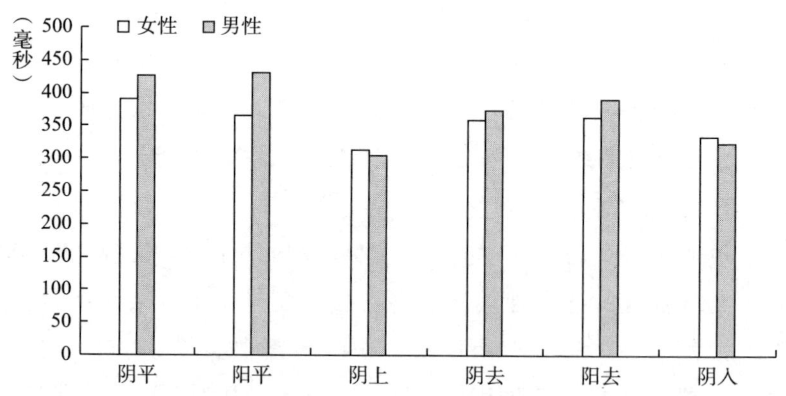

图 4-7　祁阳方言单字调时长男女性别差异

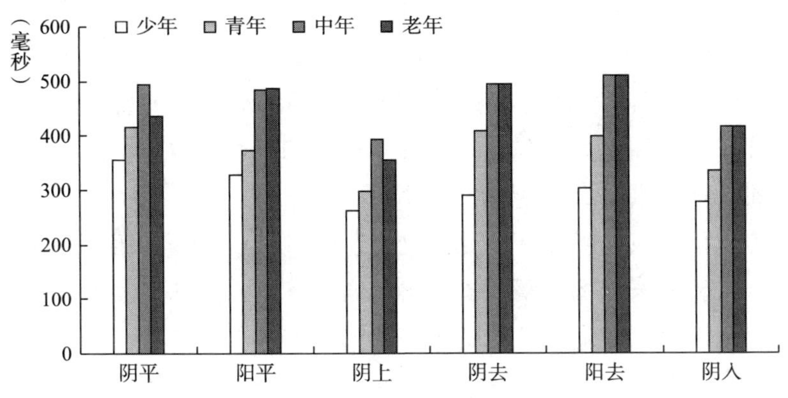

图 4-8　祁阳方言单字调时长的年龄差异

从图 4-6 和附表 1 可以看出，祁阳方言各单字调时长相差较大，阴上调时长最短为 310 毫秒，阴平调时长最长，为 406 毫秒。就整体而言，祁阳方言各单字调时长较长，均超过了 300 毫秒。比较各单字调时长，以长短为序依次排列为：阴平 > 阳平 > 阳去 > 阴去 > 阴入 > 阴上。从时长看，阴入声调时长与阴上相差 19 毫秒，说明入声并不短促，由促声转为舒声。由图 4-7 可以观察到，祁阳方言单字调时长男女性别差异明显，除阴上、阴入外，其他调类男性时长均大于女性，阴入与阴上的男女时长差异不大。

从图 4-8 我们发现，祁阳方言单字调时长的年龄差异比较明显。首先是中年、老年层的时长，除阴平、阴上调中年层略高于老年层外，其他四个调类均非常接近。以时长按序排列如下：中老年 > 青年 > 少年。

林茂灿（1989：159）认为，时长在声调中并无一定的对应关系，但是在大多数情况下北京话上声的时长较其他调要长一些。北京话的上声为折调，可能折度与时长关系较为密切，折度大，折点多，时长就长，反之亦然。结合祁阳方言单字调音高的年龄差异，我们可以观察到这样一个现象：从老年层到中、青年、少年层，祁阳方言声调的折度磨损，折点减少，这种现象带来的直接后果就是时长变化，时长伴随声调曲拱的变化逐渐变短。

这种时长变化的内因是声调系统的自我调节机制。我们发现祁阳人在发单字音的时候字调拖得比较长，音韵学上有“急言”和“缓言”之分，这里的“缓言”似乎比较适合描述祁阳方言单字调，因为说得慢，声调调型多折调，高低起伏，因而外地人初识祁阳声调，感觉祁阳人说话像唱歌。“像唱歌”是一种形象的说法，乐音与元音有关，而元音是音节中承载声调的关键部分。所以说声调曲拱和时长在祁阳方言中起着十分重要的调节作用。少年层时长缩短，因为其声调调型折度减少。加之少年层发音人大都为中学生，虽然其母语为祁阳本地土话，但与老年层土语比较，其母语方言已经发生了很大变化，这可以从时长和音高的年龄差异中显现出来。现代新闻媒介的迅猛发展使得普通话普及速度和广度大大提高，普通话已经以潜移默化的方式渗透到了祁阳方言各个年龄段，只是受影响程度不同而已。我们调查的少年层大都在小学阶段就开始接受普通话教学训练，普通话习得使得这些受调查者的母语水平受到强力冲击，声调折度磨损。少年层声调时长变短或许预示着祁阳方言声调未来的发展方向。

二 祁阳方言单字调声学研究与传统研究的比较

（一）祁阳方言声调传统研究与实验研究

（1）传统研究

祁阳方言声调传统研究涉及声调调型和调值。具有现代意义的祁阳方言声调研究肇始于 20 世纪 30 年代由赵元任先生主持调查、杨时逢先生（1974）整理出版的《湖南方言调查报告》（祁阳方言部分由吴宗济先生调查），其后 1960 年整理的《湖南方言普查总结报告》（石印稿）、李维琦（1998）、《祁阳县志》（2004）、谢伯瑞（2001b）、王仲黎（2005）、陈晖（2005）、陈如新（2006）、鲍厚星（2006）等先后调查并描写了祁阳方言声调，上述研究均采用传统田野调查方法对祁阳方言各调类具体调值进行了详细描写，其结果如表 4–3 所示。

表 4–3 祁阳方言传统调值研究

阴平			上声			去声			入声			备注
清	次浊	全浊	清	次浊	全浊	全浊	次浊	清	清	次浊	全浊	
34/44	21/11		54/55		24				33			吴宗济（1935 年调查）

续表

阴平			上声			去声			入声			备注
清	次浊	全浊	清	次浊	全浊	全浊	次浊	清	清	次浊	全浊	
45	11		53		324				33	12		《报告》1956~1958
45	11		54		214				33			谢伯瑞（2001b）老派
45	11		54		214				33	23		谢伯瑞（2001b）新派
55	11		53		324				33			《祁阳县志》2004
45/55	11		453/53		335/35				33			李维琦（1998）
45	211		453/53		224			324	33		112	陈晖（2003 年调查）老派
45	211		453/53		224			324	33		211	陈晖（2003 年调查）新派
35	211		453		224			324	33		211	鲍厚星（2006）

从表 4–3 可以看出，上述传统研究内部的分歧主要是部分调类分化与调值差异，这些差异可能与调查人声调感知的个人差异有关。从表 4–3 列举的老派与新派声调调类分化情况来看，声调调位变异正在不同年龄段以词汇扩散的方式扩大其影响范围。

（2）实验研究

目前湘方言声调语音实验研究成果不多，曾春蓉（2006）采用实验手段和统计方法对祁阳白水方言的声调进行了统计分析，并探讨了祁阳白水方言的声调调型和调值。其实验结果与王仲黎的田野调查比较如表 4–4 所示。

表 4–4　祁阳白水方言声学实验研究

阴平			上声			去声			入声			备注
清	次浊	全浊	清	次浊	全浊	全浊	次浊	清	清	次浊	全浊	
3342/4453	22		453		4232			2143	442		22	曾春蓉（2006）
334	22/232		453		324			213	44		23	王仲黎（2006~2008 年调查）

两个实验虽然采用的分析软件不同，但实验原理基本相同，都是对声调实验的音高数据进行归一化和相对化处理，以求得声调曲线的声学空间。不同点在于实验发音人的选取，笔者的实验发音人涵盖了老年、中年、青年、少年四个年龄层，曾春蓉（2006：121）的语音实验对象大都

为少年层和青年层，受调查人年龄单一且偏小的影响，中老年层的缺失可能会影响整个实验结果。笔者的实验涵盖了祁阳方言的各个年龄层次，相对而言能够更客观准确地反映祁阳方言单字调系统。

（二）传统研究与实验研究声调调类比较

传统研究与实验研究的差异主要体现在声调的音高、曲拱特征研究两个方面。传统研究与实验研究的调类数不尽相同，详见表 4-3、4-4。分歧较大的为入声和上声。

入声。李维琦（1998）的《祁阳方言研究》认为老派入声不分阴阳，调值为 33。这个调查结果与吴宗济的调查结果一致，并可获得相关历史文献的印证。清（同治）《永州府志 · 祁阳方言》:“借读嚼……白呼扒，入声。”“白”为阳入，说明在同治年间，祁阳方言入声还是不分阴阳的。陈晖 2003 年调查的老派也显示祁阳方言入声分阴、阳，其阳入调调值为 112，我们调查的老派阳入调调值为 24，这说明祁阳方言入声分阴、阳也是不争的事实。祁阳方言入声分阴阳应该是比较晚近的语音现象。

我们对祁阳方言的入声是否发生分化进行了专门调查，利用《汉语方言调查字表》的例字，将祁阳方言阴阳入声字分别进行录音，阴入、阳入字各取 10 个例字，利用“桌上语音工作室”（Mini-Speech-Lab）语音分析软件测量出每个发音人入声字的音高主体分布，并用 Microsoft Office Excel 对 41×2×10=820 个数据分类进行统计分析并制作成图，详见图 4-9、图 4-10。

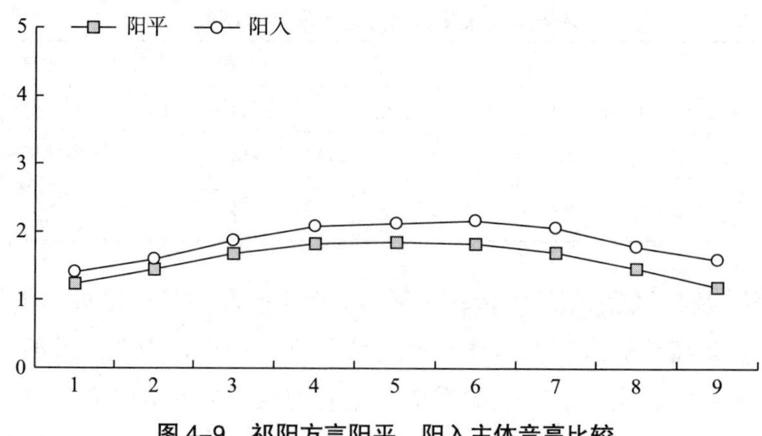

图 4-9　祁阳方言阳平、阳入主体音高比较

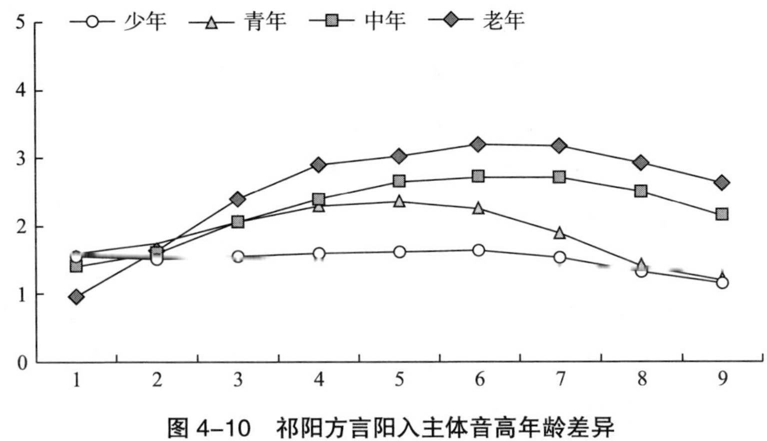

图 4-10　祁阳方言阳入主体音高年龄差异

我们的调查范围覆盖了祁阳县大部分乡镇，同时借鉴前人研究中业已证明存在较大差异的乡镇，故在白水镇、浯溪镇、黎家坪镇、肖家村镇、文明铺镇等乡镇均选取了不同年龄段的发音人进行录音。图 4-9 显示阳平调与阳入调的声调曲线基本平行，调型相似。阳平调位于阳入调下方，阳平调与阳入调都是一个微“凸”的调。从音区特征看，阳入顶点 *T* 值进入了五度制的 3 度范围，因而调值可描写为 232，而阳平的起止点和折点都分布在五度制的 2 度范围，因而其调值可描写为 22 与 232，这种调值细微的差异在当地人声调系统中均不区分意义，可视为同一调位变体，细微声学差异在语言使用者的声调感知中往往被忽略。

尽管阳平调与阳入调音高主体均值大致相同，但从图 4-10 可以观察到，阳入调各年龄段调型与调值差异较大。就音区特征而言，四个年龄段阳入起点音区特征相差不大，都在低调域，但中点和终点 *T* 值相差较大，且其分布有一定规律：四个年龄段调干段的 *T* 值分布具有一定梯度，老年 > 中年 > 青年 > 少年。就调型而言，老年层阳入调调型为一个角拱，调尾开始下降；中年层调尾下降幅度较老年层大，其次为青年层，调头不变、调尾下降，调型由角拱变为凸拱。到了少年层，阳入调型近于平拱，但音区特征仍然为低调域，且在五度值的 2 度范围之内。阳入合流于阳平的过程可以表示如下：

年龄差异: 老年　　中年　　　青年　　少年

阳入：244　>　233　>　232　>　22

→ 阳平（22）

从老年层阳入调调值和调型可以看出，老年层阳入（244）与阴入（44）调值的稳态段基本相同。结合前人入声不分阴阳的结论，我们推断，早期入声不因声母清浊而分阴阳，其调值可以拟测为44或者33，之后入声因声母清浊而分阴阳，阳入调调头受浊声母影响，基频F0较低，因而调头调值较阴入要小。

图4-10中阳入调年龄梯度分布很好地说明，阳入与阳平合流过程可以在祁阳方言共时的年龄层次差异中体现，我们可以通过对祁阳方言阳入调各年龄层次的共时描写来再现历史调类合流过程及其机制。

远藤光晓（2004：168~175）以汉语荔波方言为例，探讨了如何从年龄差异来归纳音变方向。通过对荔波方言单字调的考察，远藤发现从年龄差异归纳出来的音变趋向可以反映内在语言的变化机制。从祁阳方言单字调年龄差异可以观察祁阳方言声调演变的大致方向，调类合并，调型折度磨损，由繁而简。调型简化的外因是强势语言渗透，内因是方言声调系统的自我调节机制。

上声。从表4-3可以观察到，上声传统研究分歧主要在于是否存在阴上、阳上的对立。以2003年为界，之前的研究成果基本上是上声不分阴阳，2003年之后的研究成果是上声分阴阳。李维琦先生（1998：7）认为“全浊上声归并到去声里，是一个带普遍性的现象。祁阳城关、羊角塘、肖家村、大忠桥全都是这样。只有黎家坪、文明铺、龚家坪这一线，它们还保存了相当一部分全浊字，其调值与上声同”。可见，上声不分阴阳在祁阳方言中只局限于部分地区，我们的受调查者中也有来自上述三个调查点的，调查结果显示不分年龄大小，上声调明显分阴阳。陈晖（2006：142）总结了湘方言全浊上声的归并类型和演变规律，祁阳、祁东、新化等老湘语的全浊上声归阳去发生在新派中，老派全浊上声并未分化。我们认同陈晖的观点，尽管我们的受调查者没有全浊上声不分阴阳的情况，但全浊上声不分化是一种存古现象。我们认为，上声分阴阳，全浊上声归阳去最早发生在新派中，部分地区老派全浊上声保留上声是音变滞后层次。声调实验为我们的结论提供了有力证据。实验结果表明，浊上归去在祁阳方言不同年龄层次中都是成立的，图4-11、4-12是我们根据实验数据绘制的年龄层次图。

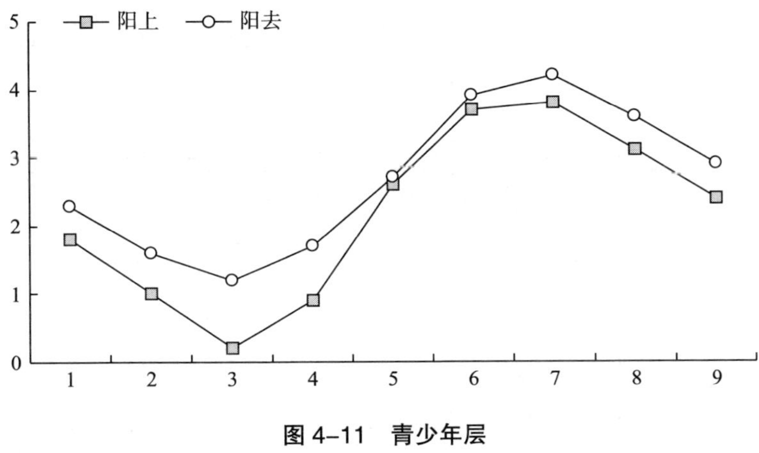

图 4-11　青少年层

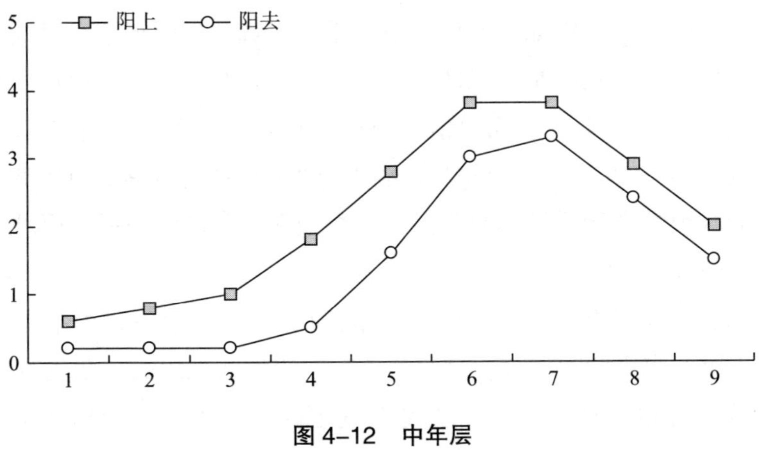

图 4-12　中年层

（三）声调传统研究与实验研究调型比较

（1）曲拱特征差异

从表 4-3 和表 4-4 中可以观察到，从 20 世纪初至今，人们对祁阳方言声调调型的认识逐渐深化。在李维琦（1998）之前，调型都是直线型多，曲线型少。吴宗济的声调系统中甚至没有折调。这样祁阳方言曲拱品相就只剩下平拱、升拱和降拱，均为直线型声调。曲线形声调拱调少（1 个），甚至没有。自李维琦的《祁阳方言研究》之后，人们对于祁阳方言的曲拱特征的认识逐渐深化，具体表现为对上声调型描写由原来的直拱改为弯拱。之后的声调描写折调数目逐渐增多，到了实验研究阶段，折调数目达到了 5 个，如曾春蓉（2006）。各阶段研究折调数目比较见表 4–5。

表 4–5　祁阳方言各时期声调描写折调数目比较

年份	1935	1956~1993	1998	2003	2006
折调数	0	1	2	5	5

从 1935 年到 2006 年，时间跨度不过 71 年，声调调型不可能发生很大变化，唯一可以解释的是不同研究者对声调进行描写时声调感知存在偏差。随着人们对汉语声调本质认识的加深，声调描写也日渐精密。声学实验和数据统计相结合的研究方法打破了传统声调研究口耳之学的藩篱，把传统的听觉感知付诸纸端，变成了更科学、直观的视觉形象。然而实验研究音高主体分布反映的是声调曲线运动轨迹的客观实际，而声调曲线起区分意义的不是绝对音高，而可能是整个声调声学曲线在整个方言或语言声调格局中的相对位置。因此，在利用声学实验确定声调的单字调的音值时，我们必须结合音系学的原理，仔细甄别在声调声学曲线中哪些是具有区分意义的调段。

石锋谈到了口耳之学与语音实验之间的关系：第一，人耳具有选择性，对于语音中有用的成分听辨很敏锐，对于那些无用的东西就忽略不计；仪器实验没有这种选择性，只要是在规定的范围内，全部忠实记录。第二，人耳对语音是定性分析，实验方法是定量分析。

综合比较传统研究和我们的声学实验的结论，可以看出，较之传统研究，声学实验的声调调值更精密，客观地反映了单字调的声学空间分布。但二者的共性在于，对于祁阳方言单字调调位系统而言，除非出现具有区别意义的调型，其他具有细微声学差异的声调均可以视为同一调位的不同变体。

（2）关于双折调

曾春蓉（2006：144）在对祁阳白水话进行的实验研究中提到“双折调”，曾文认为在白水话中存在三个双折调：阴平 3342/4453、阴上 4232、阳上 2143。朱晓农在 2008 年“语言研究视野的拓展”会议上也提到了祁阳方言中存在双折调。赵元任（1980：82）最早提到双曲线调（double circumflex tones），当它偶然出现并覆盖于一个音节之上时，可以生造出一个双折调，如帕尔默提到的英语中的第三调[⌊⌃∼]（3153）；石锋认为双折调分为两种：“一种是‘升降升’，二升一降，一种是‘降升降’二降一升。一般说来，一种语言中如果有双折调，那么只有一个，或者两种双曲调各有一个。调层多为‘中’，靠近中线，这样变化起来要省力得多。”汉语方言声调传统研究中折调多见，但双折调罕见。刘俐李（2004：144）总结了汉语方言声调可能出现的曲拱调型，并没有提到双折调。

关于双折调的性质，石锋指出：“比较少见的双折调也包括在曲折调之中。”曾春蓉（2006）认为双折调是祁阳方言声调系统特有的一个调型，它突破了汉语传统的声调曲拱品相分类，是一种处于汉语声调曲拱层级之下，与凸拱、凹拱、角拱单折拱调平行的一个新的层级单位。对于祁阳方言单字调系统中双折调的提法，我们有不同的看法。

我们的语音实验得出的祁阳方言单字调声学空间与曾春蓉（2006）的实验结果大致相同，阴平、阴上、阳上从声调曲线看，都有两个折点，可以描写为双折调，详见图 4-3。但语音实验音高曲线反映的仅仅是物理音高曲线的声学空间范围，声调系统作为语言或方言音位系统的一个子系统，其调位与声调实验的声调曲线不可能完全等同。

林茂灿（1989：157）以汉语北京话为例讨论了声调的 F0 曲线的分段，“在我们实验得到的字音 F0 曲线上……有些在开始时，还出现上升的弯头；在快终了时，还出现下降的收尾。我们把字音 F0 曲线上相当于用五度制声调符号表示的那部分叫‘调型段’；把起始的上升部分叫‘弯头段’，末尾的下降部分叫‘降尾段’”。“把字音 F0 曲线划分为弯头段、调型段和降尾段是必要的，因为声调的音高信息只跟调型段的 F0 模式有关。”林茂灿指出，弯头段、降尾段的发生可能由声带运动的惯性和读音时的强调等因素引起，它们的时长较调型段而言要短，在听辨音时，人们往往不容易感觉到它的存在。林文观点对于解释祁阳方言双折调很有启发。祁阳方言所谓的双折调中下降的部分是否可以称为调尾呢？我们先来看祁阳方言单字调声调音高空间分布图 4-13。

从图 4–13 可以看出，上述三个双折调的第二个折点都位于第七点，向柠、石锋（2007）曾经将声调曲线划分为调头、调干、调尾，第一点到第三点为调头，第四点到第六点为调干，第七点到第九点为调尾，由此我们完全可以将祁阳方言曲折调声调曲线第七点之后的部分视为调尾。这个推论可以得到听辨实验的支持。我们利用 Praat、“桌上语音工作室”（Mini-Speech-Lab）软件分析了祁阳方言的阴平、阴去和阳去三个声调的例字，详情见图 4–14、4–15。

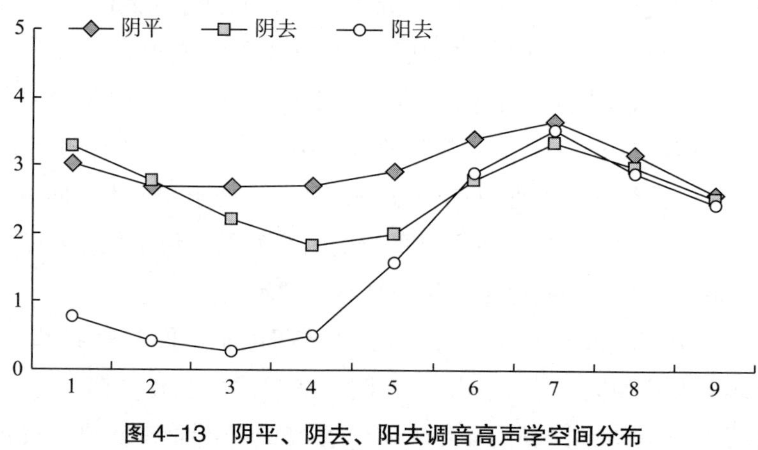

图 4–13 阴平、阴去、阳去调音高声学空间分布

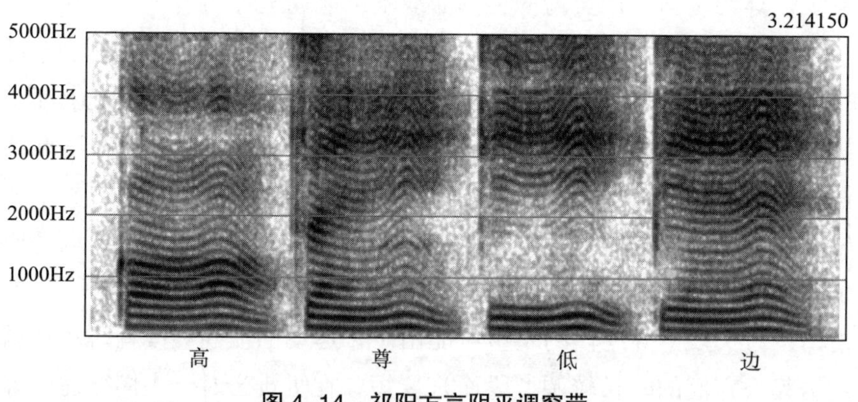

图 4–14 祁阳方言阴平调窄带

注：阴平、阴去、阳去调各举两个例字，发音人以老派为主，发音人：唐某某，年龄 65 岁，男性，发音人长期待在原住地，操纯正当地土语，图 4–15 同。

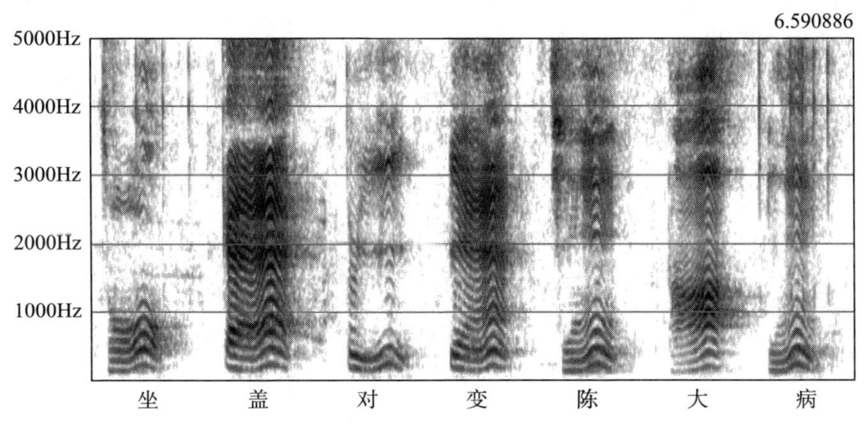

图 4-15　祁阳方言单字调阴去、阳去窄带

从图 4-14、4-15 可以观察到，阴平调后半段确实存在一个“凸”拱，因此，就声调的声学曲线来描写阴平调的调值，可以用五度值的 4 个数字将其描写为 3342；阴入调有两个折点，先降后升，属“降升降”调，可以描写为 3242；阳上调调头较阴入为低，前半段调型略显“凹”形，可以描写 2142。

曾春蓉（2006：137）针对阴平、阴上、阳上的降尾做了听辨感知实验，以此来判断祁阳白水话双折调后半段下降部分是不是生理性降尾，结论与我们不同。曾文通过发音人听辨实验、声学语音波形图、PitchTier 图和能量图综合比较，最后得出的结论是降尾不是生理性的，而是声调曲拱的重要组成部分。

我们用“桌上语音工作室”（Mini-Speech-Lab）语音分析软件切除了音节“低”“共”“盖”声调曲线的后半段降尾部分，并将切除降尾的音段与未切除降尾的音段进行对比，切除的时长大致相当于原调时长的 1/4，见图 4-16、4-17 和表 4-6。我们将切除降尾的录音播放给当地人，尤其是中老年层的人听，让他们辨别。听辨结果显示，当地中老年人均能准确无误地辨别声调调类归属。不同年龄层次对于切除声调下降部分的反应略有不同，青少年层的人认为切除后与切除前没什么差异，中老年层的人认为，切除后的声调仍然可以辨别其调类，只是感觉切除过的声调显得过于短促，不够完整。

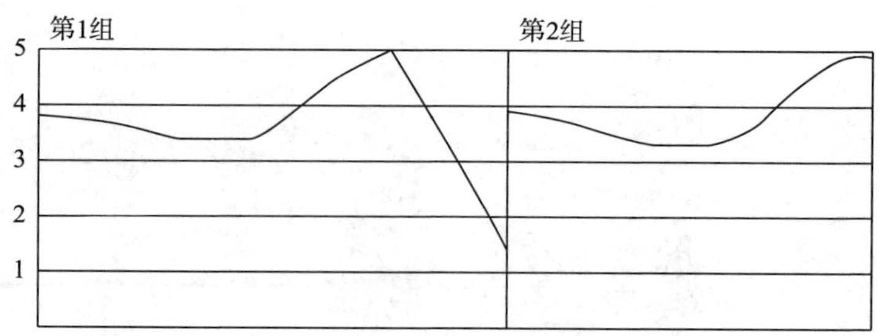

图 4-16　阴平调时长切割感知实验（例字“低”）

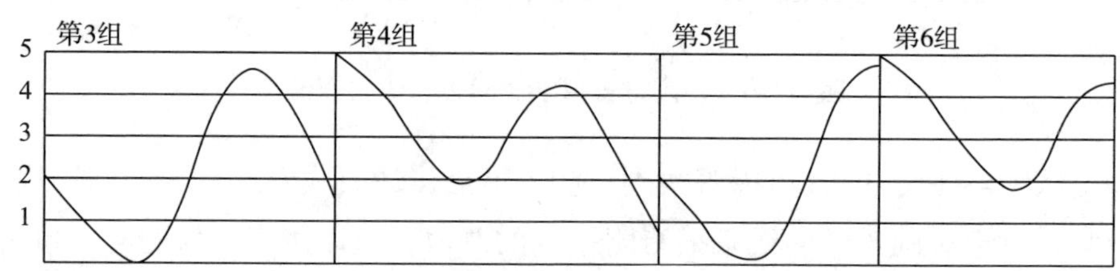

图 4-17　阳去调、阳去调时长切割感知实验（例字为“共”“盖”）

表 4-6　声调切割实验时长比较

单位：毫秒（ms）

	阴平	阴去	阳去
切除前时长	560	690	630
切除后时长	435	500	476

由此可见，切除了阴平、阴上、阳上声调音段后的降尾部分，并不会影响原声调的别义功能。在当地人看来，切除降尾的单字调只有在说得快的时候或者连起来时才这样说。未切除降尾的单字调声调特色在当地人缓读时表现得尤为突出，在连读中作为第一字或者说话较快时，这个调尾会自然消失。

石锋、王萍（2006）提出了“动态段”与“稳态段”概念，我们在单字调声学分析中采纳了其观点。结合声学与声调感知实验，我们认为，祁阳方言阴平、阴上、阳上音段后的下降部分属于字音 F0 曲线的降尾，也就是石锋（2007）所说的调尾。因其处于动态段，承载较少的调位信息，不具有区别意义的功能，在对声调系统进行分析描写时，我们不主张将其纳入整个声调的曲拱范畴，将祁阳（白水）方言的阴平、阴去、阳去调描写为双折调的做法值得商榷。

我们倾向于支持石锋将双折调归为曲折调的说法，祁阳（白水）方言双折调其中一个折点之后的前后部分不具有区分意义的功能，可以归为降尾或调头，其只是方言声调的一个冗余特征。这个降尾对于祁阳人来说代表祁阳方言单字调的个性特征，具有强烈的地域色彩，单字调没有了降尾，不能说读错，只能说读得不地道，失去了祁阳话原有的味道罢了。

三　小结

本节运用声调格局研究方法，通过对语音样本进行声学实验和数据统计，分析了祁阳方言单字调各个年龄层次的差异，并与传统声调研究进行比较，深入探讨了祁阳方言的声调调值和调型。声调年龄层次动态分析表明前人研究中的老派入声、去声不分阴阳在新派中彻底瓦解，声调年龄层次直观地展示了入声、去声分阴阳的机制与动态过程。针对前人提出的“双折调”假设，我们通过听辨实验证明祁阳方言不存在双折调，声学曲线的双折调调型的后半段分布在音高主体的动态段，属于生理性降尾，声调切割实验表明其不具备区分意义的功能，是祁阳方言声调的附加色彩。

第二节　祁阳方言两字组连读变调研究

一　汉语连读变调研究相关理论

连读变调是指在连续的语流中单字调与单字调组合时发生的语流音变，如果说单字调是声调的静态描写，那么连读变调则是声调的动态组合。连读变调普遍存在于众多汉语方言之中，是汉语声调的一大特征。汉语方言类型复杂，因而连读变调类型、规律也就繁杂多样。从声调格局来看，单字调格局简单的方言，其连读变调较为复杂，如北方话，单字调格局复杂的方言，其连读变调就相对简单。

汉语方言连读变调成果丰硕，据统计，自20世纪至今，汉语连读变调研究的论文达200篇。汉语方言连读变调文章长盛不衰，成为汉语方言声调研究的热点。综观汉语连读变调研究，可以将其分为三类：连读变调的描写性研究；连读变调的类型研究；连读标调的解释性研究。

（一）连读变调的描写性研究

连读变调现象在明代就有记载，明崔世珍和王骥德先后记录了官话上上相连，前字上声变为阳平的现象（刘俐李，2002）。现代意义的连读变调起始于赵元任先生的《现代吴语研究》（1928），他首次提到上海话语流中阳平和上去的关系与单念时不同。吕叔湘先生的《丹阳话里的连词变调》（1947）一文是较早的专门描写丹阳话两字组的连读变调的文章。此后，以《中国语文》《方言》《语言研究》等语言学核心期刊及各高校学报为方阵，陆续刊登了一系列描写汉语方言连读变调研究的论文。由于数量繁多，限于篇幅，我们不一一列举介绍。较早对汉语方言连读变调进行全面及细致描写的有郑张尚芳、张惠英（1980）等，这些研究在对汉语方言进行描写的同时也关注到了连读变调与语法、语义等语音之外的因素的关系，这为之后的连读变调类型研究打下了良好基础。

（二）连读变调的类型研究

前辈时贤在描写的基础上对汉语方言连读变调的类型进行了归纳。根据单字调与连调的关系，Anne O.Yue-Hashimoto（余霭芹，1987）归纳了三种典型的汉语方言连读变调类型：①首音节型变调，即首字变调调型与单字调相同或相似；②末音节型变调，即末字变调调型与单字调相同或相似；③邻近音节型变调，即变调调值受邻近音节的影响；林焘、王理嘉把连读变调分为前变型、后变型、全变型。平山久雄发现了德州方言中的“钟式循环变调”，各个单字调在轻声前做钟式循环变调。王洪君（2008）将从单字调到连字调的变化规律概括为“邻接交替式”“自身交替式”“特征延伸式”三种。

根据外部条件对连读变调的限制，连读变调也分为不同类型。张惠英（1980）分出了“广用式”“窄用式”“专用式”三种连读变调。王福堂（1999：154）将连读变调类型分为由语音条件决定的、和位置有关的、和构词情况有关的三种。刘俐李、曹志耘（2002：108）先后将汉语方言连读变调分为语音变调、语法变调、语义变调三类。语音变调是由音节之间的语音关系而产生的变调，语法变调是由特定语法结构关系引起的变调，语义变调是通过声调的变化来达到表达特定的语义的目的，比如吴方言中普遍存在的小称变调。刘俐李（2004）还将语音连读变调细分为原生式、互换式、类化式、包络式和调协式五种。

（三）连读变调的解释性研究

充分发掘、充分描写只是为了发现语言现象，解释才是终极目的。石锋认为变调的机制是发音的“清晰－省力”原则。刘俐李（2004）归纳了调型调节机制，主要有音区调节、曲拱调节、低调限制、曲拱相异等。

西方音系学理论解释方面，王士元首次运用西方音系学特征理论描写汉语方言声调，并以此为依据解释了闽方言厦门话的“循环变调”现象。徐云扬运用自主音段音系学理论，建立了上海话音段层与声调层的连接规则，得到了正确的上海话连调规则。林华提出了“调素论”和“边缘调素脱落论”以解释普通话的连读变调。王洪君运用浮游调与音段的连线的删除与重新连接的模型，解释了普通话三声变调现象和轻声现象。王嘉龄、王晓梅、马秋武等学者运用优选论，成功地解释了天津话的连读变调现象，可资借鉴。

曾晓渝、牛顺心（2006：302）提出韵律变调概念以解释广西六甲话两字组连读变调现象，指出“韵律变调是指在语言结构类型的内在驱动力影响下而形成的、具有普遍拉平现象和高低节律特征的变调模式”。

综观上述汉语方言连读变调研究，可以看出连读变调研究已经逐渐由表层的描写走向深层的解释，深化了对汉语连读变调、声调本质的认识。

二 与声调相关的术语

声调格局：声调格局是由一种语言或方言中全部单字调所构成的格局，是声调系统的初始状态，是各种声调变化的基础形式。

单字调：音节单念时的声调，是声调静态的表现。

调值：是声调实际发音的听感记录，一般用五度制记录汉语的声调调值。

调类：是传统音韵学的概念，是声调的历史分类，汉语方言中一般有四到八个调类。

调位：具有区别意义作用的调值。

调型：是声调的高低升降曲直变化，由声调的曲拱特征加上音区特征构成，其中音高曲线的运动轨迹就是声调曲拱，音区特征就是声调音高的特征，由高音区和低音区构成（刘俐李，2004：135）。

调素：从声调的构成看，音节声调不是最小的不可再分的韵律单位，它由更小的韵律成分构成，这种最小的韵律成分就是调素（刘俐李，2004：118）。

本调：单字调又称为本调，是相对于变调来说的。

变调：在语流中单字调连读时如果声调发生了变化，变得与原来的读法不同，就叫变调。

三　祁阳方言两字组连读变调

（一）连读变调传统研究

湘方言连读变调专题研究至今尚未出现。“湖南方言研究丛书”各单点方言中均有连读变调内容。李维琦（1998：19）提到祁阳方言连读变调的复杂性，并列举了祁阳方言连读变调情况。祁阳方言声调有 5 个调类，两字组合形式为 5×5=25 种，其变调情况大致可以归纳如表 4–7 所示。

表 4–7　祁阳方言两字组连读变调（老派）

	阴平［55/45］	阳平［11］	上声［53/453］	去声［35］	入声［33］
阴平［55/45］	45+54	45+33	55+42	35+424	33+33
阳平［11］	33+35	33+32	33+42	33+323	22+33
上声［53/453］	45+45	45+42	45+53	45+545	45+43
去声［35］	55+424	434+42	42+53	423+424	54+33
入声［33］	33+31	44+22	—	33+313	24+43

祁阳方言前后字变调情况见表 4–8。

表 4–8　祁阳方言各声调前字后字变调情况

	阴平［55/45］	阳平［11］	上声［53/453］	去声［35］	入声［33］
前字	45/55/35/33	33/22	45	55/434/42/423/54	33/44/24
后字	54/35/45/424/31	33/32/42/22	42/53	424/323/545/313	33/43

变调分区别性变调和非区别性变调。非区别性变调在调值、调型上与原调区别不大。而区别性变调则无论调型还是调值与原调区别度较大，甚至与其他调类合并。连读变调关注的是区别性变调。我们依据表 4–7、4–8 对老派各调类连调情况做如下分析。

（1）阴平。除入声字外，前字位置的阴平不变调，阴平作为前字调值有 45、55、35、33 四种。据李维琦介绍，祁阳方言阴平调实际调值是 45，宽式记音为 55，那么，45、55、35 都是同一调位的自由变体，为非区别性变调。阴平在入声调值前变为 33，则是一种区别性变调，其与入声调混淆。阴平作为后字变调比较复杂，后字的 54、31、424 都是区别性变调。

（2）阳平。阳平在非阳平前，除入声外均变为 33，11 → 33/__非入 #，11 → 22/__入声 #。入声调调值为 33，若前字调值为 33 的话，这样就是两个相同的调连读，违背了“强制性曲拱原则”（OCP），我们认为阳平的 22、33 属同一调位变体。阳平作后字时 32 与 42 调型相同，是非区别性变调，32、42 之于阳平调单字调却是区别性变调。根据我们的观察，阳平后字变调的多为边音、鼻音次浊声母，可以说变调反映不同历史调类层次。

（3）上声。作为后字时，其调值有 42、53 两种，调型一致，调值相差不大，为非区别性变调。李维琦（1998：17）提出，祁阳方言上声初听起来是个高降调，调的前段实际上也不是立即到了 5，调值较低，是 4，精确地描写当为 453。所以上声作为前字时，脱落边际调素 3，变为 45，作为后字不变调。

（4）去声。去声作为后字时，调值有 424、323、545、313 四种形式，单字调调型由中升调 35 变为凹调。作为前字时，去声调调值有 55、434、42、423、54 五种，其中 423、434 合并为一类，42 与 54 调型一致，合并为一类，去声真正区别性变调为 42。

（5）入声。入声字前字调值有 33、44、24 三种，33 与 44 调型相同，区别不大。入声前字调为 24，为升调，从李维琦先生所举例字看，均为全浊声母字，当是阳入。老派全浊入声与清入调单字调同为 33，在连调中作为前字时与阴入调保持区别。老派入声不分阴阳，但在连读变调中入声分阴阳。从新派入声分阴阳来看，入分阴阳首先在连读变调中实现，连调中的前字调发展要快于单字调。祁阳方言老派入入相连前字变调反映的正是新派阳入调，新派阳入与阳平合流，但是在老派连调中却还原出新派中阴阳入分野的痕迹。结合本章第一节老派阳入单字调调型、调值，可以肯定其调值为 13 或者 23，因此可以说对于新派而言老派入入相连，前字连调反映的是阳入的底层调或者本调。

谢留文（1992：223）在谈到江西于都方言入声连读变调时指出“古咸深山臻四摄清音声母入声字和少数次浊声母入声字，今单字调读阴去……但连读时读入声”。由此可见，于都方言入声连读变调反映的是本调或者底层调，单字调是本调演变的结果，于都方言单字调演变快于本调。祁阳方言入声演变情况有别于于都方言。从祁阳方言老派入入连读变调情况来看，前字变调为 23，说明祁阳方言连读变调中入声字代表入声发展的方向，连读变调中的前字调演变速度快于单字调或者本调。

从祁阳方言老派变调情况可以总结出如下规律。

第一，从变调位置看，祁阳方言变调是前字变调，后字也变。后字变调受语法单位和语法结构关系、功能制约，与语音性变调处于不同的变调层级。如“阴平 + 阴平”偏正结构两字组变调为成词词组时，后字变调为 45 → 54，且轻短，如“乌龟”“松香”“飞机”；“入声 + 阴平”，后字变为 31，也受语法单位制约，如“国家”，声调为 31 的字较短促。抛开上述语法性变调因素，祁阳方言语音性变调类型是前字变调，后字不变调。

第二，从去声变调与本调关系来看，去声字作为连调后字调值由升调 35 变为凹调 323，且去声在阳平、去声前也是一个凹调。我们认为，去声本调为一个凹调，其调值为 434 或者 323。

第三，从单字调调值与连调关系来看，连调变调调值有的选择新调值，有的却选择声调系统中原有的调类调值，如阳平在非入声前变调 11 → 33/ 非入声 #；连调中部分调类发生中和，如前字阳平与入声，调值都为 33。

关于连读变调中的“中和性变调”，李小凡有所涉及（李小凡，2004）。

此外，一些连调变调反映单字调阴阳调的差异，这种共时差异反映的是声调的一种变化趋势。一些调类的细微差异在单字调中弱化，但在连读变调中却得到强化，如全浊平与次浊平，在连调的后字时次浊平一般为低降调 32/21，而浊平则为低平调 11 或者 22，为低平调。

（二）连读变调实验研究

（1）青少年层两字组连读变调实验

曾春蓉（2006）通过语音实验，对祁阳白水方言两字组连读变调进行了统计分析，虽然选点为白水镇，根据我们的观察，其连读变调与其他实验点差别不大。曾春蓉文中单字调为 6 个，两字组合为 6×6=36 个，其变调情况见表 4–9。

表 4–9　祁阳方言两字组连读变调模式（青少年层）

	阴平［3342］	阳平［231］	上声［453］	阴去［3242］/［5343］	阳去［2132］	入声［44］
阴平［3342］	44+3342	334+221	44+553	44+5343	44+2132	334+42
阳平［22］	22+3342	22+232	22+452	12+4232	22+2132	22+32
上声［453］	45+3343	44+221	44+453	45+5343	44+2132	34+32
阴去［3242］	42+4453	434+221	42+342	43+4232	434+2132	43+32
阳去［2142］	212+4453	24+232	21+453	22+4232	22+2132	22+42
入声［44］	44+3343	44+232	44+453	44+5343	44+2132	44+32

从变调位置看，祁阳方言白水话前字变调，后字不变调。由于部分调类在连调中发生调类中和从而类化，祁阳方言两字组合形式简化为 22 种。曾春蓉用音系规则总结了祁阳白水话两字组连读变调规则，青年层两字组变调规则如下。

规则一：3342（阴平）44/__［阴平、上声、阴去］#

规则二：3342（阴平）334/__［阳平、入声］#

规则三：231（阳平）22/__［非阴去］#

规则四：2132（阳去）24/__［阳平］#

规则五：2132（阳去）21/__［上声］#

规则六：3243（阴去）42/__［阴平、上声、阴去、入声］#

规则七：3243（阴去 434/__［阳平、阳去］#

如前面单字调实验所言，曾春蓉的声调实验发音人多为青少年层，不能全面反映方言语音的本来面目。

（2）中老年层两字组连读变调实验

第一，祁阳方言中老年两字组变调情况。

根据实地调查，祁阳方言声调年龄层次差异较大，单独采用青少年层声调读音尚不能有效说明祁阳方言声调实际。我们利用“桌上语音工作室”（Mini-Speech-Lab）语音分析软件对祁阳方言中老年层两字组连读变调情况进行了声学实验研究和统计分析，声调实验结论与曾文有所不同，双字调声调调查字表见附表 5。我们的单字调声调数为 6 个，两字组组合有 6×6=36 种，其组合情况见表 4-10、表 4-11。

表 4-10　祁阳方言两字组连读组合形式（中年层）

	阴平［334］	阳平［232］	上声［453］	阴去［323］	阳去［214］	入声［442］
阴平［334］	434+334 △ 33+42	445+232 △ 45+32	44+453	△ 44+42 334+323	334+213 △ 44+42	445+42
阳平［232］	22+334 △ 22+31	22+21	22+453	22+323 △ 22+42	22+213 △ 23+31	22+31 23+31
上声［453］	45+334 45+42	45+32	45+453	45+323 45+42	45+213 45+42	45+31
阴去［323］	323+334	323+32 42+22	42+453	42+423 434+323 △ 54+42	434+323 42+323	434+42 42+42
阳去［214］	214+334 △ 32+42	224+22	21+453	21+323 12+323	22+213	224+44 22+42
入声［44］	44+334	44+21 44+232	44+453 △ 44+31	44+323 △ 44+31	44+213	44+442 44+42

注：带“△”的为短调，下同。

表 4-11　祁阳方言两字组连读变调（老年层）

	阴平［334］	阳平［22］	上声［453］	阴去［323］	阳去［214］	入声［44］
阴平［334］	434+334 △ 33+42	334+22 △ 334+21	33+453	334+323	334+214	434+42
阳平［22］	22+334	22+21	22+453	22+323	22+224 22+21	22+31
上声［453］	45+445	45+32	45+453	45+323 45+32	45+213 △ 45+42	45+31
阴去［323］	323+334	323+21	42+453	434+323	434+323	434+42
阳去［224］	224+445	224+22	21+342	21+323 12+323	22+213	224+44
入声［44］	44+334	44+22	44+453	44+323	44+324	44+42

中年层连调前字、后字情况见表 4-12。

表 4-12　祁阳方言各声调前字后字变调情况（中年层）

	阴平［334］	阳平［232］	上声［453］	阴去［323］	阳去［214］	入声［442］
前字	44/434	23/22	45	54/42/434	31/21/22	44
后字	42/31	22/32/21	31	42/22/31	42/31/323	42/31

阴去的前字 54、42，阳去的 31、21 同调型，为非区别性变调。老年层连读变调前后字变调情况见表 4-13。

表 4-13　祁阳方言各声调前字后字变调情况（老年层）

	阴平［334］	阳平［22］	上声［453］	阴去［323］	阳去［214］	入声［442］
前字	434/33	33	45	42/434	21/22	44
后字	42	21/32	53	32	42/31/323	42/31

第二，祁阳方言中老年层变调分析。

祁阳方言两字组连读变调分为两类：语音性变调和语法性变调。如前所述，语法性变调是变调受两字组的语法结构影响而产生的不同变调模式。从变调位置看，语法性变调主要是后字变调，以阴平为例，偏正结构变调，动宾、主谓、动补结构一般不变调。偏正结构内部也不一致，分成词与不成词，不成词不变调，成词变调，如“阴平＋阴平”，后字变调为 42 的是成词词组，如“乌龟”“风车”“松香”等，不变调的为不成词词组。

从声学实验看，后字变调又分为两类：第一类是声调时长均较短，如阴平、上声、阴去声，变调时长为原调时长的 2/3。我们对后字为降调各调类时长进行了统计，见表 4–14。

表 4–14　祁阳方言单字调与后字调的时长对比

单位：毫秒（ms）

	阴平	阳平	上声	阴去	阳去	入声
单字调	406	393	310	366	375	319
后字变调	231	379	222	136	190	307

前人研究轻声时认为，从语音实验看轻声的主要特征是音高和时长。轻声研究的共识认为轻声时长是单字调的 1/3 或者 1/2。吴宗济、林茂灿（1989）研究过轻声的音长，研究一致证明音长是构成轻声的重要因素。

第二类是为阳平调，时长与原调时长相差不大，但声调为低降调的主要是边音、鼻音次浊声母，如“牛马”“羊奶”等，这一点在传统研究中也发现了类似情况。声调格局研究的优点在于，一些在传统研究中被忽略的细微声调差异在声调格局中能得以凸显。

阳去调作为阴去调后字调时，声调由 214 → 323，与阴去调调值相同。联系李维琦先生调查的老派去声不分阴阳，可以推测祁阳方言新派去声虽分阴阳，但在部分连调中去声不分阴阳，“异纽同调”。连读调与底层调虽然处于不同范畴，连调中的变调有时反映底层调。

入声。入声单字调调值中，老年层为 44，连调中入声字不论中年、老年层，大都变为降调，调值为 42 或 31，我们认为入声无标记性变调反映入声底层调。鲍厚星（1998）记载的东安方言的入声就是一个降调（42）。

总结老年层两字组连读变调情况，从变调位置看，语音性变调是后字不变，前字变调，这符合湘方言变调类型。老年层连调组合形式共有 36 种，但区别性变调却远没这么多，老年层变调情况如表 4–15 所示。

表 4–15　祁阳方言两字组连读组合形式（老年层）

	阴平［334］	阳平［22］	上声［453］	阴去［323］	阳去［224］	入声［44］
阴平［334］	434+334	—	33+453	—	—	434+42
阳平［22］	—	—	—	—	—	22+31
上声［453］	45+445	45+32	45+453	45+323	45+224	45+31
阴去［323］	—	—	42+453	434+323	434+323	434+42
阳去［224］	—	—	21+342	21+323 12+323	22+224	22+42
入声［44］	—	—	—	—	—	44+42

老年层前字变调 18 种，后字变调 6 种，其用音系规则表示如下。

后字变调：

规则一：44（入声）42（31）/__#

后字变调不受前字影响，其变调反映历时调类，入声本质上是一种短促调，因而一些保留入声的方言其多为降调，祁阳方言单字调调值为 22，在口语中我们依然能够感觉到连调中入声后字比前字短促。

前字变调规则：

规则二：334（阴平）434/__［阴平（334）、入声（44）］#

规则三：334（阴平）→ 33/__［上声（453）］#

规则四：453（上声）45/# __

规则五：323（阴去）42/__［阴上（323）］#

规则六：323（阴去）434/___［阴去（323）、阳去（224）、入声（44）］#

规则七：224（阳去）→21/__[上声（453）、阴去（323）]#；224 22/__[阳去（224）]#

中年层变调情况也发生了简化，中年层后字入声变调与老年层相同，可以用规则一来解释。中年层前字变调情况见表 4-16。

表 4-16　祁阳方言两字组连读组合形式（中年层）

	阴平 [334]	阳平 [232]	上声 [453]	阴去 [323]	阳去 [214]	入声 [44]
阴平[334]	434+334	—	44+453	—	—	445+42
阳平[232]	22+334	22+21	22+453	22+323	22+213	22+31
上声[453]	45+334	45+32	45+453	45+323	45+213	45+31
阴去[323]	—	—	42+453	42+423 434+323	434+323 42+323	434+42
阳去[214]	—	—	21+453	21+323 12+323	22+213	22+42
入声[44]	—	—	—	—	—	44+42

中年层变调数目较老年层要多，从老年层中总结出来的规则二至规则七同样适用于中年层。中年、老年层变调差异在于：中年层阳平 232→22/#__，中年层阳平单字调为凸调 232，变调与老年层相同，调值为低平调 22，比较青少年、中年、老年层阳平调，阳平调前字变调反映的是底层调或者本调。

中年层阳去调单字调为 214，其作为连调前字变化规则如下。

规则八：214（阳去）22/__[阳去、入声]#

规则九：214（阳去）21/__[上声、阴去]#

规则十：214（阳去）12/__[阴去]#

（3）青少年、中年、老年层连读变调异同

从青少年、中年、老年三个年龄层次变调规则看，既有共性，又有差异。

第一，从变调位置看，入声变调不论单字调如何，入声作为后字均变降调，“规则一：44（入声）42（31）/__#”适用于所有年龄层次。

第二，各年龄层次上声变调，后字调素脱落，变调调式类化，如“规则四：453（上声）45/#__”。林华提出了“调素论”和“边缘调素脱落论”。林文认为边缘调素不稳定，因而容易脱落。王洪君（2008）认为汉语非轻读音节与两个声调特征相连并可带一个浮游调，亦即有三个声调特征，也就是说三个莫拉（mora）。在连读时，处于非重读音节的边缘调素脱落，或者浮游调脱落，从而发生变调。祁阳方言上声变调可以用“边缘调素脱落论”来加以解释。

“边缘调素脱落论”还可以解释祁阳方言中老年层阳去变调。中老年层阳去调调值有细微差异，中年层为214，老年层为224，在连调中两个年龄层次的变调完全相同。如前面规则八到规则十，都是脱落了声调单字调的第三个调素，新产生的变调形式12，是21、22的变体。

第三，后字变调区别历史调类。祁阳方言阴去、阳去相连时，阳去变调，调值同阴去调，这说明阴去、阳去调在连调的后字中中和，“异纽同调”，但作为前字时二者“异纽异调”。中老年层的阳平调，全浊阳平作为后字时与次浊阳平的区别较明显，次浊平为低降调。作为前字，二者没有区别。在青少年层中，连调中全浊阳平与次浊阳平不论前后字均没有区别。

第四，同调调类组合时，声调调型异化。如“阴平＋阴平”，前字由角拱334变为凹拱434，与阴去在阴去前的变调调型相同。这是为了发音的省力，也是为了保持区别，符合音系学的“强制性曲拱原则”（OCP）。

第五，各个年龄层单字调演变速度不尽相同，老年层变调少，较为保守，其次为中年层、青少年层。从变调产生的调式看，青少年层前字变调出现调式类化现象，如青少年层中的调值44，这个类化调的高频出现符合语言的经济原则，调型过于复杂不便于记忆。类化调式高频使用预示着在不久的将来，上声调、入声调作为前字时将与阴平调因调型的相似和调值的接近而发生合并。随着普通话的普及，青少年层入声调与阴平调在前字时调型已经非常接近，有向阴平调合并的趋势。

祁阳方言从单字调看，多折调。折调多，声调高低起伏，形成一种类似于乐音的正弦曲线，因而具有一种乐感，听起来像唱歌。刘俐李（2004）提出了“声调折度打磨说”，其核心内容就是对一定音段进行“音区调节”“曲拱调节”。折度打磨是为了使连调顺势连接，达到省力目的。祁阳方言单字调折调多，但通过变调，许多单字调前字在连调中失去部分调素，由曲折调变为平调，减少了折度，以求省力。

（三）从连调调型看双折调是否成立

曾春蓉（2006）在研究祁阳白水话声调时提出了“双折调”曲折调，我们曾在单字调实验研究中提出异议。上面介绍了祁阳方言中、老年层的连读变调情况。后字不变调，前字变调是祁阳方言的变调规律，前轻后重的韵律特征是制约祁阳方言变调的忠实性制约条件，可以用后字调型和前字不变调的调型来确定祁阳方言单字调是否为曾文所说的双折调。

以阴去调为例，“阴去 + 阴去”连读，前字调型不变，调值改变，由 323 → 434。可见即使是变调，前字后字都保持原调型，为三个调素的低凹调，而不是四个调素的“曲折调”。另外，从李维琦先生所列举的老派变调情况看，仍以去声为例，李维琦的去声单字调为中升调 35，连调后字为低凹调 323/424，后字不变调。从非线性音系学角度分析，后字在非轻读音节中可带浮游调，载调单位可带三个声调特征，或者三个莫拉，所以说非轻声后字应该是最为稳定的。从李维琦的老派后字变调情况看，并没有出现“双折调”。因此，无论前字后字变调不变调，都不存在“双折调”，声学实验中的“双折调”调尾呈下降趋势，是一种生理性降尾，是祁阳方言单字调的一个十分重要的修饰性色彩，不区别意义，因而是冗余特征，而非区别特征。

四　小结

本节在前人研究的基础上对祁阳方言连读变调年龄层次差异进行了深入研究，发现了祁阳方言两字组连读变调的一些新情况。

第一，祁阳方言前字语音性变调是主流，前字变调分脱落边缘调素和声调调型异化两种类型，如 453（上声）45/#___，阳去变调，214（阳去）21（12）/__［上声、阴去］# 属边缘调素脱落型。规则二：334（阴平）434/__［阴平（334）］# 属异化型。前字变调还有类化变调情况，即变调产生的新形式与原有调类一致，如老年层阳去变调 224（阳去）22/__［阳去、入声］# 与阳平调调值相同。

后字变调情况复杂，入声变调反映历史调类，规则一：44（入声）42（31）/__# 适用于所有年龄层次；有的反映是一种语法条件的制约，如非入声字后字时长变短，向轻声转化。

第二，从中、老年层与青少年层的比较中观察到，青少年层的变调反映中、老年层的单字调，如阳平，这说明青少年层单字调发展快于中、老年层。

第五章　祁阳方言语音历史研究

第一节　祁阳方言语音历史层次研究

一　历史层次相关理论介绍

（一）层次理论及其背景

19世纪西方新语法学派确立的历史比较法原则是通过比较亲属语言或方言中有语音对应关系的同源词来构拟原始母语。历史比较语言学在印欧语比较的基础上建立了一套完整的从原始母语到现代亲属方言的直线、树形谱系分化演变模型。这种被称为发生学树形分化的演变模型建立在语言系统同质前提下，它排除了系统因方言、语言接触而产生异质成分存在的可能，所以在运用历史比较法之初就剔除了“借用”“语法层面”的类推成分。语言演变在历史语言学的理论框架中被视为一种纯语音层面的条件演变。历史比较法对于形态丰富的语言而言可以说是屡试不爽，但对于那些缺乏形态变化的孤立语或者因语言接触而产生多个历史层次叠加的语言研究而言，有时就难免捉襟见肘了，因为历史比较只能在同一历史层次中进行。

针对新语法学派“谱系树”单线分化理论缺陷，方言地理学派提出了“每一个字都有自己的历史”的口号，这就是“波浪说”理论。“波浪说”从另外一个角度对语言演变进行解释，方言地理学派扩散理论说明语言演变不可能是简单的直线分化，即便是亲属语言之间也存在彼此相互接触、相互影响的情况。新语法学派与方言地理学派二者理论并不矛盾，一方侧重于语言内部条件音变，另一方侧重语言之间的接触及其条件音变的扩散，二者并行不悖，相互补充。

20 世纪初兴起的结构主义语言学秉承了历史比较语言学语言系统同质理论，研究个人方言或者说理想的说话人的语言，忽略了语言接触等外部因素对语言结构的影响。20 世纪 60 年代“词汇扩散理论”（王士元）的兴起是对语言系统同质说的一个反驳，语言系统“有序异质”理论影响逐渐扩大并为学界所接受，“有序异质”说从微观语言变异入手，对语言系统演变的动因、机制进行分析，结论令人信服。

（二）层次概念

历史比较语言学视语言为一个有序同质系统。在这种语言史观观照下，语言是由有规则的条件音变演变而来的，“语音规则无例外”，排除了系统之外的接触、形态等非条件音变的音素。这个研究前提与语言事实不符，鉴于历史语言学这种理论的先天缺陷，正如梅耶（1957）所言，“它只能带我们走一段有限的路程”。自 20 世纪末至今，中国语言学研究所取得的丰硕成果离不开历史比较法的成功运用，但历史语言学原始母语构拟只能在同一层次上进行的原则使我们在应对有特殊历史和多个历史层次的汉语方言、少数民族语言研究时不得不格外小心。面对历史比较语言学方法的先天不足，我们不得不另辟蹊径，寻求更合理、科学的解释路径。针对西方历史比较语言学方法存在的缺陷，一些中国学者在将西方历史语言学理论同中国语言学实践相结合的过程中不断探索，筚路蓝缕，创造性地提出了一些适合中国语言学实际的解释模型，历史层次分析法就是其中一种比较完善、颇具解释力的方法。

“层次”（stratum）术语源自考古学。考古学意义上的层次是指生物进化层次一层一层的叠置，多重层次处于不同层面，因而体现很强的时间感（戴黎刚，2005：17）。而语言学的层次是指不同的层次在同一共时层面的叠置。历史比较法也讲层次，但历史比较法的层次是指一个语言或方言系统中成系统地存在外来语言的成分，外来成分是语言接触的产物。

前人的研究表明，语言历史演变是不同性质音变合力的结果，有历史比较语言学的条件音变、词汇扩散式音变，也有因不同语言系统接触产生的叠置式音变，还有因语言内部非语音层面变化对语音系统产生的干扰，这些音变方式不一而足，但共同推动语言按照有序—无序—有序向前发展。因此，只有综合考虑语言的多层次性，才能有效地展示并还原语言历史演变的立体化原始图景。

（三）层次理论实践与再探讨

层次研究在当前汉藏语言研究尤其是汉语方言接触、少数民族语言与汉语接触研究中备受关注，已经形成了一套比较系统、相对成熟的理论。在语言层次理论指导下，一批学者在汉语方言、少数民族语言研究方面取得了丰硕成果，这些研究丰富了人们对汉语的认识，开阔了学术研究视野。汉语方言文白异读研究可以说是层次理论运用得很好的一个范例。罗常培、罗杰瑞、徐通锵、王洪君、万波、刘祥友、陈忠敏等学者以汉语方言为例对文白异读现象有过精彩的论述。徐通锵更是以汉语方言文白异读为切入点建设性地提出“叠置式音变”理论，这可以说是汉语之于语言普遍理论的一大贡献。

近年来汉语与少数民族语言接触研究打破了西方经典历史比较法的藩篱，正视语言不仅存在历史演变，也存在接触的事实，提出了颇有建树的层次分析法理论。罗杰瑞（1979）、沙加尔、潘悟云（2004）、曾晓渝（2004b）、蓝庆元等诸位学者运用历史层次分析法成功地分析了汉语与少数民族语言接触中产生的借词的历史层次。历史层次分析法在汉语与少数民族语言接触中的成功运用对于分析汉语方言之间的接触、方言与民族语言接触研究都大有裨益。

（四）历史层次理论在汉语方言研究中的运用及存在的问题

汉语层次研究方兴未艾，诸多学者对于层次内涵有不同的理解。不同标准可以导出不同的层次，如从语言结构系统来看，可以分为语音系统、词汇系统、语法系统三个层次；以年代为标准，层次可以分为上古、中古、近代三个层次。王福堂（2003）以来源为标准，将层次分为自源层次、异源层次。潘悟云（2004：59）将汉语方言层次分为三类：主体层次、音变滞后层次、外来借用层次。王洪君（2006：25）沿袭传统历史语言学术语，将“层次”限定为“外来层次”，但在自源性演变中进一步区分有条件音变和扩散式音变。戴黎刚（2007：14~25）吸收前人层次划分的合理内核，将汉语方言层次分为四种：来自少数民族语言的成分称为底层；本方言自身历史传承语言成分（包括滞后性音变层次）称为上层；受权威方言影响而产生的成分称为顶层；邻近方言之间由于接触而产生的层次称为旁层。上述四个层次大体上可以区分一个共时系统中不同来源的成分。

之于滞后性音变的归属各家意见不一。戴黎刚（2007：17）结合前人观点，主张可以把这些滞后性音变的历史层次暂时称为滞后性上层，而把历代不断自我更新的历史层次称为传承性上层，这样就可以搁置外源层次与内源层次的争议。在本书中我们采用戴黎刚的层次分析法。

汉语方言历史层次研究对于开展汉语方言立体研究其价值自不待言，它廓清了以往汉语研究中存在的层次不清的迷雾，深入认识了历史比较方法、内部拟测法、叠置式音变、词汇扩散理论等研究方法的局限和优点，并对前人在运用这些方法进行研究时存在的缺陷进行了很好的总结，值得进一步探索。

二　祁阳方言语音层次研究

（一）方言学界层次研究

祁阳方言语音历史层次专题研究至今尚未出现，但在一些综合研究论文中已涉及部分音类历史层次问题，如彭建国（2006）。以往研究主要涉及语音主体层次和文白异读研究。李维琦（1998）、王仲黎（2005）、陈如新（2006）都曾介绍过祁阳方言文白异读。陈晖（2005）、鲍厚星（2006）也讨论过祁阳方言文白异读的情况。文白异读就其性质可以等同于戴黎刚（2007）四个层次中的顶层或旁层。前人之于祁阳方言文白异读的研究存在明显的不足，其原因在于没有厘清文白异读形式中蕴含的不同音变性质，简言之，将文白异读层次所蕴含的叠置式音变与条件音变的滞后层次、方言或语言接触的异源层次混为一谈。这种研究缺陷反映了人们对文白异读的性质存在误解，甚至曲解。根据历史层次分析法原则，我们将祁阳方言共时层面的语音现象进行更深一步的分析，在此基础上离析层次，厘清各语言现象的性质，这对于深化祁阳方言性质及确定其在整个湘方言中的地位都大有帮助。

当然，我们不能忽视文白异读在历史层次研究中的作用，对于缺少文献书证的祁阳方言而言，要确定某一音类层次的确切年代委实不易，除了比较同片的方言语音外，文白异读是我们必须倚重的一个重要资源。

前人关于文白异读的研究成果表明，音节中文白异读以音类为单位，这里的“类”是指具有相同历史来源的音类，大致可以按照声、韵、调分为三部分。所以本书采用时下文白异读研究按照音类差异来分的惯例，将祁阳方言语音历史层次分为声母、韵母和声调三部分。

（二）声母历史层次

1. 唇音声母层次

汉语音系中唇音声母主要来源于中古帮组，但中古帮组字在祁阳方言中的今读形式多样，详见表 5-1。

表 5-1　唇音层次

例字	f- 类 /x- 类	p- 类	例字	f- 类 /x- 类	p- 类
讣	fu^{342} 讣告	pʰu^{324} 讣告	孵	fu^{445} 孵化	baɔ^{22} 孵小鸡
饭	x/vaŋ^{22} 饭菜	maŋ^{22} 饭饭（儿语）	尾	yi^{453}/vei^{453} 尾数	mi^{453} 尾巴
翻	x/fan^{334} 翻译	baŋ^{22} 翻根	覆	fu^{33} 覆盖	pʰu^{33} 覆倒
蜂	x/foŋ^{334} 蜂蜜	pʰoŋ^{445} 蜜蜂	浮	x/vəu^{22} 浮力	baɔ^{22} 浮起
肥	fei^{22} 肥田	bi^{22}/ʑyi^{22} 肥肉	蚊	ven^{22} 蚊帐	mən^{22} 蚊子
望	vaŋ^{214} 希望	maŋ^{22} 望起脑壳	网	uaŋ^{453} 网箱	maŋ^{453} 扯网
晚	uaŋ^{323} 晚稻	maŋ^{453} 晚晚（叔叔）	伏	x/vu^{22} 伏法	bu^{22} 伏倒
番	x/faŋ^{334} 番茄	baŋ^{22} 一番	冯	f/xoŋ^{22} 冯（姓）	boŋ^{22} 冯（姓）
辅	fu^{324} 辅助	pʰu^{32} 辅导员	甫	fu^{453} 甫（姓）	pʰu^{453} 杜甫
翻	x/faŋ^{22} 翻动	baŋ^{22} 翻根挖藕	樊	vaŋ^{22} 樊（姓）	baŋ^{22} 樊（姓）

单独用文白异读来概括中古帮组今读难免失之笼统，但文白异读却能帮助离析层次，并确定层次的相对具体时限。表 5–1 中帮组今读可以用历史层次分析法将其离析为上层、旁层和顶层三个层次。［p p^{h} b m］>［pf pf^{h} bv ɱ］/___［*iu］是中古《切韵》之后的事情。清钱大昕《十驾斋养新录》中提出的“古无轻唇音”已为音韵学界所接受。祁阳方言中古帮组字今读唇音现象应该是一种音变滞后现象，属滞后性上层。如表 5–1 尾巴 mi^{453}/ 浮起 baɔ^{22}/ 肥肉 bi^{22} 等。古帮组合口三等仍读唇音而非唇齿音现象在今湘方言永全片中分布甚广，区域性分布说明永全片这些层次古老的语音现象并非偶然，是一种词汇扩散式的滞后性音变现象。

祁阳方言中古帮组合口三等今读轻唇音说明，部分帮组合口三等字已经历了由帮组向非组演变，这部分帮组合口三等字读音当属中古《切韵》之后的主体传承性条件演变层次，根据王力（1985）研究，帮组衍生出非组当在晚唐到五代期间。我们注意到，祁阳方言中部分字在合口韵母前［f-］/［x-］不分，从［f-］/［x-］不分的情况来看，［f-］是条件音变的结果，而今读［f-］>［x-］在今西南官话方言中分布较普遍，可视为受官话影响产生的“顶层”现象。顶层现象无法用条件音变来加以解释，而属于权威官话接触浸染产生的层次。如：冯 xoŋ^{22}、蜂 xoŋ^{334}、伏 xu^{22} 等。

祁阳方言唇音今读历史层次大致如表 5–2 所示。

表 5–2　唇音层次及代表字

例字	声母		
	第一层	第二层	第三层
翻	b-	f-	x-
肥	b-	ʑ-	ʑ-
蚊	m-	v-	—

此外，祁阳方言中一些帮 / 非组字的今读形式既不属于条件音变，也不属于接触演变层次，而是一种误读，但这种误读并非无理据，而是一种类推。以“讣”p^{h}u^{324}、“甫”p^{h}u^{453} 为例，二者读为送气清音，“讣”以“卜”为声符，而“卜”在祁阳方言中读 p^{h}u^{33}，“捕”“哺”等以“甫”为声符，

“捕”“哺”等字在祁阳方言中声母均为［pʰ-］，因而“甫”类推为［pʰ-］，“甫”在《切韵》为全浊并母，祁阳方言中今当读为浊音［bʰ-］，今读为送气清音，当另有来源，原因待考。

2. 舌齿音层次

舌齿音声母包括舌音和齿音两类。舌音包括中古的舌头音端组［t-］类和舌上音章组［tɕ-］类，而齿音则包括中古齿头音精组［ts-］类和正齿音照组［tʂ-］类（［ts-］代表［ts-、tsh-、dz-、s-、z-］一类音，其他类同）。本章主要讨论祁阳方言精、知、章（照三）、庄（照二）的今读层次。

第一组：古精、知、章、庄组字语音层次。

精组历史层次。祁阳方言精组层次相对简单，洪音前读［ts-］，细音前读［tɕ-］：［ts-］→［tɕ-］/__［-i-，-y-］。较复杂的是浊塞擦音从母［dz-］与擦音邪母［z-］的纠缠问题。邪、从母纠缠早在魏晋时期就有过文献记载。颜之推在其《颜氏家训 · 音辞篇第十八》中提到：“其谬失轻微者，则南人以钱为涎，以石为射，以贱为羡，以是为舐。”钱为精母，涎为邪母，贱为精母，羡为邪母，颜之推批评南方方言中精组字塞擦音与擦音混同，这个现象在 1400 多年后仍然存在于众多南方方言中，其原因此不赘述。

尖团合流问题。祁阳方言尖团合流，精组、见组声母发生腭化后合流：［ts-］>［tɕ-］/__细音，［k-］>［tɕ-］/__［+ 细音］，其动因源于中古三、四等合流后细音韵母的［-i］或者［-i-］介音。北方官话尖团合流是比较晚起的语音现象，王力（1982）认为其大概发生在明末清初。据叶宝奎（2001）研究，元代韵书《中原音韵》（1324）、明代《韵略易通》（1442）、《西儒耳目资》（1625）、清代《音韵阐微》（1715）里精组字还是［ts-］，尚不是舌面音［tɕ-］，舌尖音与舌面音泾渭分明。直至到了清代乾隆八年（1743），出现了一本名为《圆音正考》（佚名）的书，其序言部分明确指出精组字发生了腭化，只是在一些地名、国名中还读为团音。可见，官话尖团合流时间比较晚，而南方方言许多音类演变速度较北方为慢，今许多南方方言仍分尖团可为佐证。永全片全州文桥土话至今仍存在分尖团现象，尖音部分保存。祁阳方言精组字今读层次单一，无论洪细，均是从古音条件音变而来的上层。

值得一提的是，地方戏剧声韵分尖团现象。祁阳地方戏剧主要有祁剧和渔鼓两种形式。祁剧在当地又名大戏，是当地群众喜闻乐见的一种地方戏剧。据县志记载，祁剧是元末明初时期弋阳腔与当地土戏结合的产物，其成熟期当在明末清初，至今有400多年的历史，有关祁剧的知识可参照李维琦的《祁阳方言研究》（1998：22）。弋阳腔与当地土戏结合，戏剧语言自然用的是当地方言，即祁阳土话。祁剧吐字颇有讲究，一般在唱腔中有“单”“双”“空”“实”“满”，其中“单”就是“舌尖结合齿头吐音的咬字方法，即用舌尖抵住齐齿的上门齿，由齿缝发生的塞擦音和擦音，如自（zi）、词（ci）、司（si）等便是”。① 由此看来，祁阳方言至少在祁剧形成之初还是分尖团的。

祁阳方言精组层次如表5-3所示。

表5-3　精组层次

例字	声母	
	第一层	第二层
租	ts-	—
蛆	—	tɕ-

知庄章组层次。祁阳方言知庄章组层次比较复杂。近年来出现了几篇研究湘方言知庄章声母的专题论文，如周赛红（2005）、彭建国（2006）。前人研究有的讨论了知庄章的共时分布，而对其历史发展及其层次没有深入讨论，彭文专门讨论了湘方言舌齿音声母知、庄、章格局和历史演变。我们借鉴彭文的研究思路，进一步分析祁阳方言知、庄、章组的历史层次。

祁阳方言知组字有［t-］、［ts-］、［tɕ-］三种今读形式。知组三种不同今读形式代表不同层次，详见表5-4。

① “单、双、空、实、满”概念引自李维琦先生《祁阳方言研究》，第237页。

表 5-4　知组层次

例字	声母		
	第一层	第二层	第三层
竹	t-	-	ts-
沉	t-	ʥ-	—
知	—	tɕ-	—
中	—	—	ts-

知组字分知二、知三，知三今读主体层为［tɕ-］，部分止摄开三、宕摄开三等入声字、通合三等入声字今读［ts-］，知二无例外都读为［ts-］，同于精组。知组源自上古端组，这个音韵学界已无异议。对于《切韵》时期知组字音值学界尚存有争议，分为两类：高本汉、陆志韦、董同龢、王力、李荣等诸家构拟为［ȶ-、ȶh-、ȡ-］；罗常培、李方桂、周法高、潘悟云等构拟为［ʈ-、ʈh-、ɖ-］。本书采纳第一类。祁阳方言知组字主体层次今读如下所示。

知二 ⟶［ts-］/__［+开口呼，合口呼］

知三 ⟶［tɕ-］/__［+齐齿呼，+撮口呼］（知三亦 ↗［ts-］）

借助汉语语音史及其相关文献材料，结合知三文白异读情况，我们可以观察到各层次的界限和相对时间，例字见表 5-5。

表 5-5　知组今读分类及例字

例字	ts- 类 /tɕ- 类	t- 类	例字	ts- 类 /tɕ- 类	t- 类
砧	tsen[445] 砧板	tin[445] 砧板	沉	ʥin[121] 沉默	din[22] 沉下去
筑	tsu[33] 筑坝	tiu[33] 筑墙	振	tɕin[324] 振动	tʰən[324] 振（颠簸）
伸	ɕin[334] 伸手	tʰin[334] 伸长	竹	tsu[33] 毛竹	tiu[33] 竹子
长	tɕiaŋ[453] 成长	tiaŋ[453] 长大	猪	tɕy[445] 猪楼	tiu[334] 猪蔸脑壳
场	ʥiaŋ[121] 场地	taŋ[121] 禾场			
胀	tɕiaŋ[453] 发胀	tiaŋ[453] 胀肚子			

祁阳方言部分知三字白读［t-］当属上古音滞后层次。清钱大昕提出了“古无舌头舌上之分”一说，其在《十驾斋养新录》卷五“舌音类隔

之说不可信”条中说：“古无舌头、舌上之分，知、彻、澄三母以今音读之，与照、穿、床无别也，求之古音，则与端、透、定无异。”他的这一观点得到了古文献异文、异读、汉魏反切、声训等材料的印证，可以说是一个不刊之论。王力（1985）考证端组衍生出知组字的具体时限可追溯到唐太宗贞观年间。杨剑桥（2005）认为端组衍生出知组大概是在隋和初唐时期。知组字今读［t-］在湘方言永全片中成片分布，对应整齐，足可证明其存古的合理性。祁阳方言知三大部分字今读［tɕ-］，所以［tɕ-］是知三传承性上层，对比官话知三演变，祁阳方言知三今读音值［tɕ-］与宋三十六字母时期的音值接近。

祁阳方言知三部分字今读［ʦ-］究竟是条件音变还是接触音变？这个问题颇费思量。以宕摄开三入、通摄合三入声字今读为例，可以窥探出其个中原因。“知”“逐”“着”“筑”声母今读有［ʦ-］、［t-］两种，前面已经论述了知三读［t-］为滞后性上层，读［tɕ-］为主体传承性上层，按规则知三应为［tɕ-］，这些字却读为［ʦ-］，部分［ʦ-］与主体［tɕ-］是否为一种条件音变关系？先看表 5–6。

表 5–6　知组合口三等字今读

例字	古音韵地位	上古	中古	近代	祁阳 1	祁阳 2
逐	通合三屋入澄	ďiŏuk	ȡĭuk	tʂu	thiu	ʥu
着	宕开三药入知	ťia	ȶĭok	tʂu	tiaɔ	ʦo
筑	通合三屋入知	ťiŏuk	ȶĭuk	tʂu	tiu	ʦu
中	通合三东平知	tiuəm	ȶĭuŋ	tʂuŋ	—	ʦoŋ
虫	通合三钟平知	diuəm	ȡĭuŋ	tʂhuŋ	—	ʥoŋ
重（adj.）	通合三钟上知	dioŋ	ȡĭuŋ	tʂhuŋ	—	ʥoŋ

注：古音构拟上古音、中古音参考王力（1982）《汉语史稿》；近代参考宁继福（1985）《〈中原音韵〉表稿》。

表 5–6 中祁阳方言两类读音与汉语各历史时期语音对应。据杨剑桥（2005：152）研究，北方话知、彻在南宋时期开始与照、穿合并，［tɕ-］>［tʂ-］或者［ʧ-］，何以在南方祁阳方言中同为三等的通摄合口三等语音演变方向异趣？从整个音节结构看，声母演变明显受到音节中韵母的影响，

我们发现知三、章组通摄合口三等字声母有相同的演变方向，故将其与章三、庄三一并讨论。

知组二等。祁阳方言知二读［ʦ-］，比较官话同音类字今读形式，可以用条件音变来加以解释，祁阳方言没有舌尖后音，因而知二今读［ʦ-］。有学者认为南方方言知二曾经存在过一个［tʂ-］的阶段，只是受壮、侗、苗、瑶族语影响，发生［tʂ-］>［ʦ-］音变（刘泽民，2005）。如此，祁阳方言知二今读［ʦ-］就属底层了，此说有待商榷。知三通摄入声字今读有两种形式，前面我们已经剥离了上古音滞后性上层，剩下的是弄清楚［ʦ-］是否经历了［ȶ->ʨ->tʂ->ʦ-］演变。张光宇（2008a，2008b）结合现代汉语方言讨论了汉语方言的“鲁奇规律”（古代篇、现代篇），认为知庄章母卷舌最早由庄组开始，章、知组紧随其后，其平舌化也依次进行。张文以止摄和宕摄字为切入点，将汉语方言划分为 7 种类型，祁阳方言归入昌黎型。从汉语语音史看，知二在隋唐时期开始与庄组合流，读为卷舌音［tʂ-］，知三与章组在宋三十六字母时期合并，读为［ʨ-］，之后照组与庄组合流为［tʂ-］。桑宇红（2008）分析了汉语南方方言知章庄今读分合类型，祁阳方言属于知二、庄与知三章对立的类型。我们推测祁阳方言知二可能经历了一个卷舌音［tʂ-］阶段，之后发生了［tʂ-］>［ʦ-］的演变。今祁阳方言没有卷舌声母，与老派湘语特征一致，不太可能是受壮、侗、苗、瑶族语影响的结果。

章组历史层次。中古章组只有三等，祁阳方言章组层次较简单，章组今读（见表 5-7）依韵母不同分为［ʨ-］、［ʦ-］两种，［章组］→［ʨ-］/__［-i-，-y-］，［章组］→［ʦ-］/__［-ɿ］，二者呈互补分布。祁阳方言章组在以［ʅ］为韵母的音节前其实际音值为［ʨ̩-］，是［ʨ-］的变体，参见第一章元音擦化章节。

表 5-7　章组今读及例字

	遮	蛇	指	煮	薯	世	税	种	吹	睡	水
祁阳	ʨia	ʑia	ʨ̩	ʨy	ʑy	ɕ̩ʅ	suei	ʦoŋ	ʦʰuei	ɕy	suei

庄组今读层次。《切韵》庄组有二、三等，庄组到了宋三十六字母中与

章组合并为属照组，属照二，拟为［*ʧ-］。黄侃曾经提出过上古“照二归精”一说，这个说法在音韵学界受到质疑，今祁阳方言照二字今读却是这个观点很好的方言例证，祁阳方言庄组字不论二、三等均读为［ts-］，见表 5–8。

表 5–8　庄组今读及例字

庄二	杈	差	窗	沙	闩	柴	生	炒	叉	山	抓
	tsa	tsʰa	tsʰuaŋ	sa	suan	dzai	saŋ	tsʰau	tsʰa	saŋ	tsua
庄三	查	初	梳	数	师	事	帅	馊	床	测	霜
	dza	tsʰu	su	su	sɿ	zɿ	suai	səu	dzuaŋ	tsʰe	suaŋ

张光宇（2008a）认为庄组最早卷舌成［tʂ-］，之后昌黎型部分方言点发生平舌化，［tʂ-］>［ts-］，在平舌化过程中，庄组一马当先，其次是知组、章组。庄二、庄三合流先卷舌再与精组合并，祁阳方言庄组今读情况，与张文观点契合。张光宇的观点难以解释的是，祁阳方言知、章组三等若曾经存在过卷舌音［tʂ-］阶段，何以今读舌面音［tɕ-］而不是卷舌［tʂ-］？张文认为［ʧ-］与卷舌［tʂ-］很近，故其可视为卷舌，对此我们暂且存疑。

综合祁阳方言舌齿音知、章、庄三组今读形式（见表 5–9），我们发现中古从分的音类在今祁阳方言中合流，离析上古音滞后性上层，可以观察到祁阳方言主体性上层中古至今方言的音变层次，其知章庄组音变采用杨剑桥（2005：153，155）的演变模型。

表 5–9　祁阳方言知、章、庄今读

ts- 类		ts- 类		tɕ- 类		tɕ- 类
		止庄三	事师 ɿ			止庄三
		止知三章	致支 ɿ			止知三章
蟹庄二舒	债筛 æ	蟹知三章	滞誓 ɿ			蟹知三章
假知二庄舒	渣茶 a			假章三	车扯 ia	
		效知二庄	罩抄 aɔ	效知三章	超照 iaɔ	
		流庄三	皱瘦 əɯ	流知三章	丑周 iəɯ	
宕庄三舒	庄霜 uaŋ			宕知三章	张章 iaŋ	
江知二庄舒	双撞 uaŋ	江知二庄入	朔桌 o	宕知三章舒	着酌 uo	

续表

ts- 类		ts- 类		tɕ- 类		tɕ- 类
咸山知二庄舒	斩站 aŋ	山知二庄入	扎杀 a	咸山知三章舒	展善 iã	
				咸山知三章入	哲浙 ie	
臻深庄三舒	臻森 ən	臻深庄三入	涩瑟 e	臻深知三章舒	珍针 in	
梗曾知二庄舒	争撑 uaŋ	梗曾知二庄入	责色 e	梗曾知三章舒	郑胜 in	臻深知三章入
通三知庄章舒	中崇 oŋ	通三知庄章入	畜触 u	通三知庄章入	叔粥 iəɯ	梗曾知三章入

由表 5-9 可以观察到祁阳方言知章庄音变的一些规律：庄二、庄三合流后与精组合并，今读［ts-］，知三章三（照）今读合流，今读［tɕ-］。知章庄止摄开口三等字今读［ts-，tsʰ-，s-］可以用声母受韵母影响发生擦化来解释，当属条件音变的主体层次。知、章组通摄与主体层次演变方向不同，从通摄合口三等字今读看，主体层今读［ts-］，但从中古同音类的字残存形式今读［tɕ-］类来看，可以观察到，知、章组通摄字今读有三个层次：［ts-］/［tɕ-］/［t-］。［t-］>［tɕ-］前面提到在汉语历史上为条件音变，属主体层次。［tɕ-］与［ts-］是演变关系还是接触竞争关系目前还无法解释清楚，暂且存疑。我们倾向于认为，知、章组通摄字今读［ts-］是受官话影响产生的文读层，白读层［ts-］长期受官话文读层的侵蚀，逐渐退出历史舞台，只在一些常用字和地名中得以保存。

3. 半齿音日母字今读历史层次

日母音类地位及其音值在音韵学界尚有争议。祁阳方言日母字今读形式主要有［z-］、［ʑ-］、［ȵ-］三种，例字见表 5-10。

表 5-10　日母字今读及例字

例字	z- 类 /ʑ- 类	ȵ- 类	例字	z- 类 /ʑ- 类	ȵ- 类
日	zʅ¹²¹/ʑi¹²¹ 日历	ȵi³³ 日子	肉	zɤu²²⁴/dʑu²² 狗肉	ȵiu³³ 吃肉
饵	æ³²⁴ 饵丝	ȵi³²⁴ 鱼饵	惹	ʑie²²⁴ 惹不起	ȵia³²⁴ 惹祸
热	ze¹²/ʑie¹²¹ 热水瓶	ȵie³³ 天气热	燃	zan¹²/ʑian¹² 燃烧	ȵian³³ 燃起来
人	zən¹²/ʑin¹²¹ 人间	ȵin³³ 人家	入	zu³²⁴/ʑy¹²¹ 入组	ȵia³³ 入（交合）
弱	zo¹²/ʑio¹²¹ 强弱	ȵio³³ 身体弱	若	zuo³²⁴/ʑio¹²¹ 若是	ȵio³³ 如若

表 5-10 所列词均为常用字，声母今读存在三种形式。一般来说，老派今读［ȵ-］，而新派为［z-］、［ʑ-］。今读［ȵ-］其使用受严格的词汇限制，一般是使用频率很高的基本词、地名词。声母年龄层次分布本身就是时间层次的体现。高本汉在其《中国音韵学研究》中将中古日母字构拟为［ȵʑ-］，王力（1985）采纳了高本汉的观点。以北京话为参照系，日母字自上古至今大致经历了如下演变：［ȵʑ-］→［ȵ-］→［ʑ-］→［ʒ-］→［ʐ-］，祁阳方言今读［ȵ-］处于演变的第二阶段。清末章炳麟提出了“古音娘日二母归泥说”，在其《国故论衡·古音娘日二母归泥说》中说：“古音有舌头泥纽，其后支别，则舌上有娘纽，半舌半齿有日纽，于古皆泥纽也”（转引自杨剑桥，2005）。章炳麟认为上古没有娘、日母，只有泥母［n-］。祁阳方言日母字今读［ȵ-］属于上层，而［ʑ-］、［z-］则属于接触音变的顶层，只不过［ʑ-］、［z-］内部也存在层次差异，［ʑ-］是受官话影响产生的层次，而［z-］是祁阳方言受今普通话影响产生的层次。依照文白异读的观点，［ʑ-］是旧文读，［z-］是新文读。用历史层次观来考量，我们认为祁阳方言的［ʑ-］应该视为旁层，［z-］才是顶层。因为现今的权威方言是普通话，而［z-］的产生正是时下受权威普通话影响的产物。以“肉”与“日”为例，可以总结出祁阳方言日母字的三个层次，如表 5-11 所示。

表 5-11　日母层次

例字	声母		
	第一层	第二层	第三层
肉	ȵ-	dʑ-	z-
日	ȵ-	ʑ-	z-

第一层为滞后性音变层，第三层与第二层是一种竞争关系，都属于受官话影响产生的层次。因为第三层是受现代普通话影响而产生的一种新层次，所以细分的话，第二层属于受官话影响产生的旁层，而第三层属于受现代普通话影响产生的顶层。不同土语者对层次的认知存在差异，比如，对于青少年层新派而言，由于接受过正规普通话的训练，大多将第二层视

为白读，第三层为文读，且只存在第二层和第三层两个层次。对于老派而言，则三个层次的关系与新派不同，第一层为白读，第二层为老文读，第三层为新文读，这种层次顺序间接反映了祁阳方言日母字音类受权威方言影响的程度。

4. 牙、喉音今读历史层次

牙音包括“见溪群疑”四母，喉音包括“影喻晓匣”四母。见组字四等齐全，主体层次自上古至中古甚至到《中原音韵》（1324）期间音类无变化。直至清初，见系三等字腭化，［k-］>［tɕ-］/___［-i-，-y-］，其音变具体时限目前仍有争议。王力先生研究清樊腾凤《五方元音》（1756），认为是时见组字业已腭化。祁阳方言见系三等字今读已经腭化，［tɕ-］是见系字继承性上层。祁阳方言见系三等细音基本腭化，例外极少，如“阄”：tɕiu³³ 抓阄 /kəu⁴⁴⁵ 捡阄；“锯”：tɕy³²⁴ 锯木灰 /kæ³²⁴ 锯（名词），可以视为见系字腭化音变残余，属音变滞后层。

见系一、二等原本同属洪音，读为［k-］，见系二等韵母增生介音［-i-］使得见系二等字也发生腭化：［k-］>［tɕ-］/___［-i-］。二等字介音有无及其音值至今仍是一个见仁见智的问题。高本汉、董同龢认为是介音问题，有的学者认为是主要元音问题。王力（1985）认为二等与一等的区别在于介音，其在二等开口前用［-e-］，合口为［-o-］以示与一等字的区别。雅洪托夫认为二等字有介音［-l-］，之后接受蒲立本的建议改为［-r-］。李方桂、郑张尚芳、许宝华、潘悟云、麦耘等采用了雅洪托夫的观点。潘悟云提到了郑张尚芳关于上古二等介音［-r-］至近代的演变：［-r-］>［-ɣ-］>［-ɯ-］>［-ɨ-］>［-i-］，这个公式中的不同形式处于不同时间阶段。北方官话大多已经完成了上述变化，介音［-i-］的增生使得见系字具备腭化条件，［k-］>［tɕ-］/___［-i-］顺理成章。不同方言对于同一规律态度不一，有接受、有妥协，也有抗拒。同为官话，西南官话的见系二等字音类发展速度明显滞后于北方官话，这或许与西南地区与音变中心地带北京的地理距离相隔遥远有一定关系。从语音历史层次来看，见系二等字腭化应该是比较晚近的现象，现代明清官话研究表明，其起始时间应该不会早于清代佚名的《圆音正考》（1743）。

祁阳方言见系二等字今读如表 5-12（见系字包括见组、影组）所示。

表 5–12　见二今读及例字

例字	tɕ- 类	k- 类	例字	tɕ- 类	k- 类
家	tɕia^{445} 家具	ka^{445} 人家	街	tɕie^{445} 步行街	kæ^{445} 上街
间	tɕian^{445} 间谍	kan^{445} 一间房	杏	ɕin^{324} 银杏	ɣɐŋ^{224} 杏仁
讲	tɕiaŋ^{453} 讲义	kaŋ^{453} 讲话	匣	ʑia^{121} 烟匣子	ɣa^{121} 匣子
夹	tɕia^{33} 夹子	ka^{445} 夹菜	吓	ɕia^{445} 吓唬	xa^{33} 吓人
交	tɕiaɔ^{445} 交换	kaɔ^{445} 交人	瞎	ɕia^{33} 瞎马	xa^{33} 瞎子
教	tɕiaɔ^{445} 教师	kaɔ^{445} 教书	觉	tɕiao^{324} 睡觉	kaɔ^{324} 困觉
嫁	tɕia^{324} 嫁人	ka^{324} 哭嫁	枷	tɕia^{445} 枷锁	ka^{445} 枷篮
架	tɕia^{324} 书架	ka^{324} 架子	孝	ɕiaɔ^{324} 孝心	xaɔ^{324} 孝衣
敲	tɕ^{h}iaɔ^{44} 敲门	k^{h}aɔ^{445} 敲打	监	tɕian^{445} 监狱	kan^{445} 监督
跤	tɕiaɔ^{445} 摔跤	kaɔ^{445} 跌跤子	鞋	ʑie^{12} 运动鞋	xæ^{121} 草鞋
角	tɕio^{33} 一角	ko^{33} 角色	窖	tɕiaɔ^{324} 地窖	kaɔ^{324} 窖眼
奸	tɕian^{445} 奸臣	kaŋ^{445} 强奸	咸	ʑian^{121} 咸阳	ɣan^{121} 咸淡
减	tɕian^{453} 减色	kaŋ^{453} 减法	痂	tɕia^{44} 痂	ka^{44} 痂子
界	tɕie^{324} 界线	kæ^{324} 世界	阶	tɕie^{445} 阶段	kæ^{445} 阶级
虾	ɕia^{445} 虾米	xa^{445} 虾子	皆	tɕie^{445} 皆（副词）	kæ^{445} 皆是
届	tɕie^{324} 届时	kæ^{324} 往届	芥	tɕie^{324} 芥末	kæ^{324} 芥菜
介	tɕie^{324} 介意	kæ^{324} 介绍	狭	ʑia^{121} 狭隘	ɣa^{121} 狭窄
解	tɕie^{453} 解决	kæ^{453} 解放	蟹	ɕie^{33} 蟹黄	xa^{33} 螃蟹
江	tɕiaŋ^{445} 江水	kaŋ^{445} 江边	艰	tɕian^{445} 艰辛	kan^{445} 艰苦
驾	tɕia^{324} 驾驶	ka^{324} 驾马	甲	tɕia^{33} 甲乙	kaŋ^{44} 指甲
叫	tɕiaɔ^{324} 叫骂	kaɔ^{324} 叫花子	行	ʑin^{121} 行军	ɣaŋ^{121} 行家
假	tɕia^{453} 假货	ka^{453} 假徕子	学	ɕye^{12}/ʑio^{12} 学习	ɣo^{121} 学舌

注：见系开口二等字白读中没有腭化的元音，/a/ 的实际音值为较为靠后的元音［ɑ］，韵母中鼻音韵尾［-n］受韵母主要元音影响也演变成后鼻音［-ŋ］。

见系二等字今读尚未腭化的［k-］与业已腭化的［tɕ-］对立。从使用频率来看，后者使用频率正逐步提升，而后者的使用受到严格的词汇限制，属于本地较土俗的方言词，就总的趋势而言，见系二等字今读［k-］正逐渐退出历史舞台。这种受严格词汇条件、年龄层次制约的演变很难用条件音变来加以解释，因为见系二等字腭化首先发生在官话中，其音变时间较晚，这种晚起的源头为北方官话的音变现象，很可能是受权威官话影响通过叠置式音变产生的文白异读方式向其他方言扩散的结果。祁阳方言见系字历史层次因韵母等第不同而异，见系三、四等字腭化音变为主体的顶层，而见系二等字为受权威方言、普通话接触影响而产生的旁层。这个结论可从周边同小片方言见系二等字今读中得到印证，见表 5-13。

表 5-13　部分湘方言点见系二等字今读类型

例字	祁阳	东安	岚角山	全州	延东	资源	衡阳	邵阳	祁东
街	k-	k-	k-	k-	k-	k-	tɕ-/k-	k-	k-
家	tɕ-/k-	k-	tɕ-/k-	tɕ-/k-	k-	k-	tɕ-/k-	k-	tɕ-/k-
孝	x-/ɕ-	x-/ɕ-	x-/ɕ-	x-/ɕ-	x-/ɕ-	x-/ɕ-	x-/ɕ-	x-/ɕ-	x-

邻近同片方言见系二等同音类字与祁阳方言演变方向趋同是祁阳方言“[k-] > [tɕ-]”因接触产生叠置式音变的最好注脚。湘方言永全片长期与西南官话接触，部分地区存在方言与官话共存的双语现象，受官话影响、浸染也就在所难免了。

5. 疑母、影母今读层次

古影母、疑母字有四等齐备，值得一提的是，影母、疑母一、二、三等字的演变。祁阳方言影母、疑母今读形式见表 5-14。

表 5-14　影母、疑母层次

例字	Ø- 类	ŋ- 类 /ȵ- 类	例字	Ø- 类	ŋ- 类 /ȵ- 类
轧	ia³³ 轧路	ŋa³³ 轧棉花	咬	iaɔ³²⁴ 咬破	ŋaɔ³²⁴ 咬人
宜	i³³ 便宜	ȵi³³ 便宜	仪	i²² 礼仪	ȵi²² 仪表
蚁	i²² 蚂蚁	ȵi³³ 蚂蚁子	谊	i²² 友谊	ȵi²² 情谊
义	i³²⁴ 主义	ȵi³²⁴ 义气	议	i³²⁴ 会议	ȵi³²⁴ 议论
严	ian²² 戒严	ȵian²² 严格	验	ian³²⁴ 实验	ȵiɛn³²⁴ 化验
业	ie³³ 毕业	ȵie³³ 业务	恩	en³³⁴ 恩人	ŋən³³⁴ 报恩
岸	aŋ³²⁴ 上岸	ŋaŋ³²⁴ 岸边	眼	ian⁴⁵³ 眼睛	ŋaŋ⁴⁵³ 眼珠
颜	ian²² 颜色	ŋan²² 颜（姓）	雁	ian³²⁴ 大雁	ŋan³²⁴ 雁鹅

续表

例字	Ø-类	ŋ-类/ȵ-类	例字	Ǿ-类	ŋ-类/ȵ-类
谚	ian^{324} 谚语	ȵian^{324} 谚语	孽	ȵie^{33} 造孽	ŋe^{33} 孽障
言	ian^{22} 答言	ȵiɛn^{22} 言语	研	ian^{22} 科研	ȵiɛn^{22} 研究
砚	ian^{324} 砚池	ȵian^{324} 笔墨纸砚	昂	aŋ^{22} 昂首挺胸	ŋaŋ^{22} 高昂
仰	ian^{453} 信仰	ȵiaŋ^{453} 仰望	硬	in^{324} 硬是	ŋen^{324} 硬软
偶	əu^{453} 配偶	ŋəɤ^{453} 偶然	哑	ia^{453}/a^{453} 聋哑	ŋa^{453} 哑子
哀	æ^{334} 悲哀	ŋæ^{334} 哀求	爱	æ^{324} 爱人	ŋæ^{324} 爱国
轭	e^{324} 车轭	ŋa^{324} 牛轭	挨	æ^{445} 挨打	ŋæ^{445} 挨着
矮	æ^{453} 高矮	ŋæ^{453} 矮子	奥	aɔ^{324} 奥运	ŋaɔ^{324} 澳门
呕	əu^{453} 呕吐	ŋəɤ^{453} 作呕	翁	oŋ^{445} 白头翁	ŋoŋ^{445} 翁（姓）
崖	ia^{22} 山崖	ŋæ^{22} 崖鹰	捱	æ^{22} 捱打	ŋæ^{22} 捱时间
欧	əu^{445} 欧洲	ŋɤɯ^{445} 欧（姓）	藕	əɤ^{324} 藕粉	ŋəɤ^{324} 藕煤
暗	aŋ^{324} 暗中	ŋaŋ^{324} 暗淡	鸭	ia^{33} 烤鸭	ŋa^{33} 鸭蛋
安	aŋ^{334} 公安	Daŋ^{334} 安装	案	aŋ^{324} 教案	ŋaŋ^{324} 案板

表 5-14 中影母［ʔ-］、疑母［ŋ-］今读有［Ǿ-］、［ŋ-］、［ȵ-］三种形式。影母中古拟音为［ʔ-］，以北京话为参照系，影母到了元周德清《中原音韵》（1324）时期已由喉塞音演变为零声母［ʔ-］>［Ǿ-］。祁阳方言影母四等字读如［Ǿ-］，与北京话趋同，但一、二、三等字却表现出与疑母字相同的演变趋势。部分影母字发生了［ʔ-］>［ŋ-］/_［一、二、三等］演变。至于影母三等字读如［ȵ-］，当是受见系腭化规律的影响。由此我们推测，祁阳方言影、疑二母合并应该是在见系腭化之前，中古本不同类的影母、疑母在方言中的合流。赵学玲（2007）将影母、疑母在汉语方言中的今读分合类型分为南、北两种，祁阳方言属于南方湘赣型。“这种类型的特点是在开口呼和合口呼里，影、疑二母合流，开口呼多读［ŋ-］，合口呼多读零声母。在齐齿呼与撮口呼里，二者大都不合并，影母读零声母，疑母读［ȵ-］。”我们同意赵文影母合并到疑母的观点。至于影母、疑母合流重组的机制、动因，赵文没有解释。中古划然而立的影母、疑母在后代方言中有条件的合流，这与历史语言学类同变化同原则相抵牾。从影

母、疑母合并在整个汉语方言中的分布情况来看，我们认为疑母、影母合并当是一种类推演变。影母与疑母［ŋ-］、影母［ʔ-］四等分布见表 5–15。

表 5–15　永全片影母、疑母字四呼今读形式

		开口呼		合口呼		齐齿呼		撮口呼	
		影	疑	影	疑	影	疑	影	疑
永全片	祁阳	Ø/ŋ	Ø/ŋ	Ø	Ø/ɣ	Ø/ȵ	Ø /ȵ	Ø	Ø
	祁东	Ø/ŋ/ʔ	Ø/ŋ	Ø	Ø	Ø/ȵ	Ø/ȵ	Ø	Ø
	东安	Ø/ŋ/m	Ø/ŋ	Ø	ŋ/Ø	Ø	Ø/ȵ/n/ŋ	Ø	Ø
	兴安	Ø/ŋ	Ø/ŋ	Ø	Ø	Ø	Ø/n	Ø	Ø
	全州	Ø/ŋ	Ø/ŋ	Ø	Ø	Ø	Ø/ȵ	Ø	Ø
	灌阳	Ø/ŋ	Ø	Ø	Ø	Ø	Ø/ȵ	Ø	Ø
	资源	Ø/ŋ	Ø	Ø	Ø	Ø	Ø/ȵ	Ø	Ø

表 5–15 中影母、疑母在永全片中的演变表明，影母、疑母重组合流之后才有相同的音韵行为，从影母字齐齿呼前读为［ȵ-］或［n-］来看，影母、疑母字合并发生在见系字腭化之前。用公式将影母、疑母字演变加以概括如下：

影母［ʔ-］→疑母［ŋ-］/__［+ 开口呼；+ 齐齿呼］

疑母［ŋ-］→影母［ʔ-］/__［+ 撮口呼］

6. 匣母字今读层次

祁阳方言匣母今读音形有［ɣ-］、［g-］、［v-］、［ø-］、［ʑ-］五种。匣母今读主要形式为［ʑ-］、［ɣ-］，［ɣ-］>［ʑ-］/__［开三］，腭化当与见组同期，［ɣ-］>［ø-］__［合三］也属条件音变。匣母字今读［ɣ-］自中古以降变化不大，可视为上层。匣母今读［ø-］、［v-］很明显是受时下普通话影响产生的顶层，只不过［v-］是韵母合口介音［-u-］受方言音系格局制约异化而成的一种更为晚起的语音变异形式。匣母今读［g-］较为罕见，仅存一“话”字：话 ɣua[12] 话剧 / 话 gua[12] 白话。“话”字声母今读［g-］在汉语方言中鲜见，究其语音历史，当另有所据。李方桂认为中古匣母来自上古群母，李方桂拟出如下公式进行解释：

上古：*g+（一、二、四等韵母）-> 中古匣母 ɣ-

上古：*gw+（一、二、四等韵母）-> 中古匣母 ɣ + w-

“话”：蟹合二夬去匣，此为中古二等，群母中古只有三等，根据李荣的研究，部分方言中群母一、二、四等 ①，如此，李方桂的观点当有所本。遗憾的是我们只有“话”一个例子，有犯孤证之嫌。如果推测成立，“话”今读［g-］当是上古群母的滞后性音变，属音变滞后性上层。

再看例字“王”：宕合三阳喻（云），今读形式因词而异，uaŋ[22]/vaŋ[22] 帝王 /ɣuaŋ[22] 姓王。曾运乾（1996）在《喻母古读考》中指出：“喉声影母独立，本世界制字审音之通则，喻、于二母（近人分喻三为于母），本非影母浊声。于母古隶牙声匣母，喻母古隶舌声定母，部件秩然，不相陵犯。等韵家强之与影母清浊相配，所谓‘非我族类，其心必异’者也。”简言之，中古喻母三、四等分家，喻三（云）上古归匣母，喻四（以）上古归定母，这就是音韵学界著名的“喻三归匣，喻四归定”说。祁阳方言“王”声母今读［ɣ-］是“喻三归匣”的一个很好的例证。今祁阳方言喻三大部分读为零声母［ø-］为条件音变的变主体性上层，而姓氏中的“王”今读［ɣ-］当为音变滞后性上层。

（三）韵母历史层次

从祁阳方言韵母与古音对应看，其与中古音对应较为整齐，层次相对简单。即使存在滞后性上层，一般也不会上溯到上古音，所以祁阳方言韵母层次相对年轻。下面我们先按照中古阴、阳、入声韵分类标准列举祁阳方言中各韵摄今读存在多个层次的韵类，然后在三大类中以中古的等摄为标准分列小类，以北方官话语音史为参照系，综合比较与祁阳方言同片的其他湘方言点同音类今读形式，结合韵书等书证材料来确定各层次的时间期限。

---

① 李荣在《音韵存稿》（第 119 页）中“从现代方言论古群母有一、二、四等”一文中认为闽语方言（包括浙江省南部和广东省闽语系统的方言）有些匣母字读塞音。

1. 阴声韵

假开三等字。假摄开口三等字韵母今读存在主要元音 /e/：/a/ 对立，如表 5-16 所示。

表 5-16　假开三等字今读类别层次

例字	ie	ia	例字	ie	ia
姐	tɕie^{453} 小姐	tɕia^{453} 姐夫	写	ɕie^{453} 书写	ɕia^{453} 写字
借	tɕie^{324} 租借	tɕia^{324} 借钱	泻	ɕie^{324} 止泻药	ɕia^{324} 泻饭
邪	dʑie^{22} 邪恶	dʑia^{22} 邪气	斜	dʑie^{22} 斜线	dʑia^{22} 斜起
爹	tie^{33} 爹娘	tia^{33} 爹爹	谢	ʑie^{224} 谢谢	dʑia^{224} 谢媒人
遮	tɕie^{334} 遮挡	tɕia^{334} 遮雨	蔗	tɕie^{334} 蔗糖	tɕia/tɕi^{334} 甘蔗杆
车	tɕʰie^{334} 开车	tɕʰia^{334} 车水	扯	tɕʰie^{453} 拉扯	tɕʰia^{453} 扯草
蛇	ʑie^{22} 蛇胆	ʑia^{22} 草皮蛇	射	ɕie^{324} 射箭	ɕia^{324} 射水
赊	ɕie^{334} 赊账	ɕia^{334} 赊东西	舍	ɕie^{453} 舍己为人	ɕia^{453} 舍命
夜	ie^{324} 夜晚	ia^{324} 夜晡	爷	ie^{334} 老爷	ia^{334} 爷爷
也	ie^{453} 者也	a^{453} 也是	野	ie^{453} 野生	ia^{453} 野猪
惹	ie^{453} 惹不起	ȵia^{453} 惹祸	茄	dʑie^{22} 番茄	dʑia^{22} 茄子

果摄合口三等字。果摄字今读层次存在 /e/：/a/ 的对立，显然存在两个层次。果合三今读类别层次见表 5-17。

表 5-17　果合三今读类别层次

例字	ye	ya	例字	ye	ya
瘸	tɕʰye^{22} 瘸腿	dʑya^{22} 瘸子	靴	ɕye^{33} 军靴	ɕya^{33} 花靴

果摄与假摄字今读从我们列举的例子来看，存在两个层次：/e/：/a/，果摄与假摄白读层中的语音形式均为低元音［a］，这种相同不是一种偶然，从语音历史演变来看，它代表一种音变滞后层次。据王力（1985）研究，汉语史上果摄与假摄直到魏晋南北朝时期仍为歌部，其音值研究为［*a］。到了隋—中唐音系，歌部分为两部分，一等为歌部［ɑ］，二、三等为麻部［a］，祁阳方言果摄合口三等字与假摄开口三等字的共有层次为［*a］，这说明祁阳方言果摄、假摄白读层［*a］保留了隋—中唐音系时期的状态，

果摄合口三等、假摄开口三等今读［a］为主体滞后性层次，而今读［e］则是后来受官话影响，由接触产生的叠置式音变，属旁层。

2. 阳声韵历史层次

梗摄合口二、三等字今读情况见表 5-18。

表 5-18　梗摄合口二、三等层次今读情况

例字	en	aŋ	例字	en	aŋ
生	sen^{445} 生活	saŋ^{445} 生病	冷	len^{453} 冷血	laŋ^{453} 冷水
硬	ŋen^{324} 生硬	ŋaŋ^{324} 硬起			
	in	iaŋ		in	iaŋ
病	pin^{324} 病毒	biaŋ^{224} 得病	饼	pin^{453} 饼干	piaŋ^{453} 饼药
平	bin^{22} 和平	biaŋ^{22} 整平	坪	bin^{22} 草坪	biaŋ^{22} 黎家坪
明	min^{22} 光明	maŋ^{22}/miaŋ^{22}/miã^{22} 明日	名	min^{22} 名誉	miaŋ^{22} 名字
命	min^{324} 命运	miaŋ^{324} 命大	零	din^{22} 零度	diaŋ^{22} 零钱
钉	tin^{334} 螺丝钉	diaŋ^{334} 钉子	正	tɕin^{324} 正负	tɕiaŋ^{324} 正正好
钉	tin^{324} 订书机	tiaŋ^{324} 钉钉子	声	ɕin^{334} 声音	ɕiaŋ^{334} 大声
叮	tiaŋ^{334} 叮咬	tiaŋ^{334} 叮一口	停	din^{22} 停止	diaŋ^{22} 停到
岭	lin^{324} 山岭	liaŋ^{324} 八角岭	听	tʰin^{324} 听话	tʰiaŋ^{324} 听讲
厅	tʰin^{445} 交通厅	thiaɔ^{445}/thiaŋ^{445} 厅屋	惊	tɕin^{334} 惊讶	tɕiaŋ^{334} 惊醒
井	tɕin^{324} 钻井	tɕiaŋ^{324} 井眼	净	tɕin^{324} 干净	tɕiaŋ^{324} 净衣服
整	tɕin^{453} 整齐	tɕiaŋ^{453} 整平	诊	tɕin^{453} 诊所	tɕiaŋ^{453} 诊病
清	tɕʰin^{334} 清楚	tɕhiaŋ^{334} 焦青	轻	tɕʰin^{334} 轻视	tɕiaŋ^{334} 轻重
请	tɕʰin^{453} 请示	tɕhiaŋ^{453} 请客	晴	dʑin^{22} 晴雨表	dʑiaŋ^{22} 天晴
青	tɕʰin^{334} 青草	tɕhiaŋ^{334} 青鱼	拼	pʰin^{334} 拼图	pʰaŋ^{334} 拼命
星	ɕin^{334} 星星	ɕiaŋ^{334} 星子	腥	ɕin^{334} 鱼腥草	ɕiaŋ^{334} 腥气
影	in^{324} 电影	iaŋ^{324} 影子	萤	in^{22} 萤光	iaŋ^{22} 萤火虫
颈	tɕin^{324} 颈椎	tɕiaŋ^{324} 颈颡	鼎	tin^{324} 鼎鼎大名	tiaŋ^{324} 鼎锅
醒	ɕin^{324} 醒目	ɕiaŋ^{324} 醒来	融	ioŋ^{22} 融化	iaŋ^{22} 融雪

关于梗摄开口二、三、四等字层次问题详参本章第三节分析。从梗摄字在南方方言的地域分布中可以观察到，梗摄开口二、三、四等字白读层

主要元音为低元音 /a/ 及其变体，其相对于北方官话 /ə/ 及其变体而言，是一种主体滞后性音变。我们以《汉语方音字汇》（2003）中梗摄代表字为例来说明梗摄字今读分布情况，见表 5-19。

表 5-19　方言梗摄字今读比较

	祁阳	东安	双峰	衡阳	邵阳	长沙	南昌	厦门	广州
病	biaŋ	bio	biɒŋ	pin	bin	pin	pʰiaŋ	pi	pɛŋ
冷	laŋ	lo	liɒŋ	lən	nən	lən	liɒŋ	lɪŋ	laŋ
争	tsuaŋ	tso	tsɒŋ	tsən	tsən	tsən	tsaŋ	tsĩ	ʧaŋ
声	ɕiaŋ	ɕio	ɕiɒŋ	sən	ɕin	sən	saŋ	sĩã	ʃɛŋ
命	miaŋ	mio	miɒŋ	min	min	min	miaŋ	miã	mɛŋ
平	biaŋ	bio	biɒŋ	pin	bin	pin	pʰiaŋ	pin	pʰɛŋ

从表 5-19 可见，梗摄字在今南方方言中存在大量文白异读情况，有两个层次，第一层韵母主要元音一般为低元音 /a/、/ɒ/，而第二层主要元音明显央化、高化，如 /ə/、/ɪ/、/i/，我们认为梗摄开口二、三、四等字主要元音在发展过程中经历了重组，南方方言今读韵母 /a/、/ɒ/ 是两汉时期阳韵与庚合流的方言例证，代表两汉时期的汉语层次。东安土话梗摄字鼻音韵尾已经脱落，其主要元音仍可通过与其他韵类的对应看出其经历了一个 /a/、/o/ 的高化过程，韵母主要元音在失去韵尾保护之后走向了高化道路（鲍厚星，1998）。

祁阳方言梗摄字今读层次如表 5-20 所示。

表 5-20　祁阳方言梗摄字今读层次

例字	韵母			
	第一层	第二层	第三层	第四层
明	iaŋ	aŋ	iã	in
命	iaŋ	—	—	in

表 5-20 中祁阳方言梗摄字层次较为复杂，有的层次多达 4 个。以“明”为例，第一层与第四层与其他字共有。第一层可以上溯到前面分析

的东汉时期阳部滞后性上层。层次［in］是与官话接触受官话影响产生的旁层。第三层演变路径很明显，是第一层的舌根鼻音向舌尖鼻音转化后，主要元音鼻化，其时间应该在第一层之后，在第四层之前。之于第二层，我们查阅了北京大学主编的《汉语方音字汇》(2003)，梗摄三、四等字今读［aŋ］，在闽方言白读中较为常见，例字见表 5-21。

表 5-21　闽方言梗摄字今读层次

	厦门	潮州	福州	建瓯
明	꜀bɪŋ（文）/miã（白）	꜀meŋ（文）/me（白）	꜀miŋ（文）/꜀maŋ（白）	꜀meiŋ（文）/meiŋ꜄（白）

闽方言福州话“明”的韵母也分两个层次，文读为［iŋ］，白读为［aŋ］，由于在汉语方言中我们没有找到［aŋ］与［iaŋ］形成文白异读层次的又音现象，所以很难断定［iaŋ］/［aŋ］层次孰先孰后。鉴于祁阳方言中［iaŋ］/［aŋ］出现的地域差异，且都与［ĩn］形成文白异读，加上祁阳境内族群的来源甚广，我们暂且认为“明”韵母［aŋ］很可能是由于移民带来的层次，属旁层。

3. 入声韵

祁阳方言中古入声塞音韵尾已经脱落，由促声转为舒声，与阴声韵相同，但入声调在声调系统中自成一个调类。我们这里主要列举祁阳方言标记性较强的一些入声字来对祁阳方言部分入声字层次进行初步探讨。

山摄合口一等入声字今读及其例字见表 5-22。

表 5-22　山合一入声字今读及其例字

	第一层	第二层		第一层	第二层
例字	o	ua	例字	o	ua
捋	lo^{44} 捋胡子	lua^{44} 捋衣袖	阔	k^{h}o^{44} 阔气	k^{h}ua^{44} 阔嘴巴
撮	ts^{h}o^{44} 撮合	ts^{h}ua^{44} 撮箕	括	ko^{44} 包括	kua^{44} 括号
脱	t^{h}o^{44} 推脱	t^{h}ua^{44} 脱衣	葛	ko^{44} 诸葛亮	kua^{44} 葛木藤

梗摄开口二等入声字今读层次见表 5-23。

表 5-23　梗开二入声字今读层次

	第一层	第二层		第一层	第二层
例字	e	a	例字	e	a
白	bæ^{22}/be^{22} 白水	ba^{22} 白纸	黑	xe^{44} 黑色	xa^{44} 夜黑
拍	pʰe^{44} 拍子	pʰa^{44} 拍酒	吓	xe^{44} 恐吓	xa^{44} 吓一跳
择	dze^{22} 选择	dza^{22} 择小菜	隔	ke^{44} 间隔	ka^{44} 隔壁
摘	tse^{44} 文摘	tsa^{44} 摘茶籽	额	ŋe^{44} 名额	ŋa^{44} 额头
轭	ŋe^{44} 车轭	ŋa^{44} 牛轭	坼	tsʰe^{44} 天崩地坼	tsʰa^{44} 开坼
客	kʰe^{44} 客气	kʰa^{44} 请客			

注：开口二等字白读中的［a］的实际音值接近［ɑ］。

梗摄开口三、四等入声字今读层次见表 5-24。

表 5-24　梗开三、四入声字今读层次

	第一层	第二层		第一层	第二层
例字	i/ɿ	ia	例字	i	ia
提	di^{22} 提前	dia^{22} 提桶	席	dʑi^{22} 主席	dʑia^{22} 席子
壁	pi^{44} 壁虎	pia^{44} 墙壁	只	tsɿ^{44} 一只鸟	tɕia^{44} 只只
吃	ʰɿ^{44} 白吃	tɕʰia^{44} 吃饭	石	ʑɿ^{22} 石鼓	ʑia^{22} 石头
炙	ɿ^{44} 炙热	tɕia^{44} 炙火	锡	ɕɿ^{44} 无锡	ɕia^{44} 锡铁
乞	ʰɿ^{44} 乞丐	tɕʰia^{44} 老乞婆	赤	ʰɿ^{44} 赤练蛇	tɕʰia^{44} 赤脚
尺	ʰɿ^{44} 卷尺	tɕʰia^{44} 尺寸	滴	ti^{44} 滴水洞	tia^{44} 一滴
劈	pʰi^{44} 劈叉	pʰia^{44} 劈柴	栗	li^{44} 板栗	lia^{44} 栗子树

上述四类入声韵母今读大致可分为两个层次。第一层韵母主要元音较第二层韵母主要元音要高，第二层主要元音为低元音 /a/ 及变体［ɑ］。从汉语语音历史来源看，入声韵与阳声韵相配，山摄和梗摄、梗摄入声字中古时期韵尾分别为清塞音［-t］与［-k］，入声韵主要元音与对应的阳声韵相同或者发展保持同步。到了元《中原音韵》（1324）时期，官话入声塞音韵尾脱落，变成开音节，阳入主要元音对应格局被打破，主要元音变化规则性变弱。在汉语部分方言中入声仍然保留，一些方言虽然入声韵尾脱

落，但入声调自成一类，成为古入声韵标记。祁阳方言古入声韵塞音韵尾脱落，入声调由促声变为舒声，但自成一类。

胡安顺（2002：1~8）论述了汉语辅音韵尾对韵腹的稳定作用，失去辅音韵尾，韵腹主要元音变化规则相当复杂，大多数选择高化。祁阳方言入声韵今读韵母为低元音 /a/ 及变体［ɑ］的，应该处于入声韵辅音韵尾脱落不久时的一种状态，因为其主要元音跟中古时期与其对应的阳声韵的主要元音仍处于相同或者保持同步的阶段。其他保留入声的汉语方言证实，但凡存在入声塞音韵尾的，阳、入声韵主要元音大致相同，与中古无异，例字见表 5-25。

表 5-25　山摄、梗摄字阳声韵、入声韵比较

	山合一入	山合一阳	梗开二入	梗开二阳	梗开三、四入	梗开三、四阳
	脱	乱	白	生	锡	星
中古	t^{h}uat	luan	bɐk	ʃɐŋ	siek	sieŋ
祁阳	t^{h}o/t^{h}ua	luã	be/ba	sən/saŋ	ɕʅ/ɕia	ɕin/ɕiaŋ
东安	t^{h}o/t^{h}a	lue	bo	sən/so	ɕio	ɕio/ɕin
南昌	t^{h}ɔt	lɔn	p^{h}ɛt/p^{h}ak	sɛn / saŋ	ɕiak	ɕiaŋ
梅县	t^{h}ɔt	lɔn	p^{h}ak	sɛn /saŋ	sit /siak	saiŋ

注：“/” 斜线前为文读，后为白读。

资料来源：中古音来自《汉字古音手册》（郭锡良，1986），东安方言来自《东安方言研究》（鲍厚星，1998），其他方言材料均来自《汉语方音字汇》（北京大学，2003）。

从表 5-25 可以看出，尚未失去辅音韵尾的客赣方言入声韵，其白读韵腹主要元音与阳声韵基本相同，与中古音也能形成整齐的对应。比较祁阳方言及同片的东安方言，也能看出阳声韵与入声韵韵腹元音的对应。塞辅音韵尾的脱落，韵腹元音开始变化，逐渐与阳声韵主要元音变得不同，这个在东安方言山合一入声字中得以显现。从祁阳方言阳入声韵主要元音与阳声韵的相似度看，我们可以推测，祁阳方言今读入声字韵腹为低元音 /a/ 及其变体的，应是入声塞音韵尾失落不久的一种状态。塞音韵尾脱落，主要元音开始高化。王力（1985：485）认为：“元音高化是最常见的事实。”因而，在确定列举的三类入声字两个对立层次性质时，我们是应该将其定性为条件演变还是接触演变？综合考察祁阳方言山摄合口一等、梗开二、梗开三、四三类入声字韵母的音韵表现，及其与祁阳方言同片其他方言点相同音类的语音表现，我们认为第一层与第二层是条件演变关系，第二层是第一层辅音韵尾脱落后元音高化的结果，不同韵类因塞音韵尾脱落时间不同而导致韵腹主要元音高化时间不同，因而处于高化链不同阶段，这在邻近的东安方言中也有类似表现，祁阳方言元音高化见图 5-1。

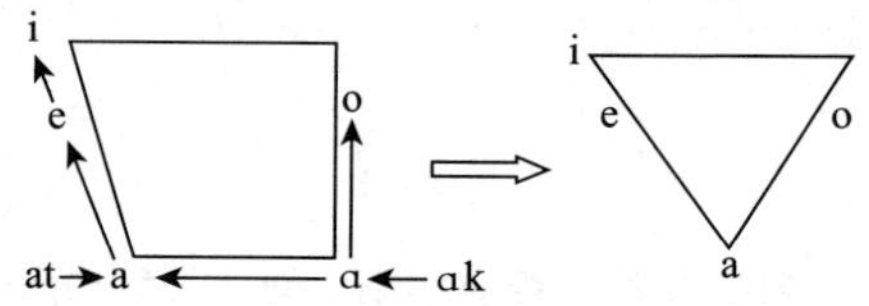

图 5-1　祁阳方言入声韵韵腹元音高化

图 5-1 中左图演示了祁阳方言主要元音高化的过程，经历元音高化后，祁阳方言主要元音格局大致如右图所示，元音高化后格局发生变化，由四边形变为三角形，与大多数湘方言元音格局保持一致。我们认为第一层为主体传承性上层，第二层为滞后性上层。

三　小结

借鉴当前历史层次理论，我们对祁阳方言语音声韵历史层次进行了梳理，离析了祁阳方言声韵层次。结合文白异读、有关地方文献、官话文献等材料及同片方言相同音类的比较，我们排定了祁阳方言各历史层次的大致次序和相对时间期限。

疑难之处在于，祁阳方言历史层次十分复杂，由于反映地方方言语音文献的缺失，我们无法确定某一音类演变具体时限。此外，对于一些层次条件演变还是竞争性演变性质，尤其是在判断音变滞后性层次与接触性层次时，由于没有非常明确的证据表明两个音类之间有明显音理演变关系，因而相关研究显得步履维艰。

第二节　祁阳方言否定副词“[$x^{ə}i^{453}$]”层次

本节主要在描写分析祁阳方言特殊否定副词“[$x^{ə}i^{453}$]”功能、分布基础上尝试探讨祁阳方言否定副词“[$x^{ə}i^{453}$]”的层次问题。

一　祁阳方言否定副词“[$x^{ə}i^{53}$]”的功能分布

祁阳方言否定副词主要有“不 [pu^{44}]”“莫 [mo^{44}]”“冇 [mau^{324}]”“[$x^{ə}i^{453}$]”“[$\dot{ŋ}^{44}$]”五个，其中“[$\dot{ŋ}^{44}$]”单用于否定回答。“[$x^{ə}i^{453}$]”在祁阳方言中是一个比较特殊的否定副词，其功能与“不”类似，主要用来修饰动词、形容词。普通话否定副词“不”对应祁阳方言“不”和“[$x^{ə}i^{453}$]”。为了突出“[$x^{ə}i^{453}$]”的特性，我们将其与祁阳方言其他否定副词以及普通话同类副词进行比较。

（一）“[$x^{ə}i^{453}$]”与“不”

“[$x^{ə}i^{453}$]”和“不”在修饰动词和形容词时没有区别，其他功能差别很大。试比较下列句子（带 * 表示不能成句，a、b 为方言例句，斜线后和括号中的为普通话释义，下同）。

（1）a 你箇里 [$x^{ə}i^{453}$] 在行呢？
　　b 你箇里不在行呢？（你这么不听话呢？）
（2）a 箇本书 [$x^{ə}i^{453}$] 是我咯。
　　b 箇本书不是我咯。（这本书不是我的。）
（3）a 清 [$x^{ə}i^{53}$] 清辣？ | [$x^{ə}i^{453}$] 清辣。
　　b* 清不清辣？ | 不清辣。（是不是很辣？ / 不是很辣）
（4）a 其心里 [$x^{ə}i^{453}$] 想去读书。
　　b 其心里不想去读书。（他心里不想去读书。）
（5）a 你去不去？ | [$x^{ə}i^{453}$] / 不去。
　　b * 你去 [$x^{ə}i^{453}$] 去？ | [$x^{ə}i^{453}$] 不去。（你去不去？ / 不去）

（6）a 不到夜晡不拢屋。

b *［x^{ə}i^{453}］到夜晡［x^{ə}i^{453}］拢屋。（不到天黑不回家）

（7）a 不准吃烟！

b *［x^{ə}i^{453}］准吃烟！（不准抽烟！）

上面例句中，例句（3）b、（5）b 不成立，说明［x^{ə}i^{453}］不能出现在“V 不 V”句式中；例句（6）b 说明“［x^{ə}i^{453}］”不能替代“不……不……”“不管……”等结构中的“不”；例句（7）b 不成立，因为祁阳方言中否定副词“［x^{ə}i^{453}］”不能用于表示禁止的祈使句，“［x^{ə}i^{453}］”只能用于陈述，语法层面不冲突，但语用冲突。

（二）“［x^{ə}i^{453}］”与“莫［mo^{44}］”

普通话用来修饰动词和形容词的否定副词除了“不”外，还有“别”字。“别”修饰动词、形容词主要是用来表示禁止或者劝阻，这种句式中的“别”在祁阳方言中一般用“莫［mo^{44}］”字，不用“［x^{ə}i^{453}］”。如：

（8）a *［x^{ə}i^{453}］贪耍！ x^{ə}i^{53} t^{h}an^{445} sua^{453}！（别太贪玩！）

b 莫贪耍！ mo^{44} t^{h}an^{445} sua^{453}！

“［x^{ə}i^{453}］贪耍”否定陈述，不表禁止。“［x^{ə}i^{453}］”不能用于祈使句，语用层面受限，语法层面上“［x^{ə}i^{453}］”可以修饰“贪耍”，语病同例句（7）b。

（三）“［x^{ə}i^{453}］”与“冇”、“没”

祁阳方言否定副词“冇”跟“［x^{ə}i^{453}］”在分布上不冲突。“冇”常常表示“未曾”，相当于普通话“没”。如：

（9）a 其咯目年还冇回来。tɕi^{453} ko^{453} mu^{44} ȵian^{22} ɣa^{22} mɔ^{324} ɣui^{22} læ^{22}。

b 其咯目年还［x^{ə}i^{453}］回来。tɕi^{453} ko^{453} mu^{44} ȵian^{22} ɣa^{12} x^{ə}i^{53} ɣui^{22} læ^{12}。（他这个时候还不回来）

（9）a 陈述的是“其（他）”在说话时没回来的事实；（9）b 虽然也表示没回来的事实，但语义有别，“[xᵊi⁴⁵³]”含有责备意味，意思是本该回来却没回来。

祁阳方言否定副词“[xᵊi⁴⁵³]”与“不”、“莫 [mo⁴⁴]”、“冇 [mau³²⁴]”功能、分布见表 5-26。

表 5-26　普通话、方言否定副词功能对应

普	方	形词词（性质）	祈使句	判断句	动 词（能愿）	反复问句	固定短语	用于句末
不	不	+	+	+	+	+	+	+
—	[xᵊi⁵³]	+	–	+	+	–	–	–
别	莫	+	+	–	–	–	–	–
没	冇	+	–	–	–	–	–	–
—	[ŋ⁴⁴]	–	–	–	+	–	–	–

从表 5-26 中“[xᵊi⁴⁵³]”的分布可以看出，否定副词“[xᵊi⁴⁵³]”跟“不”最为紧密，二者共处于祁阳方言口语系统中。“[xᵊi⁴⁵³]”与“冇 [mau³²⁴]”、“莫 [mo⁴⁴]”关系较为疏远。而“[ŋ̍⁴⁴]”则主要用于表示一种否定的情态，与其他否定副词相比，其使用范围更窄，呈萎缩之势。

二　否定副词“[xᵊi⁴⁵³]”的来源

北京话否定副词在语义分布和功能上互补，同一位置上不重叠，如“不”跟“没”。祁阳方言否定副词“[xᵊi⁴⁵³]”与“不”功能相似，但有部分重叠。“不”可以替代任何位置上的“[xᵊi⁴⁵³]”，反之则不能。这种分布不对称并不是说“[xᵊi⁴⁵³]”在祁阳方言中可有可无。从使用频率来看，“[xᵊi⁴⁵³]”使用频率与“不”旗鼓相当，当地人能够自由、准确地切换“[xᵊi⁴⁵³]”和“不”而不影响交际。“不”与“[xᵊi⁴⁵³]”在句子中同一位置叠置引起了我们对“[xᵊi⁴⁵³]”来源的兴趣。“[xᵊi⁴⁵³]”是祁阳方言系统自我演变的结果，还是同其他方言接触产生的叠置，抑或是民族语底层？值得探究。

（一）从语音类型看否定副词“[$x^əi^{453}$]”历史语音地位

王力在《汉语史稿》“同源词”中援引杨树达先生《高等国文语法》列举的 16 个否定副词，“如果按上古音来说，它们都是唇音字，其中十一个是明母字，五个是帮母字”，如：不，上古帮母之部 *pĭwət；无、亡，明母鱼部 *mĭwɑ；弗，帮母物部 *pĭwə̆t；勿，明母物部 *mĭwə̆t；未，明母物部 *mĭwə̆t；非、匪，帮母微部 *pĭwəi；莫，明母铎部，*măk 等（王力，1982：618）。王力通过例证旨在说明上古汉语否定词声类与帮母、明母之间的联系不是偶然的。汉语方言“不”类否定副词语音形式与王力的观点吻合，如表 5-27 所示。

表 5–27 汉语方言“不”类否定副词语音形式

	北京	长沙	上海	温州	广州	厦门	福州	梅县	南昌
动词	pu	pu/ ŋ̍	vəʔ	m̩/n̩/fu	m̩	m̩	iŋ̍/ŋ̍	m̩	ŋ̍/pu
形容词	pu	pu/ ŋ̍	vəʔ	m̩/n̩/fu	m̩	m̩	iŋ̍/ŋ̍	m̩	ŋ̍/pu

上古汉语否定副词发展到今天，语音形式变化很大，但根据语音演变规律，都能找到与其对应的上古、中古音形式，通过音义对应可以考求否定副词本字。潘悟云（2002a）提出了考证汉语否定词本字的基本方法和原则。遵循潘悟云考本字的方法，我们在《广韵》中查证了祁阳方言否定副词本字：“不”对应“不”，甫鸠切，帮尤开三平流 *pĭwət；“莫”对应“莫”，慕各切，宕开一入铎明 *mɑk；“冇”对应“无”，武夫切，遇合三平虞微 *mĭu。“[$x^əi^{453}$]”声母［x-］属舌根清擦音，今读韵母［i］中古来源甚广。在《广韵》中我们没能找到与“[$x^əi^{453}$]”相对应的形式，其本字无从考证。

从汉语否定副词语音类型看，汉语中否定副词的声母发音部位与唇音有关，南昌、福州方言带舌根的否定副词［ŋ̍］，一般认为是否定副词［m̩］的变体，所以其前身亦与唇音有关。“[$x^əi^{453}$]”与汉语否定副词声类唇音帮组［p-］及其中古变体唇齿音非组［f-］，在发音部位上存在差异。祁阳方言否定副词“[$x^əi^{453}$]”与汉语否定副词语音类型差异说明“[$x^əi^{453}$]”可能与汉语没有发生学关系，否定副词“[$x^əi^{453}$]”很可能是一个异源词。

（二）"[$x^əi^{453}$]"与祁阳方言语音系统演变

在祁阳方言语音系统中，舌根音［x-］与单韵母［-i］拼合的只有两个字，一个是我们讨论的否定副词"[$x^əi^{453}$]"，另一个就是感叹词"[$x^əi^{324}$]"，后者为拟声词，对本书论证价值不大，本书不予讨论。感叹词"[$x^əi^{324}$]"从生成音系学角度看属边际音，从否定副词"[$x^əi^{453}$]"的分布看，"[$x^əi^{453}$]"的性质不太可能是边际音。祁阳方言音系中的擦音［x-］来自古晓母，祁阳方言舌根声母［k-、kh-、x-］不跟单元音韵母［i］拼合，［k-、kh-、x-］跟［-i］拼合时，早已腭化为舌面音［tɕ-、tɕh-、ɕ-］，其演变方式如下：

［k-、kh-、x-］>［tɕ-、tɕh-、ɕ-］/__［-i］#

例外只限于第三人称代词"[ki^{53}]"，李维琦论证［ki^{53}］"来自相邻的常宁市"。我们认为人称代词［ki^{53}］的本字是"渠"，其与祁阳方言大部分地区第三人称代词［$tɕi^{53}$］只是语音形式不同，舌根声母［k-］是腭化音变残余。从语音历史演变来看，祁阳方言否定副词"[$x^əi^{453}$]"不可能是语音系统条件音变的结果，其与祁阳方言音系组合配列机制相抵触，我们很难从条件演变机制对其进行合理的音理解释，相反，语言或方言接触产生层次的可能性较大。

（三）"[$x^əi^{453}$]"与土话否定副词

东安土话。为了探求否定副词"[$x^əi^{453}$]"的来源，我们将考察范围扩大到了与祁阳方言有地缘接触的土话，并获得了十分重要的信息。我们在湘南东安土话中找到了一个十分重要的例证。东安县隶属永州市，其境内主要使用西南官话和湘南土语。鲍厚星（1998）在描写东安土话否定副词时提到了否定副词"[$ɣa^{24}$]"，否定副词的功能与否定副词"不"互补，如：

（10）a 去不去？｜该不该来？｜开不开会？是不是？

b 晓不晓得？｜认不认得？｜当不当得？｜食不食得？

（例证引自鲍厚星，1998：215）

a 类否定词都用“［ɣa^{24}］”而不用“不”回答。b 类否定回答可以有两种说法，如晓不得 /［ɣa^{24}］晓得。祁阳方言此类反复问句“［x^{ə}i^{453}］”与“不”两个都可以回答 a 类提问，但在回答 b 类反复问句否定回答时只能用“不”，不能用“［x^{ə}i^{453}］”，如回答“晓不晓得”之类提问，答案只能是“晓不得”或者“不晓得”，而不能是“［x^{ə}i^{453}］晓得”或者“晓［x^{ə}i^{453}］得”。比较祁阳方言反复问句回答，祁阳方言“［x^{ə}i^{453}］”与东安土话“［ɣa^{24}］”功能分布大致相同。从语音形式、语法功能看，这些整齐的对应绝非偶然。对于否定副词“［ɣa^{24}］”的本字及其来源，鲍厚星没有提及。

罗昕如（2004a）描写了湘南土话否定副词众多调查点的语音形式。东安土话否定词“［ɣa^{24}］”声母是舌根音，与其他点双唇声母［m］和成音节［ŋ̍］不同。祁阳方言“［x^{ə}i^{453}］”与东安土话“［ɣa^{24}］”的联系似乎表明“［x^{ə}i^{453}］”与“［ɣa^{24}］”有共同语源。东安土话系属不明，罗昕如（2004b）通过词汇比较指出：“我们将湘南土话各个点的五个代词‘我、你、他、这、那’分别与苗瑶语壮侗语进行比较，发现上述代词与这些少数民族语言有某种程度的对应关系。”罗昕如对于湘南土话的认识比较符合湘南土话语言事实。东安土话否定副词是一个自足系统，而其否定副词“［ɣa^{24}］”异质有序，是罗昕如对湘南土话多层次混合语论断的一个很好证明。

文桥土话。广西东北部的全州文桥土话从方言归属上看，与祁阳方言、东安土话同属湘方言永全片。据唐昌曼（2005）研究，文桥土话中存在一个比较特殊的否定副词［ɣa^{24}］，其主要功能是修饰动词，如：tso^{44}。

（11）他老［ɣa^{24}］作声。（ɣa^{24} tso^{44} çiã^{53}）

（四）“［x^{ə}i^{453}］”与民族语层次

层次一般是指来自异方言或者语言的语言成分。从前面的讨论可以看出祁阳方言否定副词“［x^{ə}i^{453}］”的异质性，其与汉语否定副词在语音类型上的差异说明其来源并非汉语，很可能是汉语方言在长期历史发展中与其他民族族群互动、相互接触产生的一种民族底层。我们的这种推测可以找到语言学上相关证据。

1. 侗台语族底层的证据

在毛宗武等人编写的《瑶族语言简志》（拉珈语）中记载了一个否定副词"[hwãi^{1}]"（毛宗武认为 [hwãi^{1}] 的鼻化成分准确地说是在声母 [h-] 上），"[hwãi^{1}]"是瑶族（拉珈语）使用最频繁的否定副词，其语义、功能跟汉语普通话"不"对等，试看下面的例子：

（12）ma^{2} hwãi^{1} pai^{1}？

你　不　去？（否定动作）

（13）hi^{3} lai^{1} lo：m^{1} hwãi^{1}？

戏　好　看　不？（否定词置于末尾表疑问）

（14）lak^{8} bok^{7} in^{3} hwãi^{1} lai。

哥哥　的　不　好。（否定形容词）

（15）lak^{8} hwãi^{1} fe：ŋ^{3} pai^{1}

他　不　想　去。（否定能愿动词）

（16）pon^{3} sɛu^{1} ni^{2} hwãi^{1} tuk^{3} tsi^{1} kaːi^{3}

这本书　不　是　我　的。（表示否定的判断）

（17）lak^{8} hwãi^{1}taːn^{3} tok^{7} in^{3} lak^{8} noŋ^{4}min^{4} ŋjɛn^{4}tok^{7} in^{3} tu^{2} kji^{3}su^{4}wɛːn^{3}

他　不但　是　个　农民　还是　一个技术员。（用于连词"不但"）

（18）ma^{2} tuk^{8} hwãi^{1} tuk^{8} lak^{8}kja^{3}？

你　是　不　是　瑶族？（肯定否定连用）

（19）hwãi^{1} tson^{3} toŋ^{4}！

不　准　动！（表示禁止）

（引自毛宗武，1982）

从上面的例句看，瑶族（拉珈语）否定副词"[hwãi^{1}]"跟汉语普通话"不"、祁阳方言"[x^{ə}i^{453}]"、东安土话"[ɣa^{24}]"功能基本一致。

2. 苗瑶语族证据

在苗语滇东北方言一支中有一否定副词［hi⁵］/［hi³］，其主要功能是否定动作，也可出现在汉语的一些否定短语中，详见表 5-28。

表 5-28　苗语否定副词

不（去）	未曾，尚未	不太（好）	不然	不必
hi⁵	hi⁵ nie⁶，hi⁵ po⁸	hi³ tʂha⁷	tʂha⁷ hi³ ʐo⁶ tɕi⁷	hi³ mo⁸

资料来源：中央民族学院苗瑶语研究室主编《苗瑶语方言词汇集》，1987。

从语音的相似性看，祁阳方言否定副词"［xᵊi⁴⁵³］"与滇东北苗语否定副词［hi⁵］/［hi³］最为接近，功能方面也能形成较为完整的对应。

我们用表格形式来比较四个否定副词的功能差异，如表 5-29 所示。

表 5-29　"不""［xᵊi⁴⁵³］""［hwãi¹］""［ɣa²⁴］"［hi⁵］功能比较

词类 否定词	形容词（性质）	用于句末	判断句	动词（能愿）	反复问句	表示禁止	用于连词"不但"
不	+	+	+	+	+	+	+
［xᵊi⁴⁵³］	+	–	+	–	–	–	–
［hwãi¹］	+	+	+	+	+	+	+
［ɣa²⁴］	+	+	+	+	–	+	–
［hi⁵］	+	?	?	+	?	?	+

从表 5-29 可以看出，在语音形式上，祁阳方言"［xᵊi⁴⁵³］"、东安土话"［ɣa²⁴］"、瑶族（拉珈语）"［hwãi¹］"、苗语滇东北方言的"［hi⁵］"，三者声母发音部位相同，语义相近。根据历史比较语言学音义对应规则，上述三个否定副词可以视为从共同原始母语分化而来的同源词。问题在于，我们的实地调查表明，祁阳县境内晒北滩瑶族乡瑶族和东安境内瑶族使用的语言同属瑶族勉语语支，而毛宗武先生所记载的广西金秀瑶族使用的语言拉珈语属壮侗语族侗水语支。勉语否定副词跟汉语对应的是"［ṅ］"。为什么祁阳方言"［xᵊi⁴⁵³］"、东安土话、全州文桥土话否定副词"［ɣa²⁴］"与有地缘接触的勉语否定副词"［ṇ］"相差甚远，而与相隔遥远的广西金秀拉

珈语语音上能够形成对应？是不是可以说祁阳方言的“[$x^{ə}i^{453}$]”、东安土话的“[$ɣa^{24}$]”是原始壮侗语底层？值得探究。

（五）“[$ɣa^{24}$]”的语源探讨

祁阳地处湘南地带，这个地区的语言情况较为复杂，以往研究对于湘南地区的语言底层向来存有争议，主要存在两派：侗台语与苗瑶语。

1. 侗台语底层

人类学、民族学证据。侗台语底层说的证据来自人类学和语言学内部材料。梁敏、张君如在《侗台语族概论》中记载了今壮侗语的祖先古“百越”语的分布。据《汉书·地理志》[①]“粤地”条所注，“自交趾至会稽，七八千里，百越杂处，各有种姓”。从地域分布来看，古粤语的分布范围非常广，从浙东一直延续到了今天的越南北部。各地的百越族的族称都不一样，有“於越”（浙江）、“瓯越”（温州）、“西越”（广西）、“扬越”（安徽）、“闽越”（福建）、“山越”（江汉地带）、“夔越”（湖北至四川）、“滇越”（云南）、“骆越”（贵州）等。秦至西汉，南方的百越民族发生了巨大的变化，“秦逾五岭、征百越，在岭南地区建立了桂林、南海、象郡三郡，继而汉武帝征南蛮和西南夷……”（梁敏、张君如，1996：2），长期的战争打破了原有的百越族分布格局，也破坏了他们的原始语言状态。由于战争，当时中原地区居民大批陆续迁徙到百越地区与当地居民杂居，当地土著民族与汉语长期交错杂居必定会因接触发生语言转换、融合或者同化，从而改变原来的语言面貌。来自北方中原地区的汉族军民，其政治、经济、文化方面的优势，会对当地土著民族语言产生长期而深远的影响，导致许多当地土著民族逐渐放弃自己的母语而转用汉语，但是在新的战胜者汉语中保留了原始母语的底层成分。湘南地区作为通往五岭地区的一个重要的中转站，接纳了大批来自北方的移民，这些历代北来的移民与当地土著长期融和，从而形成了今天湘南地区的语言格局。

① 本书史书材料均来自南开大学《二十五史全文库》。

语言学证据。祁阳方言、东安土话分布在湘南地区，此地域历史上为南方百越土著居住地。游汝杰曾经论证的存在于南方方言中几个壮侗语底层词“栏”“墟”等，至今还保留在祁阳方言和东安土话中。祁阳方言中猪舍称为“猪楼”，牛牢称为“牛栏”，这种干栏式建筑与今西南壮侗民族建筑风格相似。黎良军（2000）对比了壮语与湘南邵阳（南路）地区方言中的一些关系词，通过音义比较，发现邵阳南路地区方言中存在一批与广西壮语存在音义对应的关系词，而祁阳与邵阳南路相邻，许多关系词语音特征亦与壮语形成整齐的对应。罗昕如（2004a）从关系词语音对应、语序等方面进行了更为深入的探讨，认为湘南地区语言底层为侗台语，证据确凿，令人信服。

班弨（2006）提出了底层词的三个基本特征：第一，有民族底层作为前提；第二，底层语言中有音义相同或相近的词；第三，表层语言有词形不同的同义词。用上述三个特征考察祁阳方言否定副词“[$x^{ə}i^{453}$]”、东安、文桥土话否定副词“[$ɣa^{24}$]”，基本符合底层词要求。

郑张尚芳（2003：119）考察拉珈语与泰语关系时指出“泰文［h］冠鼻流音、水语［ʔ］冠音或清化鼻流音字，在拉珈语大量转化为［k-］、［kh-］、［h-］、［ʔ-］声母”“拉珈语的不 hwãi 对泰文 hmai……其演变规则为，元音鼻化是原鼻音声母遗迹，w/u 表明原声干部位为唇音……”龚群虎（2001）论述了台语拉珈语中用舌根塞音和舌根塞音加鼻化音跟泰语的［hm-］、［hn-］、［hŋ-］对应，观点跟郑张一致。这说明壮侗语族拉珈语否定副词［ $hwãi^{1}$ ］跟泰文的对应。试比较侗台语否定副词的语音形式：

不（是）：拉珈 hwãi　泰 hmai 壮　bou^{3} mi^{3}　布依 mi^{2}　临高 $mən^{2}$　傣德 $jaŋ^{6}$ am^{5}　侗 kwe^{2}　黎 $gwai^{2}$　水族 me^{2}

不（吃）：拉珈 hwãi　泰 hmai　壮 bou^{3} mi^{3}　布依 mi^{2}　临高 $mən^{2}$　傣德 $jaŋ^{6}$ me^{2}　侗 kwe^{2}　黎 ta^{1}　水 me^{2}

（材料来自《壮侗语族语言词汇集》，1985）

上述语音形式表明侗台语否定副词存在明显语音对应：拉珈语［hw-］—泰［hm-］—傣德［ʔ-］—侗［kw-］—布依［m-］。

根据语音对应规则，古壮侗语否定副词原始形式可以构拟为［*hmai］。［x^{ə}i^{453}］、［ɣa^{24}］、［hwãi^{1}］是由共同语形式［*hmai］分化而来的不同形式，其在不同地域有不同的现代语音表现，将其演变方式可拟测如下。

* hmai＞ hwãi（拉珈语）

* hmai＞* hwai＞* h^{w}ai＞*hai＞x^{ə}i^{453}（祁阳）［主要元音央化］

* hmai＞* hwai＞*h^{w}ai＞*hai＞ɣa^{24}（东安、文桥）［东安土话蟹摄［-ai］，元音韵尾［-i］多脱落］。

原始形式［*hmai］在不同地域的语音表现表明：语言接触过程中强势语言对原始土著语的影响巨大，各方言或土语底层词语音形式为了适应强势语言的音系格局而在某种程度上加以调整。

2. 苗瑶语底层

苗瑶语底层证据主要来自民族学、历史学文献中对于湘南一代居民历史及现代分布及其苗族、瑶族历史迁徙的记载。一般认为，瑶族、苗族和畲族都是源于秦汉时期生活在洞庭湖一代的“武陵蛮”（又称“五溪蛮”）。有证据表明，隋唐以来，瑶族先民就已经南迁到湘南和粤北地区，并逐渐成为该地区最主要的土著民族。《隋书》卷三十一“地理志”云：“长沙郡又杂有夷蜒，名曰莫徭。自云其先祖有功，常免徭役，故以为名。其男子但著白布裈衫，更无巾袴。其女子青布衫，班布裙，通无鞋屩。婚嫁用铁钴蟒为聘财。武陵、巴陵、零陵、桂阳、澧阳、衡山、熙平皆同焉。其丧葬之节，颇同于诸左云”（《隋书》，1982：898）。到了宋代，瑶族先民已经遍布湘南和粤北地区，《宋史》卷四百九十三列传“西南溪峒诸蛮”云：“蛮猺者，居山谷间，其山自衡州常宁县属于桂阳、郴连贺邵四州，环纡千余里，蛮居其中，不事赋役，谓之猺人。”

《隋书》卷八十二列传第四十七“南蛮”：“南蛮杂类，与华人错居，曰蜒，曰獽，曰俚，曰獠，曰㐌。俱无君长，随山洞而居，古先所谓百越是也。其俗断发文（纹）身，好相攻讨，浸以微弱，稍属于中国，皆列为郡县，同之齐人，不复详载。大业中，南荒朝贡者十余国，其事迹多湮灭而无闻。今所存录，四国而已。”

《新唐书》卷一百五十一列传第七十六“关播传”：“湖南峒贼王国良惊剽州县，不可制，诏播宣辑，因得请事，对殿中。”

上述史书记载表明，历史上居住在今湘南地区的居民可能是“蛮人”。据考证，“蛮人”也就是现在的苗瑶族，而不是壮族或者侗族，所以他们的语言不可能是壮侗语，今湘南地区汉语中如果存在少数民族语言底层的话应该是苗瑶语而非壮侗语。庄初升（2004）考察了粤北地区粤北土话底层，认为粤北、湘南地区的底层语言不太可能是壮侗，而可能是苗瑶语。庄初生仅仅从历史上有关湘南、粤北地区的民族迁徙的记载与当今湘南、粤北地区两地少数民族瑶族的分布相结合来印证两地的语言底层，没有涉及湘南地区语言中的关系词、同源词的比较，缺乏语言学证据，有待商榷。

三　小结

本节通过语法功能、语音类型比较确定了祁阳方言否定副词“[x^{ə}i^{453}]”异源层次性质。比较而言，祁阳方言否定副词“[x^{ə}i^{453}]”、东安、文桥土话否定副词“[ɣa^{24}]”与侗台语的否定副词关系为近，而较苗瑶语为远。从语音的相似性角度看，祁阳方言否定副词“[x^{ə}i^{453}]”与滇东北苗语否定副词“[hi^{5}] / [hi^{3}]”可能更为接近，历史比较语言学认为，关系词音义对应比语音相似性在确定语言同源关系上更为可靠。梅耶（1957）在其《历史比较语言学研究导论》中指出语言历史比较中重要的不是语音的相似，而是语音对应。从我们所获得的语言学的证据来看，湘南地区语言底层为侗台语的可能性似乎更大些。虽然目前还没有足够的证据为“[x^{ə}i^{453}]”构拟一个具体的原始形式，但随着研究的深入，否定副词“[x^{ə}i^{453}]”的性质将会越来越清晰。

第三节　从地方志看 140 多年前祁阳方言语音及其演变

历史比较语言学通过比较有同源关系的语言或方言结构差异，或根据语言结构中不规则的例外来探索语言发展规律，此为回顾式的“以今证古”。语言史研究还可以根据时间先后顺序排比有关文献资料，“以古证今”，这种前瞻式研究方法自高本汉以来在中国汉语史研究、汉语方言研究中备受推崇。将传统历史语言学的亲属语言、方言比较同死的历史文献结合来对汉语史或汉语方言史进行研究，对于有浩如烟海历史文献的汉语而言有得天独厚的优势，这种研究方法无疑将大大地推动汉语史、汉语方言历史研究。本书就是采用这种活方言与历史文献互证方法进行的一次实践，本节主要分析清代地方志中记载的祁阳方言方音的直音字、反切字，并将其与祁阳方言今读、官话芝山方言进行比较，以此来探讨 140 多年前祁阳方言部分音类的音值及其 140 多年来某些音类的历史演变。

一　地方志中的祁阳方音字

祁阳方言历史记载最早见于（康熙）《永州府志》，但语焉不详，较为详细的是清代（同治）《永州府志·祁阳县志》。（同治）《永州府志·祁阳县志》同治六年（1866）："祁阳人称祖父为爹爹（爹呼作低），亦曰公公，祖母曰阿毑（毑音姐），父曰爷（呼同涯），母曰奶奶，叔曰满满，女儿曰阿假，兄曰老乡，呼他人曰己，自称亦曰己，人曰凝，大人曰代凝，客曰喀，请客曰褵喀，人家曰凝街……怎么说曰浑拟讲（讲呼本字曰港）……绿呼曰飞天之绿（绿呼作流，入声），青曰碧艳胶青（青音锵）。"

祁阳土音分析："日，呼作匿；星，呼作箱；夜，呼作亚；石，呼作匣；井，呼作奖；竹，呼作丢，入声；粟，呼作秀；胫，呼作将；颈，呼作涨……粥，呼作州，入声；肉，呼作纽，入声；……生，呼作桑；熟，呼作柔；热，呼作聂；冷，呼作朗；尺，呼作却；钉，呼作当；睡，呼作树；醒呼作享；影，呼作养；……去呼作黑，去声，又吼，去声；行，呼作航……听呼作汀锵切；声，呼作商羊切。"

我们将上述文献中的祁阳方音字用国际音标转写，并同中古音、现代祁阳话、芝山官话进行比较，以此来探讨祁阳方言部分音类 140 多年来的演变，详见表 5-30。

表 5-30　祁阳方言方音字比较

字	中古音	拟音	字	中古音	拟音	中原音韵	芝山话	祁阳话
爹	知麻开三平假	ʈia	低	端齐开四平蟹	ti	꜀ti	tie^{55}	tia^{33}/ti^{33}

续表

字	中古音	拟音	字	中古音	拟音	中原音韵	芝山话	祁阳话
驰	精歌开一上果	tsɑ	姐	精麻开三上假	tɕie	꜂tsiɛ	tɕie^{53}	tse^{33}
爷	以麻开三平假	jia	涯	疑支开三平止	ŋĭe	꜁iɛ	ie^{35}	ia^{22}
日	日质开三入臻	ȵʑĭĕt	匿	娘职开三入曾	ȵĭək	ni꜄	ni^{51}	ȵi^{33}
星	心青开三平梗	sieŋ	箱	心阳开三平宕	siaŋ	꜂siaŋ	ɕiã^{33}	ɕiaŋ^{334}
颈	见清开三上梗	kiɛŋ	涨	知阳开三去宕	ʈĭaŋ	tʂaŋ꜄	tɕiã^{324}	tɕiaŋ^{324}
粥	章屋合三入通	tɕĭuk	州	章尤开三平流	tɕĭəu	꜀tʂiəu	tɕiəu^{35}	tɕiɯ^{33}
兄	晓庚开三平梗	xiwɐŋ	乡	晓阳开三平宕	xiaŋ	꜀xiaŋ	ɕiã^{33}	ɕiaŋ^{334}
夜	以麻开三去假	jia	亚	影麻开二去假	a	ia꜄	ia^{324}	ia^{314}
人	日真开三入臻	ȵʑĭen	凝	疑蒸开三去曾	ŋĭəŋ	꜁iəŋ	zən^{35}	ȵin^{22}
讲	见江开二上江	kɔŋ	港	见江开二上江	kɔŋ	꜂kaŋ	tɕiaŋ^{214}	kɑŋ^{453}
客	溪陌开二入梗	kʰɐk	喀	溪陌开二入梗	kʰɐk	꜀kʰa	kʰɤ^{51}	kha^{33}
家	见麻开二平假	ka	街	见皆开二平蟹	kɐi	꜂kiai	tɕia^{55}	ka^{334}
请	清清开三上梗	tsĭɛŋ	襁	溪阳开三上宕	khiaŋ	꜂khiaŋ	tɕiŋ^{214}	tɕiaŋ^{453}
绿	来烛开三入通	liwok	流	来尤开三平流	liəu	꜁liəu	ly^{53}	liɯ^{33}
青	清青开四平梗	tshieŋ	锵	清阳开三平宕	tshiaŋ	꜀tshiaŋ	tɕiŋ^{55}	tɕhiaŋ^{334}
石	禅昔开三入梗	ʑĭɛk	匣	匣狎开二入咸	ɣap	꜁xa	ɕia^{13}	ʑia^{12}
井	精清开三上梗	tsĭɛŋ	奖	精阳开三上宕	tsĭaŋ	꜂tsiaŋ	tɕiã^{324}	tɕiaŋ^{324}
竹	知屋合三入通	ʈĭuk	丢	端幽开三平流	tiəu	꜀tiəu	tiu^{33}	tiɯ^{33}
粟	心烛合三入通	siuk	秀	心尤开三去流	siəu	siəu꜄	ɕiəu^{324}	ɕiɯ^{33}
肉	日屋合三入通	ȵʑĭuk	纽	娘尤开三上流	niəu	niəu꜅	niəu^{53}	ȵiɯ^{33}
生	生庚开三平梗	ʃĭɐŋ	桑	心唐开一平宕	sɑŋ	꜀ʂaŋ	sã^{33}	saŋ^{334}
熟	禅屋合三入通	ʑĭuk	柔	日尤开三平流	ȵʑĭəu	꜁ɹəu	ʑiəu^{13}	ʑiɯ^{22}
热	日薛开三入山	ȵĭɛt	聂	娘叶开三入咸	niɛp	niɛ꜄	nie^{33}	ȵie^{33} næ^{224}
冷	来青开四上梗	lieŋ	朗	来唐开一上宕	lɑŋ	꜂laŋ	lã^{324}	laŋ^{224}
尺	昌昔开三入梗	tɕhĭɛk	却	溪药开三入宕	khiak	꜀kʰiɔ꜆	tɕʰio^{33}	tɕʰia^{33}
钉	端青开四去梗	tieŋ	当	端唐开三平宕	tɑŋ	꜀taŋ	tã^{33}	tiaŋ^{55}
睡	禅支开三去止	ʑĭwe	树	禅虞合三去通	ʑĭu	ʂiu꜄	ʑy^{324}	ʑy^{224}
醒	心青开四上梗	sieŋ	享	晓阳开三上宕	xiaŋ	꜂ɕiaŋ	ɕiã^{324}	ɕiaŋ^{324}

续表

字	中古音	拟音	字	中古音	拟音	中原音韵	芝山话	祁阳话
影	影庚开三上梗	jiɛŋ	养	以阳开三上宕	jiaŋ	꜂iaŋ	$iã^{314}$	$iaŋ^{453}$
去	溪鱼合三去遇	khio	黑 吼	晓德开一入曾 晓侯开一上流	xək xək	xei꜄ xəu꜄	xe^{324} $xəu^{324}$	xe^{324}
行	匣庚开二平梗	ɣɐŋ	航	匣唐开一平宕	ɣɑŋ	꜁xaŋ	$ɣã^{33}$	$ɣaŋ^{224}$
听	透青开四平梗	thieŋ		汀锵切 thiaŋ		꜀tiaŋ	$thiã^{33}$	$thiaŋ^{334}$
声	书清开三平梗	ɕĭɛŋ		商羊切 ɕiaŋ		꜀ʂiaŋ	$ɕiã^{33}$	$ɕiaŋ^{334}$

注：本书中古拟音采用《汉语史稿》（王力，1982）；《中原音韵》拟音采用《中原音韵表稿》（宁继福，1985）；芝山方言为笔者调查所得。为了便于比较，本书的官话除特殊界定外，指称的是同治时期的官话。

由于缺乏现代科学研究方法和记音手段，（同治）《永州府志·祁阳县志》采用直音、反切方式给方言字注音，通过对比官话同音字来确定祁阳方言方音字音值，虽不能准确地记录方言字音值，但这种同音字比对为之后的方言比较留下了十分重要的线索。结合明清韵书研究成果和现代方言材料，我们可以观察到祁阳方言语音演变的大致历程。从注音字反切和作者“祁阳土音分析”来看，县志作者试图用当时的官话或者所谓正音来给方言字注音，注音字实际读音应该与当时当地官话的基础方言音系相符，如果用《切韵》或《中原音韵》时期的读音来注解方音的话，那就达不到准确记音的效果。比较现代方言、芝山官话读音，不难看出 140 多年前的注音字读音与现代祁阳方言读音相差不大，这说明祁阳方言音系在 140 多年间语音格局保持稳定。从我们列举的用来比较的四种材料读音对比中，大致可以整理出祁阳方言 140 多年来的一些音类变化。

二　祁阳方言声类演变

1. 日母字

日（日）：匿（娘），肉（日）：纽（娘），热（日）：聂（娘），中古日母字［ȵʑ-］在祁阳方言中读如娘母［ȵ-］（文读音为［ʑ-］），说明在清同治年间祁阳方言娘日合流，［ȵʑ-］>［ȵ-］。人 ȵʑĭet（日）：凝 ŋĭəŋ（疑），［ȵʑ-］>［ŋ-］不太可能，［ȵʑ-］>［ȵ-］，［ŋ-］>ȵ-/__［-i-］，这样二者才会在音值上相似。疑母字属中古见组，中原官话疑母字大部分已经同影母字合并，读零声母［ø-］，西南官话、湘、赣方言大部分疑母字保留，且同影母字重组，在开口一、二等前读软腭鼻音［ŋ-］，在细音前腭化为舌面鼻音［ȵ-］，影、疑二母合并可能是一种类推演变。祁阳方言疑母字在齐齿呼前腭化，变成舌面中鼻音［ȵ-］。县志用官话“凝”字注解方音字“人”，说明当时官话疑母开口三等字存在读鼻音［ȵ-］现象，据《中原音韵》（1324）及之后的《韵略汇通》（1642），疑母字声母都是零声母，同为官话，音类演变也存在差别。这也间接印证了我们对“县志作者用当地官话注解方言”的推测。永全片日母字读如娘母的例字见表5–31。

表 5–31　永全片日母字今读

	祁阳	东安	岚角山	冷水滩	全州	资源	兴安
日	ni^{44}	ȵi^{42}	ni^{44}	ʑi^{44}	ȵi^{44}	ȵi^{23}	tiou^{51}
肉	niɯ^{44}	ȵiu^{42}	zu^{42}	zu^{44}	liɯʔ^{5}	—	ʧio^{22}
热	nie^{44}	lai^{42}	nai^{42}	ʑie^{44}	ʑieʔ^{5}	i^{22}	nai^{22}

资料来源：东安方言据鲍厚星（2006）；岚角山方言据李星辉（2003）；全州方言据唐昌曼（2005）；资源方言据张桂权（2005）；兴安方言据林亦（2005）。

2. 知组字

爹ȶia（知）：低ti（端），竹（知）ȶĭuk：丢tĭəu（端）中古知组三等在祁阳（同治）方言中部分读为端组，这种今读形式在祁阳方言中仍然存在，且在永全片中分布广泛。从语音历史演变来看，知组读如端组属古音遗存。清代钱大昕“古无舌上音”在汉语语音史上已成定论，结合方言和文献，我们认为祁阳方言此类音属于音变滞后层次。以永全片为例，知组读如端组成批次保留，如表5–32所示。

表 5–32　永全片知组

	祁阳	东安	岚角山	冷水滩	全州	资源	兴安
竹	tiɯ^{44}	tiu^{22}	tiu^{53}	tsu^{44}	tiɯ^{5}	tai^{53}	tiou^{51}
猪	tiɯ^{453}	tiu^{44}	tiu^{53}	tsu^{44}	tiɯ^{5}	tai^{44}	tiou^{35}

知组读如端组在永全片中各点保留字数多寡不一，但成片系统分布说明永全片保留了知组古音层次。

3. 见组字

颈（见［k-］)：涨（知［ȶ-］)，祁阳方言见母字与官话知母字同音，说明清同治时期祁阳方言见组字在开口三等前腭化，［k-］＞［tɕ-］/___［-i-］，而知组字也已经发生［ȶ-］＞［tɕ-］变化，故二者声母匹配。近代知母字在宁继福的《中原音韵表稿》中已经读为［tʂ-］，杨耐思构拟为舌叶音［ʧ-］，见组字在［-i-］拼合发生腭化之后变成舌面音［tɕ-］，［tɕ-］与［ʧ-］音值差不大。今祁阳方言中知组字跟齐齿呼相拼，读［tɕ-］，舌面音齿化，李维琦（1998）就将与单元音韵母［i］拼合的舌齿音描写为舌叶音［ʧ-］，详见本书第三章第一节元音擦化，此不赘述。祁阳方言至今还没有卷舌［tʂ-］类音，可以推测地方志作者当时用来注音的官话知组字还没有完成［tɕ-］或［ʧ-］＞［tʂ-］演变，因为［tɕ-］与［tʂ-］在听感差别太大，不可能构成同音关系。

讲（见［k-］)：港（见［k-］)，家（见［k-］)：街（见［k-］)同音，说明当时祁阳方言音系中见系（牙喉音）开口二等字声母还没有受韵母影响发生腭化。见系开口二等字不腭化现象在今祁阳方言中普遍存在，祁阳方言见系开口二等大部分口语常用字仍读软腭［k-］类音，如“鞋”“家”等。官话用同为二等的字“街”来记录“家”的音，暗示了见系二等字在官话当中也还没腭化或者是未全部腭化。

去（溪［kh-］)：黑或吼（晓［x-］)，溪母读如晓母，今客、赣、粤方言中存在此类现象。“溪母部分字客家方言有［h-］或［f-］的白读音，赣方言只有湖口、修水、奉新和邻近客家方言和泰和、万亥、遂川、莲花有［h-］的读法，大多数赣方言没有这种读法”（刘纶鑫，1999）。根据我们的调查，今湘方言永全片一些方言点中存在这一语音现象，如：

永全片　去：祁阳 xe^{324}；祁东 $xəu^{324}$；兴安 fu^{22}；东安 xe^{45}；资源 hau^{35}；全州 xu^{44}。

在今祁阳方言溪母读为晓母的字数量不多，除了“去”之外，还有“糠 $xaŋ^{445}$”，“抠” $khɤu^{334}$ 抠门 /$xɤɯ^{334}$ 抠出来，这三个字是口语中的常用字。查验祁阳本地居民的家谱，当地居民绝大部分是在明清时期由江西迁徙而来，结合其他声类演变情况，我们认为溪母读如晓母［kh-］>［x-］是客赣方言层次的可能性比较大。

4. 精组字

请（清［tsh-］）：褉（溪［kh-］），清母读如官话溪母，说明当时祁阳方言精组字与开口三等字拼合声母已腭化为舌面中［tɕ-］类音，而当地官话见组字在与开口三等拼合时也已经发生了腭化，变成了［tɕ-］，所以二者同音。醒（心［s-］）：享（晓［x-］），后者官话“享”字声母已经历了［x-］>［ɕ-］/__［-i-］演变，“醒”“享”声母相同，说明“醒”字声母也经历了［s-］>［ɕ-］/__［-i-］变化。结合精组和见组语音变化实际，我们认为早在140多年前，祁阳方言尖团业已合流，其上限时间未可知。

5. 章组字

祁阳方言“石”（禅［ʑ-］）读如官话“匣”（匣［ɣ-］）。据明清时期众多韵书记载，清代官话方言匣母字已经清化，大部与同部位的“晓［x-］”母字合并，且在与开口三等拼合时腭化为舌面音［ɕ-］。县志用官话“匣”（匣［ɣ-］）来标记祁阳方言“石”的声母，其目的在于真实记录其音值，官话晓组“匣［ɣ-］”已腭化为发音方法相同的舌面浊擦音［ʑ-］，祁阳方言章组字与齐齿呼拼合时读为舌面音，所以石（禅［ʑ-］）与匣（匣［ɣ-］）声母相同。这也同时说明，19世纪中期，祁阳方言全浊声母保留，明清祁阳官话仍保留部分浊音（至少是浊擦音部分保留），今永州市芝山区（零陵区）方言“匣［ɣ-］”声母读为浊擦音“［ʑ-］”，这说明同治时期永州当地官话（今西南官话前身）还保留部分浊音，这是当地官话受湘语影响的结果。早在元《中原音韵》（1324）时期，中原官话全浊声母已经消失，［ŋ-］、［v-］除外。对比祁阳方言声母系统，祁阳方言至今保留较为完整的全浊声母系统，140多年来变化不大。

熟（禅ʑ-）ʑĭuk：柔（日［ȵʑ-］）ȵʑĭəu，明清中原官话日母字基本清化，部分读零声母［Ǿ-］，其他发生了［ȵʑ->ʑ->ʒ->ʐ-］演变。根据祁阳方言章组字演变情况，我们认为同治时期祁阳官话“柔”的声母还停留在［ʑ-］阶段，这样“熟”与“柔”声母才能相同或相近。祁阳方言日母字今读存在文白异读，白读为［ȵ-］，文读为［ʑ-］，现在的文读反映的正是19世纪中期的官话读音，官话“熟”今读“zu^{13}”代表官话受普通话影响产生的新层次，［ʑ-］>［z-］。湘方言由于受政治、经济、文化上占优势地位的强势官话长期持久冲刷，通过叠置式音变向北方话靠拢。

尺（昌［tɕʰ-］）：却（溪［kʰ-］），官话溪母在细音前发生了［kʰ-］>［tɕʰ-］腭化音变。祁阳方言“尺”（昌）与官话“却”（溪）声类音值相同，说明清同治时期祁阳方言“昌［tɕʰ-］”没有发生［tɕʰ-］>［tʂʰ-］变化。

6. 以母、疑母、影母

爷（以）：涯（疑），祁阳方言“爷”读如官话“涯”（疑）。据近年来的研究，明清官话疑母字大部分与影母字合并为零声母，“爷”属于中古喻四［j-］，近代喻三、喻四多与影母字合并，读为零声母［Ǿ-］。之所以肯定地方志作者用当地官话注解方音，是因为祁阳方言疑母字开口一、二等仍读［ŋ-］，“涯”（疑）读为［ŋæ］，阳平，官话读为［ia］，阳平，这样方言字“爷”与官话“涯”同音。

影（影［Ǿ-］）：养（以［j-］），夜（以［j-］）：亚（影［Ǿ-］），结合前面爷（以）：涯（疑）的讨论，清同治祁阳官话中（以［j-］）、（影［Ǿ-］）、涯（疑［ŋ-］）大部分都已经合并成零声母［Ǿ-］，这个与明清时代众多韵书记载的情况是吻合的。问题是，在今西南官话“涯”（疑）大部分地区声母都读为［ŋ-］，而书面记载却是零声母，可能的解释是地方志作者借用的官话音系的基础方言与当时的口语存在一定差距，或者说官话疑母、影母字在开口一、二等前读为［ŋ-］是后起现象。

三　祁阳方言韵类演变

（一）阳声韵

祁阳方言韵类演变包括韵类音值的变化和韵类的合并两个方面。从表 5-30 中可以看出，清代同治时期祁阳方言韵母的主要特征可以概括为以下几类。

1. 梗摄开口二、三、四等字与官话宕摄开口二、三、四等字韵母相同。如：

祁阳方言（同治）　　　　　　　官话（同治）

星　心青开三平梗　　箱　心阳开三平宕 ɕiaŋ

青　清青开四平梗　　锵　清阳开三平宕 tɕ^{h}iaŋ

冷　来青开四上梗　　朗　来唐开一上宕 laŋ

井　精清开三上梗　　奖　精阳开三上宕 tɕiaŋ

客　溪陌开二入梗　　喀　溪陌开二入梗 k^{h}a

石　禅昔开三入梗　　匣　匣狎开二入咸 xa

上面所列对应字组对应规律比较明显，同治年间祁阳方言梗摄开口二、三、四等阳声韵、入声韵主要元音跟当时官话宕摄字主要元音对应，而不与官话梗摄字主要元音对应，这说明祁阳方言中梗摄开口二、三、四等字主要元音与［a］音值相似或者相近，可能是［a］、［ɑ］、［æ］、［ɐ］，今祁阳方言上述各字韵母主要元音仍然保持为［a］/［ɑ］，入声字虽然韵尾脱落，其主要元音大部分仍维持低元音［a］/［ɑ］，呈阳入韵主要元音同变态势，这种现象仅存在于白读字，文读则与官话相近，文白读主要元音音变方向不同。

梗摄开口二、三、四等字文白异读情况在今南方方言中十分常见，各方言语音演变情况有所不同，但可对应。梗摄字读如宕摄字与其历史来源有关，可追溯到上古汉语时期，王力在《汉语史稿》（1982：189）中分析现代汉语中韵母系统后鼻音来源时认为，现代的［iŋ］主要来源有［ĭeŋ、ĭɛŋ、ieŋ、ĭəŋ、ĭaŋ］，“在西汉（公元前二世纪至公元一世纪初期），阳韵基本和先秦一致；到了东汉（公元一世纪至二世纪），‘明’‘兵’等字由阳部转入了耕部，和‘生’‘平’等字合成庚韵，而这个庚韵在东汉又和耕清青相通。从此以后，阳唐是一类，经常使用；庚清青耕是一类，也经常使用”。王显（1984）认为“古阳部包括《切韵》的阳唐两个韵系的字，还有一部分庚韵系字，如三等开口：兵、丙、病、明、影等字”，同时他认为这些庚韵系字在汉代发生了一点变化“其中一部分留在汉时的阳部，另一部分则已转入汉时的耕部”，从另一个角度来说，也就是古耕部发展到汉代，又吸收了古阳部中一部分庚韵字从而扩大了自己的范围。

《切韵》的基础音系从《切韵》序中可以推测，《切韵》作者的主观意图是要摒弃方音影响寻求一种理想的正音。官话与《切韵》音系是源流关系，所以官话不能反映南方方言中梗摄字这种文白异读差异，南方方言早在《切韵》之前就已经初具雏形，保存了较《切韵》音系更为古老的汉语共同语层次，梗摄字文白异读正是这些存古层次之一。

（二）入声韵及其他

祁阳方言（同治）		官话（同治）	
粥	章屋合三入通	州	章尤开三平流
绿	来烛开三入通	流	来尤开三平流
石	禅昔开三入梗	匣	匣狎开二入咸
竹	知屋合三入通	丢	端幽开三平流
粟	心烛合三入通	秀	心尤开三去流
肉	日屋合三入通	纽	娘尤开三上流
熟	禅屋合三入通	柔	禅屋合三入通
睡	禅支开三去止	树	禅虞合三去通

祁阳方言前 7 个例字为入声字，韵母为入声韵，《切韵》时期它们都有一个塞音韵尾 -k，到了同治年间，祁阳方言中源于中古通摄、梗摄入声字已经读如阴声韵了，塞音韵尾消失，“石”与“匣”虽同为中古入声字，但二者韵尾在中古不同，“石”为［-k］，“匣”为［-p］，同治年间官话入声韵韵尾已经脱落，官话用脱落韵尾的入声字对应祁阳方言入声字，说明祁阳方言当时入声韵尾也消失了。

（三）“支脂入虞”现象

祁阳方言“睡”与官话“树”同音。“睡”中古拟音为 *ʑǐwe，“树”中古拟音为 *ʑǐu，祁阳方言（同治）支开三与官话虞合三同音。“睡”为止摄合口三等字，“树”为遇摄合口三等字，祁阳方言“睡”读如官话“树”，这就是“支脂入虞”。今学者对明清韵书的研究表明，清代中后期官话已经有了完整的四呼，即有了［*-iu-］>［-y-］变化，撮口呼业已形成。《中原音韵》时期官话虞韵字在非知庄章声母前为［*-iu-］>［-y-］，知庄章前为［*-iu-］>［-u-］；中古止摄合口三等支韵为［*-ǐwe］>［-ui］。“树”为禅母字，属中古章组，前面提到中古章组声母在中原官话中已经发生卷舌，禅母字按照声调平仄分化，［ʐ-］>［ʂ-］/__［仄声］，禅母与三等韵母字拼合，介音［-i-］脱落韵母转为洪音，“睡”读为“ʂui”，“树”读为“ʂu”。祁阳方言章组声母尚未变成舌尖后声母，仍读舌面浊擦音［ʑ-］，县志作者用官话“树”来记方言的“睡”，说明明清祁阳官话章组字还未发生［ʑ-］>［ʂ-］/__仄声音变。因此，早在140多年前“支脂入虞”现象在祁阳方言中就存在。

比较表5-30中祁阳方言“睡”“树”在芝山、祁阳两地方言的今读形式可以发现，经历了140多年的演变，仍同音。“支脂入虞”现象广泛存在于今湘方言永全片众多方言点中（鲍厚星，2006：59）：

祁阳　睡 ʑy^{224} 锤 ʥy^{22} 槌 ʥy^{22} 围 y^{22} 吹 ʨhy^{334}
东安　嘴 ʨy^{55} 吹 ʨhy^{44} 喂 y^{35} 槌 ʥy^{13} 锤 ʥy^{13} 水 ɕy^{35} 柜 ʥy^{12} 围 y^{22}
冷水滩　嘴 ʨy^{324} 吹 ʨhy^{13} 睡 ɕy^{324} 喂 y^{324} 水 ɕy^{324}

在湘方言其他片和客赣方言、吴方言中也多有存在（刘纶鑫，1999），我们认为这种现象也可能是古代南方汉语方言的语音特征。

四　祁阳方言声调演变

祁阳方言声调变化情况包括调类的合并和调值的变化两个方面。

（一）平声、上声

表5-30中共列举了10个平声字，官话用对等的10个平声字对应祁阳方言平声字，这说明当时官话平声调与祁阳方言平声对应，调值可能相近。比较祁阳、芝山两地方言今读声调调值，祁阳334，芝山44，音值相差较大。

（二）去声、入声

“去呼作黑，去声，又吼，去声”，“黑”：晓德开一入曾，“吼”：晓侯开一上流，中古“黑”“吼”分别是入声和上声，官话声调格局自《中原音韵》时期就基本奠定，明清中原官话已无入声，部分西南官话还保留入声调类。官话“黑”的调类可能派入阴平，与今北京话一致，而上声字“吼”因其声母为全清，保持上声调类不变。地方志作者在用官话字注解祁阳方言（同治）的时候发现其调类与官话调类不一样，所以声调后加注释“去声”，“吼”字官话上声，与祁阳方言“去”声调不符，故注解“去声”。

由于政治、经济、文化等因素，汉语方言发展不平衡，不同方言对于同一规律的反映存在差异。近代北方官话“入派三声”，这个规律未波及南方大部分方言。湘方言永全片众多方言仍保留入声调类，入声韵尾脱落。“去”中古为去声，依照汉语声调演变规律，不论是地域方言还是官话，中古去声仍读去声，只是各地调值存在差异罢了。从“去呼作黑，去声，又吼，去声”这一注解可以看出，当时官话阴平、上声调调值与祁阳方言（同治）去声调值不同，官话去声调与祁阳方言（同治）去声调匹配，所以取“黑”“吼”的声母、韵母，加上去声调方可与祁阳方言同音字匹配。比较官话与祁阳方言去声今读调值，祁阳方言去声分阴、阳（有的学者调查去声不分阴阳），阴去 324，阳去 224，芝山去声 324，无论是调型还是调值，都非常接近。

入声。表 5-30 中列举了 12 个入声字，其与官话声调比对情况如下（斜线“/”前为祁阳方言，后为官话）：

入声 / 入声，5 组：

日（入）/ 匿（入）；客（入）/ 喀（入）；热（入）/ 聂（入）；石（入）/ 匣（入）；尺（入）/ 却（入）

入声：平声，4 组：

粥（入）/ 州（平）；熟（入）/ 柔（平）；竹（入）/ 丢（平）；绿（入）/ 流（平）

其他 3 组：肉（入）/ 纽（上）；粟（入）/ 秀（去）；人 / 凝（去）

祁阳方言入声字与官话对应情况给了我们一些启示。明清官话入声已经派入三声，那么祁阳方言入声字调值应该与其派入后的新调类对应：日 / 匿（入→去），客 / 喀（入→阴平），热 / 聂（入→去），石 / 匣（入→阳平），尺 / 却（入→阴平）。今官话芝山方言入声字已经分化，一部分调值为 44，归入阳平，一部分调值为 13，归入阴平。比较祁阳、芝山两地方言入声今读，参考同为西南官话区的宁远官话、贵州官话入声调调值，我们认为同治时期祁阳官话入声调调值为44，后因调类分化，阳入归入阳平。从我们比较的5组入声字来看，阴入包括清入、次浊入，阳入包括全浊入。

入声/平声，2组阴平，2组阳平，以入声字声母清浊为条件分化，"清阴浊阳"，统称平声。这说明当时祁阳方言入声调已经分化，阴入调调值与官话阴平相近，阳入调与官话阳平相近。这里说的只是相近而不是相同，可能由于审音问题把调型相同调值略有差异的调分作一类。这个结论可以从现代官话芝山方言阴平调、阳平调对比中得到印证：

祁阳方言	芝山方言
阴平 334	阴平 44
阳平 22	阳平 22
入声 44	入声（44/12）

从调值看，祁阳方言阴平调334与芝山方言阴平（入声）44调型前半段接近，调值相差不大，而阳平调22与芝山方言也比较接近。因芝山方言中已无入声，故只能用派入平声中的阴、阳平声字来对应祁阳方言的阴、阳入声字。

至于肉（入）/纽（上）、粟（入）/秀（去）、人（入）/凝（去）三组，官话古上声全浊上归去，次浊不变，所以"纽"为上声，中古去声仍读去声，"秀""凝"仍为去声。这三组对应只能说明"纽"（上）、"秀"（去）的读音的声调只是与祁阳方言入声调调值近似，因为西南官话后继者芝山官话去声字调值324，与祁阳方言去声调值相似。让人感到疑惑的是中古去声字"凝"今北京话读为阳平，北京话与官话相去不远，由此可推知祁阳当地官话"凝"就读为阳平，不然声调不会与祁阳方言形成同音关系。

对比祁阳方言入声字今读，今祁阳方言入声字全浊入声派入阳平，次浊入、清入保留入声，也就是说次浊入声与清声母同变。我们在对祁阳方言入声字连读变调进行调查时发现，连调中的次浊入声与全浊入声变化规律趋同，这说明次浊入声与清声母同变现象可能是较晚近的语音变化。

五　小结

本节将地方志中直音字记载与活的地域方言结合起来探讨祁阳方言部分音类 140 多年来的历史演变。通过对同治年间地方志中祁阳方言方音字的分析，我们试图还原当时祁阳方言某些音类的主要特征及其演变动向。比较前人对官话语音的研究，结合祁阳方言现代读音形式，我们对祁阳方言清同治年间以降 140 多年来部分音类音值及其历史演变也有了一个相对可靠的认识。

结　语

本书是对湘方言老湘语代表点祁阳方言的个案研究，结合传统方言调查、现代语音格局、社会语言学统计学、音系学等方法对祁阳方言部分音类内部共时差异、历时演变进行微观考察，力求在前人研究的基础上对祁阳方言音变进行更为深入的解释，求深、求精是本书的研究宗旨。本书创获主要有以下几点。

第一，通过田野调查，比较祁阳方言内部语音差异，运用方言地理语言学方法绘制方言特征地图。

第二，在田野调查基础上，本书将祁阳方言全浊声母与其他保留全浊声母的汉语方言浊音音值进行横向比较，详细考察了祁阳方言全浊声母的年龄、地域差异，确定了祁阳方言老派全浊塞音、塞擦音送气音值。祁阳方言全浊声母［+浊，+送气］→［+浊，-送气］反映的是一种通过年龄层次实现的历时动态渐变过程。以往祁阳方言全浊声母研究主要集中于全浊声母地域分布、清化事实的描写，之于清化机制探讨尚未提及。本书统计了湘方言声调调值、调型类型，结合全浊声母清化比例及清化后送气不送气情况，提出了祁阳方言全浊声母清化模式，声调的“［+低，-降］”是祁阳方言浊音清化的忠实性制约条件，清化后送气情况属于两种不同层次，祁阳方言浊音清化模式如下图所示。

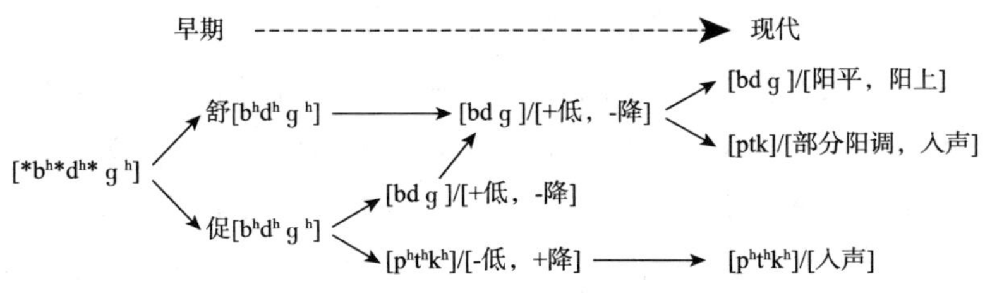

祁阳方言古全浊声母清化状况

祁阳方言全浊声母清化与吴方言有相似之处，浊音清化实质是音节区别特征由音段音位声母“清浊”对立逐渐过渡到超音段音位声调的“高低”对立，“浊”的伴随特征“低”由于“浊”的别义功能衰减而逐渐上升为区别特征。这种全浊声母的音值及其演变模式对于解释湘方言及其他汉语方言全浊声母清化问题具有一定借鉴价值。

祁阳方言古来母字齐齿呼前今读塞音现象［l］→［d］，充分描写了来母齐齿呼前读塞化音变条件：［l］→［d］/__［+齐齿呼，+阳调］。比较汉语和其他语言来母塞化现象，结合语音实验，我们发现祁阳方言来母塞化是因为舌尖边音具有齿化特征，其音值为［l̪］，［l̪］→［d］/__［+齐齿呼，+阳调］的条件项中［+齐齿呼］是忠实性制约条件，［+阳调］为标记性制约条件，推动［l］→［d］。

第三，综合运用语音格局、社会语言学、音系学等研究方法，对祁阳方言元音、鼻音韵尾进行动态分析。祁阳方言高元音［i］>［ɹi］，［y］>［ɥ］擦化推动舌面塞擦音［tɕ］>［tɕ̟］解决了前人研究中存在的擦化元音前声母描写分歧。擦化元音［ɹi］在不同年龄层次中的演变方向不同，青少年层中出现“［ɹi］>［i］，［ɹi］>［ɿ］”式回头演变。运用音系学理论分析了祁阳方言鼻音韵尾层次及鼻音韵尾两条音变规则，规则Ⅰ：［vn］→［ṽ］/［高元音介音］__#；规则Ⅱ：［n］→［ŋ］/［低后元音］__#。语流音变中的边际音鼻音同化分音节内鼻化和音节间同化两种，边际音鼻化韵尾受单字音鼻音韵尾规则制约。

第四，运用声调格局方法，本书对祁阳方言单字调、两字组连读变调年龄差异进行了统计分析。通过对音高主体分布分析、对比分析得到了每一个声调调位内部声调变体的分布趋势，区分了声调变体的稳态段和动态段。老派入声、去声不分阴阳，新派阳入与阳平合并，阳去与阴去也因调值相近、调型相似在青少年层中合并。祁阳方言两字组连读变调后字变调反映历史调类差异，入声后字变调 44（入声）42（31）/__# 为无标记性变调，反映其底层调为降调。各年龄层次上声变调，后字调素脱落，变调调式类化，如规则四：453（上声）45/#__，阳去作为前字变调，边缘调素脱落，规则九：214（阳去）21/__［上声、阴去］#。阳平调中年层、青少年层单字调不同，但作连读变调前字时：232/231 22/#__，与老派单字调调值 22 相同。

第五，首次运用历史层次分析法剖析了祁阳方言声韵母历史层次。语言是一个异质有序系统，通过系统、类型比较，论文首次描写了祁阳方言否定副词［$x^{ə}i^{453}$］功能，确定了其异质性和来源，构拟了［$x^{ə}i^{453}$］的演变路径。否定副词［$x^{ə}i^{453}$］研究为之后湘南方言底层研究提供了一个重要的语言证据。利用 140 多年前地方志的直音字记载，联系邻近同片方言文白异读，本书试图还原 140 多年前祁阳方言部分音类的语音状况，并探寻其 140 多年来的演变状况。

附 录

附表 1 祁阳方言单字调平均时长

单位：毫秒（ms）

调类	阴平	阳平	阴上	阴去	阳去	阴入
平均数	406	394	310	366	375	329
老年组	436	487	356	386	404	369
中年组	493	485	393	493	510	414
青年组	416	374	298	407	397	446
少年组	356	329	263	290	302	276

附表 2 祁阳方言单字调性别时长

单位：毫秒（ms）

性别	男	女	男	女	男	女	男	女	男	女	男	女
有效数据	12	13	11	12	13	13	12	12	11	12	12	12
平均值	388	400	360	409	287	300	340	345	339	376	315	311

附表 3　祁阳方言两字组连读变调调查字表

附表 3　湘方言全浊声母清化情况

类型		方言点	各声调情况及例字	备注
第一类	全浊塞音塞擦音不论舒入基本保留浊音	祁阳	阴平 445 高端刚装；阳平 211 平唐魁床（被特皮及）上声 453 补堵古组；阴去 324 变断罐转；阳去 224 病共大罪（抱待跪柱）；入声 44 笔得各	全浊上归阳去；阳入归阳平
		祁东	阴平 45 边当干专；阳平 211 盘堂扛藏；上声 453 把赌狗走；阴去 324 簸对桂阳去 224 豆病柜轿；阴入 33 八跌阁哲；阳入 112 八碟国集（老派）	全浊上归阳去老派保留阳入
		祁东（河州）	阴平 33 高专天；阳平 21 穷吴拔；上声 24 古五以；阴去 424 盖抗嚼；阳去 13 近共钝	
		东安	阴平 33 包多该租；阳平 13 爬达葵才；上声 55 扁短关转；阴去 35 布带盖菜；阳去 步袋跪就；入声 42 北竹各独接（白读保留）	文读清声归阴平，白读归阳平
		岚角山	阴平 33 爸边碧葵；阳平 11 婆桃魁；上声 35 敷抱栋跪狗；去声 13 雹点都就；入声 53 涂八结读	
		延东（直话）	阴平 44 高便干；阳平 23 穷唐盆葵；阴上 33 古短饼；上阳上 53 老竹黑可；下阳上 242 近淡抱动；阴去 35 盖对布；阳去 24 共大病；入声 22 读国白	
		全州	阴平 55 高包雕；阳平 21 穷唐平葵；上声 24 个短比；去声 33 盖对变；入声 5 笔得割	
		全州（石塘）	阴平 312 高专天；阳平 213 穷皮杂；上声 45 古以五；去声 24 盖近共；入声 33 八劈笔	
		兴安（高尚）	阴平 35 巴哥高；阳平 13 婆台田；阴上 55 端本讲早；阳上 41 坐动近共；阴去 22 棒对干；阳去 11 大败定柜；入声 51 八笔谷跌	
第二类	全浊声母舒声保留，入声字全部或绝大部分清化	双峰	阴平 55 帮高刀朱；阳平 13 婆徒杂达茶；上声 31 摆果朵；阴去 35 闭盖个拔；阳去 33 簿舵跪罪	入声字清化为送气音
		双峰（荷叶）	阴平 55 冰钉东；阳平 12 同贫葵 | 塔；次阳平 22 龙民赢 | 答；上声 31 丙懂敢；阴去 35 冻并桂 | 杂；次阴去 25 痛聘碳 | 集拔；阳去 23 洞病共阵	
		城步	阴平 55 巴瓜单；阳平 11 爬团狂；上声 31 把短管；阴去 45 霸对桂；阳去 33 豆笛轿柜	

续表

类型		方言点	各声调情况及例字	备注
第二类	全浊声母舒声保留，入声字全部或绝大部分清化	新化	阴平 33 高标刀；阳平 13 桃盆葵；上声 21 古比等；去声 45 盖共笨；入声 24 笔敌国	全浊音为送气浊音
		邵阳（城关）	阴平 55 都巴瓜；阳平 12 爬团葵；上声 42 把短管；阴去 35 坝剁桂；阳去 24 弟罢跪；入声 33 敌不得	
		湘乡（城关）	阴平 55 班高洞；阳平 13 贫田扛｜塔；次阳平 23 年民夹答；上声 21 匾鼓斗果；阴去 45 霸带再；次阴去 35 怕太菜；阳去 33 稗轿	
		邵东	阴平 55 冰多瓜；阳平 11 庞桃奎曹；上声 21 宝岛吵搞；阴去 35 报到告；阳去 24 抱队住	
第三类	全浊平声字保留浊音，仄声字浊音清化	辰溪	阴平 44；阳平 213；上声 31；阴去 324；阳去 53	
		溆浦	阴平 44 高天官；阳平 13 旁填扛才；上声 23 扁古广冷；阴去 35 变断冠；阳去 53 备电跪	
		泸溪（浦市）	阴平 35 白丁关杀；阳平 214 平毒定贯橙；上声 53 饼古土；去声 24 抱大告；入声 42 壁跌阁踢	

附表 4　湘方言全浊声母清化后送气情况

类型	古全浊音今读送气情况	方言点	各声调情况及例字	备注
第一类	古全浊声母清化今逢塞音塞擦音舒声字不送气，入声字部分或绝大部分送气	长沙市	阴平 33 巴多姑；阳平 13 爬驼除跪；上声 41 把朵古己；阴去 55 霸剁在故；阳去 11 稗舵柜；入声 24 八夺局及	
		湘潭市	阴平 33 多低刚；阳平 12 庞塘葵；上声 42 饱躲果；阴去 55 鞭订个句；阳去 21 被定柜；入声 24 笔答格	浊入清化后归入阴去
		湘潭县（花石）	阴平 44 包多归；阳平 22 婆团葵；上声 41 摆短馆；去声 35 带住怕坐；入声 13 北答各	
		株洲市	阴平 33 奔灯根；阳平 13 团弹扛；上声 41 本等鬼；阴去 45 坝带桂；阳去 21 笨电跪；入声 24 笔答各	
		宁乡（横市）	阴平 33 高专天；阳平 13 穷吴残；上声 42 古五以；阴去 45 盖抗嚼；阳去 21 近共自；入声 24 一笛嚼	

续表

类型	古全浊音今读送气情况	方言点	各声调情况及例字	备注
第一类	古全浊声母清化今逢塞音塞擦音舒声字不送气，入声字部分或绝大部分送气	益阳	阴平 34 高专天；阳平 313 穷昊气；上声 41 古五以；去声 21 近共自；入声 45 月一气	
		株洲（河西）	阴平 34 高专天；阳平 13 穷昊残；上声 42 古五以；阴去 45 盖抗嚼；阳去 21 近共自；入声 24 以笛嚼	
		望城（城关）	阴平 33 巴高边端；阳平 13 盆团狂；上声 41 比古底；阴去 45 拜盖透；阳去 21 大底都现；入声 24 白毕独	
		岳阳（荣家湾）	阴平 33 巴高东；阳平 13 平田魁；上声 42 绑斗狗；阴去 45 盖对变；次阴去 24 抗菜庆；阳去 11 大步柜；阴入 55 阁剥德；阳入 22	同部位次清声母读送气浊音
		湘阴	阴平 44 帮官低；阳平 13 盆糖狂；上声 52 古扁广；阴去 45 变帝贵；阳去 21 败钝跪	
		安江	阴平 55 东改边谷；阳平 213 皮们刻同；上声 334 懂古比；阴去 45 白带怪；阳去 35 共笨钝	
		达县（长沙腔）	阴平	暂缺
		汨罗	阴平 55 班东归力；阳平 13 糖平葵；上声 42 古饱岛；阴去 45 盖拜担；阳去 21 动共步	
第二类	舒声保留浊音，全浊入声全部或大部清化，大部分清化后送气	绥宁（长铺）	阴平 24 编当光；阳平 412 皮田葵；上声 33 绑古胆；阴去 55 变店罐；阳去 11 抱坐弹跪	
		邵阳	阴平 55 都巴瓜；阳平 12 爬团葵；上声 42 把短管；阴去 35 坝剁桂；阳去 24 弟罢跪；入声 33 敌不得	
		新邵	阴平 55 高专天；阳平 12；上声 42 古五以；阴去 14 判近共；入声 33 一八发	
		隆回（北山）	阴平 5 高专脚；阳平 13 穷昊残；上声 42 古五是；去声 35 记近是	阴平为短调
		湘乡（城关）	阴平 55 班高洞；阳平 13 贫田扛|塔；次阳平 23 年民夹答；上声 21 匾鼓斗果；阴去 45 霸带再；次阴去 35 怕太菜；阳去 33 稗轿道跪	
		城步（儒林）	阴平 55 巴瓜单；阳平 11 爬团狂；上声 31 把短管；阴去 45 霸对桂；阳去 33 豆笛轿柜	

续表

类型	古全浊音今读送气情况	方言点	各声调情况及例字	备注
第二类	舒声保留浊音，全浊入声全部或大部清化，大部分清化后送气	双峰	阴平 55 帮高刀朱；阳平 13 婆徒杂达茶；上声 31 摆果朵；阴去 35 闭盖个拔；阳去 33 簿舵跪罪	
		双峰（荷叶）	阴平 55 冰钉东；阳平 12 同贫葵 | 塔；次阳平 22 龙民赢 | 答；上声 31 丙懂敢；阴去 35 冻并桂 | 杂；次阴去 25 痛聘碳 | 集拔；阳去 23 洞病共阵	
		双峰（杏子铺）	阴平 55 高专天；阳平 23 穷杂答；上声 21 古五以；阴去 35 盖抗拔；阳去 33 近共鼻	
		双峰（梓门桥）	阴 55 包丁龟；阳平 13 田平强 | 塔；次阳平 23 移连明 | 八；上声 21 补档古；阴去 35 布帝桂 | 列；次阴去 24 派替配；阳去 33 败弟跪	
		衡山（后山）	阴平 55 高变裆；阳平 11 唐狂盘；上声 44 古补点；阴去 35 怪带变；阳去 13 共病淡	
		会同	阴平 21 波多公；阳平 31 排驮葵；上声 24 补鼓朵；阴去 55 簸剁锯；阳去 22 罪待稗	
		新化	阴平 33 八单缸；阳平 13 袍团葵；上声 21 古淡广；去声 45 布故杜；入声 24 币夺各	入声清化大部分送气
		涟源	阴平 33 高专天；阳平 13 穷罗河；上声 31 古五以；阴去 35 半辈落；次阴去 24 判配夺；阳去 11 伴倍近	
		武冈	阴平 44 高专天；阳平 12 穷吴残；上声 31 古五以；阴去 45 盖抗变；阳去 24 近共读	
		安化（梅城）	阴平 33 包规刁；阳平 13 赔条葵；上声 31 多扁轨；阴去 45 霸朵桂；次阴去 24；阳去 21 弟豆步柜	
第三类	古全浊声母清化今逢塞音塞擦音无论舒入都不送气	衡阳市	阴平 45 般瘢光；阳平 11 别菩图魁；上声 33 本等敢；阴去 324 半帝固；阳去 213 伴痘共舅；入声 22 不德谷（部分归阳平）	
		衡南县	阴平 44 班刀高；阳平 12 拔唐狂；上声 55 饼打赶；阴去 314 坝对卦；阳去 213 罢大共字；入声 33 八答夹则客	浊上归阳去
		道县（寿雁）	阴平 43 班干冬；阳平 11 陪逃葵；上声 33 补古等；阴去 31 道抱告；阳去 51 败柜袋白；入声 24 斧碟隔	浊入归阳去
		江永县	阴平 44 帮端孤；阳平 42 排抬葵；阴上 35 比寡；阳上 13 罢弟跪；阴去 21 币顾挂；阳去 33 败袋共；入声 5 必滴搁	

续表

类型	古全浊音今读送气情况	方言点	各声调情况及例字	备注
第四类	古全浊清声母清化今逢塞音塞擦音平、入送气，上、去不送气	衡山（前山）	阴平 33 菠当沟；阳平 11 皮题查除；上声 13 摆歹改；阴去 55 闭档贵；阳去 44 倍代豆；入声 35 别角革	
		衡东县（南岳）	同衡山（前山）	
第五类	古全浊声母今逢塞音塞擦音无论舒入都读送气清音	娄底	阴平 44 高灯姑租；阳平 13 皮敌夹特；上声 42 补打古解；阴去 35 变帝故；阳去 21 洞步共床	
		洞口（黄桥镇）	阴平 55 杯端关；阳平 112 皮团葵；上声 21 比抵鬼；去声 24 币笔帝故	清化送气
第六类	古全浊声母今逢塞音塞擦音清化平声不送气，仄声送气	安仁	阴平 44 高般刀；阳平 35 赔狂道；上声 51 保打赶；去声 31 变帝干；入声 313 革国碟	赣方言

附表 5　祁阳方言两字组连读变调调查字表

阴平＋阴平：山边　高低　开通　乌龟　飞机　搬家　伤心　风车　医生　声音
阴平＋阳平：山城　清茶　烟筒　天桥　工农　安排　新奇　花钱　开门　今年
阴平＋上声：山顶　工厂　风水　中等　抓紧　安稳　工厂　辛苦　加减　甘草
阴平＋阴去：山货　花布　青菜　天气　相信　鸡叫　通气　车票　仓库　开店
阴平＋阳去：山路　车站　公事　山洞　修路　开会　新旧　生病　胸闷　春夏
阴平＋入声：生铁　青竹　猪血　充血　筋骨　心急　天黑　中国　霜雪　书桌
阳平＋阴平：来宾　梅花　床单　棉衣　名声　门窗　平安　提高　钱多　磨刀
阳平＋阳平：来源　羊毛　银行　池塘　团员　和平　留神　回潮　投球　爬墙
阳平＋阴上：团长　存款　红枣　牙齿　长短　留种　抬走　锣鼓　寻死　鞋底
阳平＋阴去：来信　粮店　棉裤　瓷器　迷信　流放　迟到　还账　奇怪　肥瘦
阳平＋阳去：来路　年画　长寿　黄豆　文字　承认　南面　无效　迷路　头大
阳平＋入声：来客　毛笔　牛骨　潮湿　颜色　油漆　团结　留客　残缺　时刻
上声＋阴平：酒杯　水车　喜欢　普通　好心　产生　贬低　口干　洗衣　保温

上声＋阳平：火炉　海洋　口粮　改良　感情　倒霉　打雷　酒瓶　死人　可能
上声＋上声：火把　小姐　火腿　水果　口齿　打水　检讨　水土　手巧　保守
上声＋阴去：韭菜　考试　板凳　小气　碗筷　解放　狗叫　赌气　好意　讲价
上声＋阳去：本地　草帽　本地　苦命　体面　好坏　好事　考虑　写字　胆大
上声＋入声：粉笔　宝塔　请客　打铁　想法　口渴　口吃　小雪　紧急　组织
阴去＋阴平：教师　信封　酱瓜　半天　汽车　中风　斗争　放心　唱歌　跳高
阴去＋阳平：化肥　壮年　布头　戏台　算钱　拜年　看齐　叫穷　算钱　太平
阴去＋上声：正楷　跳板　政府　倒水　中暑　放手　带领　痛苦　课少　半碗
阴去＋阴去：世界　教训　芥菜　变化　半票　看戏　叹气　兴趣　降价　过错
阴去＋阳去：半夜　退步　四害　炸弹　破坏　笑话　进步　种树　性命　见面
阴去＋入声：教室　货色　半尺　性急　爱国　变色　退出　顾客　送客　课桌
阳去＋阴平：电灯　树根　让开　话多　犯规　是非　重心　外甥　夏天　办公
阳去＋阳平：病人　地球　外行　后门　道人　电池　自然　共同　效劳　剩余
阳去＋上声：字典　洞口　队长　电表　大小　贺喜　避暑　代考　重点　大小
阳去＋阴去：饭店　电线　旧货　饭菜　病痛　代替　定价　重要　罪过　夏至
阳去＋阳去：外貌　近视　坐轿　像话　大树　办事　地洞　互动　事物　命大
阳去＋入声：大雪　外国　字帖　夜黑　会客　电压　道德　善恶　负责　犯法
入声＋阴平：竹竿　北方　菊花　国家　铁丝　结冰　出租　杀伤　接生　说书
入声＋阳平：竹床　鲫鱼　国旗　铁桥　出门　国强　铁皮　刷牙　剥皮　忽然
入声＋上声：竹板　屋顶　节省　桌椅　铁锁　发表　吃苦　出丑　发榜　喝水
入声＋阴去：竹器　百货　国庆　客气　发票　尺寸　必要　切菜　铁器　出嫁
入声＋阳去：出动　国画　出洞　发病　出汗　识字　一定　失败　发动　铁道
入声＋入声：铁塔　竹节　八百　叔伯　剥削　接触　出血　脚踢　节约　瞎说

参考文献

班弨，2006,《论汉语中的台语底层》，民族出版社。

包智明、侍建国，1997,《生成音系学理论及其应用》，中国社会科学出版社。

鲍厚星，1998,《东安土话研究》，湖南教育出版社。

鲍厚星，2006,《湘方言概要 》，湖南师范大学出版社。

鲍厚星、陈晖，2005,《湘语的分区（稿）》,《方言》第 3 期。

鲍厚星、颜森，1986,《湖南方言的分区》,《方言》第 4 期。

北京大学中文系语言学理论教研室，2003,《汉语方音字汇》，商务印书馆。

贝先明，2008,《方言接触中的语音格局》，博士学位论文，南开大学。

贝先明，2017,《湘语浊塞音的声学特征》,《语言研究》第 3 期。

曹剑芬，1982,《常阴沙话古全浊声母的发音特点——吴语清浊音辨析之一》,《中国语文》第 4 期。

曹剑芬，1987,《论清浊与带音不带音的关系》,《中国语文》第 2 期。

曹志耘，2002,《南部吴语语音研究》，商务印书馆。

陈晖，2006,《湘方言语音研究》，湖南师范大学出版社。

陈晖，2008,《古全浊声母在湘方言中的今读音情况》,《方言》第 2 期。

陈立中，2004,《湘语与吴语的音韵比较研究》，中国社会科学出版社。

陈如新，2006，《湖南祁阳县白水镇话语音研究》，硕士学位论文，湖南师范大学。

陈如新，2007，《祁阳方言的文白异读》，《民族论坛》第4期。

（清）陈玉祥修，刘希关等纂（同治）《永州府志·祁阳县志》，同治九年刊本，成文书局。

陈忠敏，2007，《语言的底层理论与底层分析方法》，《语言科学》第6期。

陈忠敏，2003，《重论文白异读与语音层次》，《语言研究》第3期。

陈忠敏，2013，《汉语方言语音史研究与历史层次分析法》，中华书局。

戴黎刚，2005，《闽语的历史层次及其演变》，博士学位论文，复旦大学。

戴黎刚，2007，《历史层次分析法理论、方法及其存在的问题》，《当代语言学》第1期。

丁邦新，2008，《历史层次与方言研究》，上海教育出版社。

丁声树编录，李荣参订，1981，《古今字音对照手册》，中华书局。

董同龢，2001，《汉语音韵学》，中华书局。

〔瑞典〕高本汉，1994，《中国音韵学研究》，商务印书馆。

耿振声，1992，《明清等韵学通论》，语文出版社。

龚群虎，2001，《泰文为hN—类复辅音的汉泰对应词》，《古汉语研究》第2期。

郭锡良，1986，《汉字古音手册》，北京大学出版社。

何大安，2004，《规律与方向变迁中的音韵结构》，北京大学出版社。

胡安顺，2002，《汉语辅音韵尾对韵腹的稳定作用》，《方言》第1期。

湖南省公安厅湖南汉语方音字汇编纂组，1993，《湖南汉语方音字汇》，岳麓书社。

江荻，2007，《汉藏语言演化的历史音变模型》，社会科学文献出版社。

〔英〕克里斯特尔，2001，《语言学词典》，沈家煊译，上海教育出版社。

黎良军，2000，《邵阳（南路）话的壮汉合璧词——湘语中的壮语底层现象研究系列论文之三》，《广西民族研究》第4期。

李方桂，1982，《上古音研究》，商务印书馆。

李如龙，2003，《汉语方言的比较研究》，商务印书馆。

李维琦，1998，《祁阳方言研究》，湖南教育出版社。

李小凡，2004，《汉语方言连读变调的层级和类型》，《方言》第1期。

李小凡，2007，《新派苏州方言声母系统的演变》，汉语方言第九届年会论文。

李星辉，2003，《湖南永州岚角山土话音系》，《方言》第1期。

李子鹤，2008，《保定话两字组连读变调的类型学研究》，硕士学位论文，南开大学。

梁敏、张均如，1996，《侗台语族概论》，中国社会科学出版社。

廖荣蓉，1994，《苏州话单字调、双字调的实验研究》，载石锋、廖荣蓉主编《语音丛稿》，北京语言学院出版社。

林亦，2005，《桂北平话与推广普通话研究——兴安高尚软土话研究》，广西民族出版社。

刘俐李，2002，《二十世纪汉语连读变调研究回望》，《南京师范大学文学院学报》第2期。

刘俐李，2004，《汉语声调论》，南京师范大学出版社。

刘纶鑫，1999，《客赣方言比较研究》，中国社会科学出版社。

刘泽民，2005，《客赣方言历史层次研究》，甘肃民族出版社。

陆志韦，1985，《古音说略》，载《陆志韦语言学著作集》，中华书局。

罗常培，1991，《钟祥方言记临川音系厦门音系》，商务印书馆。

罗常培，2012，《唐五代西北方音》，商务印书馆。

罗常培、王均，2004，《普通语音学纲要》，商务印书馆。

〔美〕罗杰瑞，1979，《闽语词汇的时代层次》，《方言》第4期。

罗美珍，1994，《谈谈客家方言的形成》，《首届客家方言学术研讨会专集》，中国客家方言协会。

罗昕如，1998，《新化方言研究》，湖南教育出版社。

罗昕如，2004a，《湘南土话中的底层语言现象》，《民族语文》第1期。

罗昕如，2004b，《湘南土话词汇研究》，中国社会科学出版社。

吕叔湘，1947，《丹阳话里的连词变调》，《中国文化研究汇刊》。

〔法〕马伯乐，2005，《唐代长安方言考》，聂鸿音译，中华书局。

马秋武，2008，《优选论》，上海教育出版社。

麦耘，2004，《汉语声介系统的历史演变》，载《乐在其中王士元教授七十华诞庆祝文集》，南开大学出版社。

麦耘，2016，《汉语方言中的舌叶元音和兼舌叶元音》，《方言》第2期。

毛宗武，1982，《瑶族语言简志》，民族出版社。

〔法〕梅耶，1957，《历史比较语言学中的比较方法》，岑麒祥译，科学出版社。

宁继福，1985，《中原音韵表稿》，吉林文史出版社。

潘悟云，2002a，《汉语否定词考源兼论虚词考本字的基本方法》，《中国语文》第4期。

潘悟云，2002b，《汉语历史音韵学》，上海教育出版社。

潘悟云，2004，《汉语方言的历史层次及其类型》，载《乐在其中王士元教授七十华诞庆祝文集》，南开大学出版社。

彭建国，2006，《湘语音韵历史层次研究》，博士学位论文，上海师范大学。

亓海峰，2008，《莱芜方言语音研究》，博士学位论文，南开大学。

祁阳县志编纂委员会，2004，《祁阳县志》，中国社会科学出版社。

钱乃荣，1992，《当代吴语研究》，上海教育出版社。

钱乃荣、罗永强，2008，《吴语与老湘语中的浊音声母》，载薛才德主编《语言接触与语言比较》，学林出版社。

冉启斌，2008，《辅音现象与辅音特性基于普通话的汉语阻塞辅音研究》，南开大学出版社。

桑宇红，2008，《知庄章组声母在现代南方方言的读音类型》，《河北师范大学学报》（哲学社会科学版）第3期。

沈钟伟、王士元，2002，《吴语浊塞音的研究》，载《王士元语言学论文集》，商务印书馆。

施向东，2004，《汉语普通话的 -n 韵尾》，见《乐在其中——王士元教授七十华诞庆祝文集》，南开大学出版社。

石锋，1983，《苏州话浊塞音的声学特征》，《语言研究》第1期。

石锋，1987,《天津方言单字调实验分析》,《语言研究论丛》第 4 期，商务印书馆。

石锋，1990,《语音学探微》，北京大学出版社。

石锋，2002,《北京话的元音格局》,《南开语言学刊》第 1 期。

石锋，2004,《天津话声调的新变化》,《乐在其中王士元教授七十华诞庆祝文集》，南开大学出版社。

石锋、王萍，2006,《北京话单字音声调的统计分析》,《中国语文》第 1 期。

石锋、时秀娟，2007,《语音样品的选取和实验数据的分析》,《语言科学》第 2 期。

石锋，2008,《语音格局语音学与音系学的交汇点》，商务印书馆。

石磊，2000,《〈五经文字〉音注反映的中唐语音现象》,《古籍整理研究学刊》第 4 期。

石汝杰，1998,《汉语方言中高元音的强摩擦倾向》,《语言研究》第 1 期。

孙建元，1996,《宋人音释研究》，博士学位论文，南京大学。

孙宜志，2003,《江西赣方言来母细音今读舌尖塞音现象的考察》,《南昌大学学报》(人文社会科学版）第 1 期。

孙宜志，2007a,《合肥方言泥来母今读［z］声母现象的探讨》,《中国语文》第 1 期。

孙宜志，2007b,《江西赣方言语音研究》，语文出版社。

覃国生，1998,《壮语方言概论》，广西民族出版社。

覃远雄，2003,《汉语方言否定词的读音》,《方言》第 2 期。

唐昌曼，2005,《全州文桥土话研究》，广西民族出版社。

唐作藩，2002,《音韵学教程》(第三版），北京大学出版社。

王福堂，1999,《汉语方言语音的演变和层次》，语文出版社。

王福堂，2003,《汉语方言语音中的层次》,《语言学论丛》第二十七辑，商务印书馆。

王福堂，2006,《古全浊声母清化后塞音塞擦音送气不送气的问题》，第一届方言国际研讨会论文，长沙。

王洪君，1992,《文白异读与叠置式音变》,《语言学论丛》第十七辑，商务印书馆。

王洪君，2006,《文白异读、音韵层次与历史语言学》,《北京大学学报》(哲学社会科学版）第2期。

王洪君，2008,《汉语非线性音系学——汉语的音系格局与单字音》(修订版)，北京大学出版社。

王力，1956,《汉语音韵学》，中华书局。

王力，1982,《汉语史稿》(修订版)，商务印书馆。

王力，1985,《汉语语音史》，商务印书馆。

王士元，2002,《王士元语言学论文集》，石锋译，商务印书馆。

王双成，2006,《青海方言元音［i］的舌尖化音变》,《中国语文》第4期。

王显，1984,《古韵阳部到汉代所起的变化》,《音韵学研究》(第一辑)，中华书局。

王远新，2006,《语言理论与语言学方法论》，教育科学出版社。

王仲黎，2005,《祁阳方言语音比较研究》，硕士学位论文，云南师范大学。

韦树关，2002,《古帮、端、心母在广西汉语方言中的特殊音读》,《广西民族学院学报》(哲学社会科学版）第1期。

吴启主，1998,《常宁方言研究》，湖南教育出版社。

吴宗济、林茂灿，1989,《实验语音学概要》，高等教育出版社。

伍巍，1995,《合肥方言“-i”“-y”音节声韵母前化探讨》,《语文研究》第3期。

向柠、石锋，2007,《长沙话单字调的声学实验与统计分析》,《语言研究》第2期。

谢伯瑞，2001a,《湖南汉语方音字汇》(永州部分)，岳麓书社。

谢伯瑞，2001b,《湖南省志方言志》(祁阳方言)，湖南人民出版社。

谢留文，1992,《江西省于都方言两字组连读变调》,《方言》第3期。

辛世彪，2001,《浊音清化的次序问题》,《海南大学学报》(人文社会科学版）第1期。

熊睿，2015,《祁阳方言塞音声母发声态研究》，硕士学位论文，湖南大学。

徐大明，2006,《语言变异与变化》，上海教育出版社。

徐世梁，2007,《从乐都方言看元音对声母的影响》,《青海民族学院学报》第4期。

徐通锵，1985,《宁波方言的“鸭”[ɛ]类词和“儿化”的残迹——从残存现象看语言的发展》,《中国语文》第3期。

徐通锵，1988,《音系中的变异和内部拟测法》,《中国语言学报》第3期。

徐通锵，1991,《历史语言学》，商务印书馆。

徐通锵，1994,《徐通锵自选集》，河南教育出版社。

徐通锵，1996,《音系的非线性结构原理和语音史的研究》,《民族语文》第6期。

徐通锵，1997,《语言论——语义型语言的结构原理和研究方法》，东北师范大学出版社。

徐云扬、李蕙心，2006,《汉语方言元音的类型学研究》，第七届中国语音学学术会议暨语音学前沿问题国际论坛，北京。

杨剑桥，2005,《汉语音韵学讲义》，复旦大学出版社。

杨时逢，1974,《湖南方言调查报告》，“中央研究院”历史语言研究所。

杨小卫，2007,《〈集韵〉、〈类篇〉反切比较中反映的浊音清化现象》,《语言研究》第3期。

叶宝奎，2001,《明清官话音系》，厦门大学出版社。

（同治）《永州府志祁阳县志》，湖南师范大学古籍资料室。

游汝杰，2004,《汉语方言学教程》，上海教育出版社。

游汝杰、杨剑桥，2001,《吴语声调的实验研究》，复旦大学出版社。

游汝杰、周振鹤，1982,《方言与中国文化》，上海人民出版社。

袁家骅，1960,《汉语方言概要》，商务印书馆。

远藤光晓，2004,《从年龄差异归纳音变的方向性——以汉语荔波方言为例》，载《乐在其中——王士元教授七十华诞庆祝文集》，南开大学出版社。

曾春蓉，2006,《湘语声调实验研究》，博士学位论文，湖南师范大学。

曾晓渝，2004a,《汉语水语关系论：水语里汉语借词及同源词分层研究》，商务印书馆。

曾晓渝，2004b,《语音历史探索曾晓渝自选集》，南开大学出版社。

曾晓渝，2007,《论次清声母在汉语上古音系里的音类地位》,《中国语文》第1期。

曾晓渝、牛顺心，2006,《六甲话两字组连读的韵律变调及其原因初探》,《方言》第4期。

曾运乾，1996,《音韵学讲义》，中华书局。

翟时雨，2001,《汉语的乐音化发展趋势》,《语文研究》第3期。

张光宇，2008a,《汉语方言的鲁奇规律：古代篇》,《中国语文》第4期。

张光宇，2008b,《汉语方言的鲁奇规律：现代篇》,《语言研究》第2期。

张桂权，2005,《桂北平话与推广普通话研究——资源延东直话研究》，广西民族出版社。

张惠英，1980,《崇明方言三字组的连读变调》,《方言》第1期。

张吉生,2007,《汉语韵尾辅音演变的音系理据》,《中国语文》第4期。

张琨，1983,《汉语方言中的鼻音韵尾消失》,《历史语言所集刊》第五十四本第一分。

张偲偲，2010,《湘语祁阳方言中塞音声学性质的几个观察》，第九届中国语音学学术会议论文集，天津。

张维佳，2001,《关中方言鼻尾韵的音变模式》,《语言研究》第4期。

张一舟，1987,《从中兴话古全浊声母字的读音看全浊声母的演变》,《四川大学学报》(哲学社会科学版)第1期。

赵日新，2007,《汉语方言中的[i]>[ɿ]》,《中国语文》第1期。

赵学玲，2007,《汉语方言影疑母字声母的分合类型》,《语言研究》第4期。

赵元任，1928,《现代吴语研究》，清华大学研究院。

赵元任，1980a,《一套标调的字母》,《方言》第2期。

赵元任，1980b,《语言问题》，商务印书馆。

郑张尚芳，2003，《上古音系》，上海教育出版社。

郑张尚芳，2004，《汉语古音和方音中一些反映语法变化的音变现象》，载《乐在其中——王士元教授七十华诞庆祝文集》，南开大学出版社。

中央民族学院少数民族语言研究所，1985，《壮侗语族语言词汇集》，中央民族学院出版社。

钟奇，1997，《湘语音韵格局的研究》，博士学位论文，暨南大学。

周赛红，2005，《湘方言音韵比较研究》，博士学位论文，湖南师范大学。

周赛红，2007，《中古全浊声母在湘方言历史文献中的表现》，《语文学刊》第5期。

周同春，1990，《汉语语音学》，北京师范大学出版社。

周振鹤、游汝杰，1985，《湖南省方言区划及其历史背景（首次文摘）》，《复旦学报》（社会科学版）第2期。

周祖谟，1966，《宋代汴洛语音考》，《问学集》，中华书局。

朱晓农，2004，《汉语元音的高顶出位》，《中国语文》第5期。

朱晓农，2005，《元音大转移和元音高化链移》，《民族语文》第1期。

朱晓农，2006，《音韵研究》，商务印书馆。

朱晓农，2008a，《谈元音》，《语言科学》第5期。

朱晓农，2008b，《说流音》，《语言研究》第4期。

朱晓农、寸熙，2007，《清浊音变圈：自然音变与泛时层次》，载丁邦新主编《历史层次与方言研究》，上海教育出版社。

庄初升，2004，《粤北土话音韵研究》，中国社会科学出版社。

Anne O. Yue-Hashimoto, 1987. Tone Sandhi Across Chinese Dialects, Wang Li memorial Volumes. Joint Publishing Co. HK.

David Odden, 2004. *Introducing Phonology*, Cambridge University Press.

Halle, 1962. Phonology in Generative Grammer. word.

John M.Howie, 1976. *Acoustical Studies of Mandirin Vowels Tone*, New York: Cambridge University press.

J.k.*Chambers and Perter Terudgill Dialectology*, Peking University Press; Cambridge University press.

Michael Kenstowicz, Charles Kisseberth, 1979. *Generative Phonology*,

Academic Press, Inc.

Moria Yip, *Tone*, Cambridge University Press. 2002.

Lyle Campbell Historical Linguistics —An Introduction Second Edition, the MIT Press Cambridge, Massachusetts, 2004.

In Setswana（Botswana），there is no contrast between [l] and [d]. phonetic [l] and [d] are contextually determined variants of a single phoneme.Surface [l] appear before nonhigh vowels.and [d] appear before high vowels.（David Odden 2004：50）。

致　谢

本书是在博士论文基础之上修订而成的，从昔日博士论文完成，到今日著作付梓，转眼间已逾十年。如今，论文获得资助出版，倍感荣幸又深感不安。十年来，由于专业转型、家业琐事缠绕等原因，我一直未能对论文中存在的诸多不尽如人意之处进行修改、补充，有负老师们教诲，每每念及，不免惴惴。

2006 年 9 月，我有幸进入南开大学文学院跟随业师曾晓渝老师攻读比较语言学博士学位。十三年时间有如白驹过隙，回首在南开园中的那三年求学生涯，不禁感慨良多。在修改本书过程中，熟悉的文字让我情不自禁地想起当年在课堂上传授我知识、给我观点启迪的诸多老师及学友。在这里，我首先要对我的恩师曾晓渝老师致以崇高的敬意。感谢曾老师给了我一个圆梦南开的机会。难忘老师带我们一行四人前往广西融水做田野调查时手把手传授记音技巧的幕幕，难忘老师放弃周末休息在办公室帮我修改毕业论文的种种。老师孜孜不倦、诲人不厌的师德、求真务实的风格是我做人做事的标尺，从老师身上学到的不仅仅是丰富的专业知识，也学会了如何做人。本书的内容，从选题到修改，无不浸透着曾老师的滴滴辛勤汗水，正是得益于老师无数次的指导、润色，我才能较为顺利地完成论文。毕业后，一旦遇到什么专业问题，我还是会经常通过电子邮件、电话等方式跟老师求教，而老师是有求必应，虽然不在老师身边，但老师对于学生的那份关爱却一直都陪伴左右。

在南开求学期间还有幸聆听了马庆株先生、石锋先生、施向东先生、王红旗先生、洪波先生、张洪明先生的精彩讲授，他们严谨的治学态度、精彩的授课内容使我受益匪浅。南开大学文学院的语言学学术沙龙给了我们很好的学习机会，同门的孔祥卿老师、阿错老师、孙易老师及诸多学友的交流让我倍受启发。在学习期间，我的师兄、师弟、师姐、师妹们在学习中也给我提供了无私的帮助。学长徐世梁、贝先明、鹿钦佞、亓海峰、向柠等在繁忙之余帮我解决了学习中许多疑难问题；学友谷峰为我的论文提出了许多宝贵建议，并帮助修改英文摘要。同门学友姬安龙、占升平、陈宏、张雷、赵卫、王晓梅、高欢等在写作中给了我不少帮助和鼓励，一并感谢！

在漫长的求学生涯中，我的父母给予我力所能及的支持，给了我无私的帮助与关爱；我的小姨父、姨母无论是在经济上还是心理上随时为我排忧解难；我的姐姐、姐夫除了给予我经济上的支持，还帮我照顾父母，了却了我诸多后顾之忧；我的岳父、岳母都给予了我极大的理解与支持，在一年多的书稿校订过程中，我的妻子宋文贤女士在繁忙的教学工作之余承担了照顾家庭和小女若瑜的重担而毫无怨言，若瑜年幼，但我陪伴她的时间却非常有限，为了能够给我以充足的读书写作时间，文贤妻与岳母带着若瑜常住呈贡岳母家，每想到此，心生愧疚。如果说这些年我能在学业上有所进步，真心得益于他们默默的付出与理解。

本书能够出版，要感谢的还有很多，感谢云南省哲学社会科学学术出版基金及云南大学“双一流”学科建设出版基金的资助；感谢我的硕士导师涂良军教授把我引向汉语方言研究之路；感谢博士后合作导师云南大学教育部西南边疆少数民族研究中心主任何明教授对本书出版的关心；感谢云南大学文学院领导对本书出版的鼓励与支持。社会科学文献出版社责任编辑王玉霞女士在文稿编辑过程中对书稿提出了许多宝贵建议。此外，在我的博士论文答辩过程中，有幸得到了答辩专家戴庆厦先生、黄行先生、吴安其先生、石锋先生、江荻先生、吴福祥先生等前辈的诸多点拨与建议，让我受益匪浅。本人资质驽钝，文中纰漏之处，还请大方之家指正。

是以感之，为之记。

王仲黎

2020 年 6 月 26 日

图书在版编目（CIP）数据

祁阳方言语音研究 / 王仲黎著. -- 北京 : 社会科学文献出版社, 2020.8

ISBN 978-7-5201-7221-9

Ⅰ.①祁… Ⅱ.①王… Ⅲ.①湘语-语音-方言研究-祁阳县 Ⅳ.①H174

中国版本图书馆 CIP 数据核字（2020）第 164153 号

祁阳方言语音研究

著　　者 / 王仲黎

出 版 人 / 谢寿光
责任编辑 / 王玉霞
文稿编辑 / 张金木

出　　版 / 社会科学文献出版社 · 城市和绿色发展分社（010）59367143
地址：北京市北三环中路甲 29 号院华龙大厦　邮编：100029
网址：www.ssap.com.cn
发　　行 / 市场营销中心（010）59367081　59367083
印　　装 / 三河市龙林印务有限公司

规　　格 / 开 本：787mm × 1092mm　1/16
印 张：15.5　字 数：248 千字
版　　次 / 2020 年 8 月第 1 版　2020 年 8 月第 1 次印刷
书　　号 / ISBN 978-7-5201-7221-9
定　　价 / 78.00 元

本书如有印装质量问题，请与读者服务中心（010-59367028）联系